FIVE

DIMENSIONS

TO

股权架构

五个维度 与 核心要点

CREATE

SHAREHOLDER

VALUE

冀相廷

著

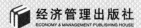

经济管理出版社

ECONOMY & MANAGEMENT PUBLISHING HOUSE

图书在版编目（CIP）数据

股权架构：五个维度与核心要点 / 冀相廷著 . —
北京：经济管理出版社，2024.4
ISBN 978-7-5096-9665-1

I.①股… II.①冀… III.①股权管理 IV.① F271.2

中国国家版本馆 CIP 数据核字（2024）第 080016 号

组稿编辑：张丽媛
责任编辑：王光艳
责任印制：许　艳

出版发行：经济管理出版社
　　　　　（北京市海淀区北蜂窝 8 号中雅大厦 A 座 11 层　100038）
网　　　址：www.E-mp.com.cn
电　　　话：（010）51915602
印　　　刷：北京金康利印刷有限公司
经　　　销：新华书店
开　　　本：720mm×1000mm/16
印　　　张：17.75
字　　　数：267 千字
版　　　次：2024 年 5 月第 1 版　2024 年 5 月第 1 次印刷
书　　　号：ISBN 978-7-5096-9665-1
定　　　价：88.00 元

前　言

　　股权是股东的根，也关系到股东的核心利益。

　　股权一头连接着企业，一头连接着股东。企业是创造股东财富的"聚宝盆"，没有好的企业，股东利益就无从保证，而股东之间的团结和配合则是企业得以持续发展的"稳定剂"，两者是相互促进的。

　　但在实务中，大股东能否有效控制企业并带领企业发展，中小股东的合理利益能否得到保障，股东之间是否会因为利益问题而引发内讧，是否会因为股东的争权夺利而让一个本应成长起来的企业半路夭折，这些不仅是非常现实的问题，也直接关系到企业和股东的利益。与此同时，不同股权架构下的税负承担问题，股权融资下的估值管理问题，多股东或者家族传承下的内部治理等问题，都与股东利益密切相关。可见，股权架构是一个综合体：既要系统考虑，不留下重大的设计漏洞；又要结合企业实际和股东诉求，通过有效落地为股东创造价值。

　　总体而言，本书有以下两个特点。

　　第一，开创性提出了构建股权架构的五个维度。

　　股权架构的五个维度包括控制权的归属和保护、股权规则的设计与法律风险防范、公司内部治理作用的发挥、股东税务的合规与筹划，以及股权融资中的估值管理与股东利益的保护，涉及股权、法律、财税和资本等多个专业领域，任何一个领域的缺失都可能会伤害企业和股东的利益，甚至从根本上颠覆股权架构的作用和价值。

　　例如，在实务中，控制权争夺是比较常见的。未作股权架构设计的控制权往往与股东的持股比例画等号，即谁出钱多谁就说了算。但在股权比例相对平均或者引入其他股东的情况下，博弈就产生了，大股东甚至创始股东团队可能会被边缘化，甚至被扫地出门。可见，如何保护好控制权就是股权架构的设计内容。此外，股东间的矛盾不可避免，但如何平衡好内部利益，降低股东内讧对企业价值的伤害；如何保证股东退出渠道的通畅，避免矛盾激化等，也是股权架构的设计内容。而随着企业的发展，如何做对决策，少犯方向性和基础性的错误，即发挥公司治理的作用，同样属于股权架构的设计范畴。与此同时，股权税收、股权融资与估值管理等，也是在股权架构设计时需要从不同专业角度考虑的问题。五个维度相互支撑，共同为企业和股东创造价值。

第二，股权架构要结合企业实际，并最终服务于股东的预期诉求。

俗话说："条条大路通罗马。""罗马"是股东的预期目标，而实现的路径并不唯一，在股权上也是如此。

企业所处的行业特点与发展阶段不同，股东的诉求也不同，决定了每家企业的股权设计都有其个性化的一面。如何在多个选择中找到最合适的道路？首先要知道哪些路是可行的，这就是本书尽可能将股权架构五个维度的设计思路和实施举措进行梳理展示的原因。为了帮助读者更准确地理解知识点，笔者对大部分知识点都做了解读或提示，以更好适配企业的实际情况。

当然，任何知识只有实操落地才能发挥价值。上述跨领域的知识必须与具体的股权环境、企业的战略目标、核心股东的利益诉求等结合起来，要在大股东的脑海里勾勒出自己企业的股权成长变化路线图，并区分轻重缓急，有序推进；切忌操之过急、漏洞百出，或者不分重点，"眉毛胡子一把抓"，这考验的是大股东的智慧和整体操盘能力。但无论如何，衡量的标准最终还是要落脚在企业价值和股东财富的有效提升上。

限于笔者的专业水平和实务经验，书中不妥之处在所难免，恳请读者批评指正。

目录

第1章

股权架构与股权价值

3

第2章

股东目标与控制权

第3章

股权规则与法律风险防范

第 4 章

股权动态调整与股权激励

第 5 章

公司治理与高质量决策

第 6 章

股权税收与筹划

第 7 章

股权融资与估值管理

第1章

股权架构与股权价值

股权从来没有像今天一样得到股东重视。

股权是连接股东与企业的纽带，科学系统的股权安排会凝聚股东力量，减少股东内耗，通过提升企业价值，实现股东财富的增值；同时，股权也必须是安全和稳健的，只有这样，大股东才能驾驭企业发展，实现股东意志，股东的整体利益才能得到有效保障。

与此同时，国内资本市场的改革为更多企业打开了上市通道，也推动企业间并购变得更加活跃。而股权作为企业上市和并购活动的交易标的，当下的股权架构是否合理、股权规则是否合法合规、股权上是否存在重大的风险隐患等，既是交易双方和监管机构关注的重点，也直接关系到股权价值的高低和合作的成败。显然，这都与股东的核心利益密切相关。

1.1 股权架构的优劣直接关系到企业价值与股东利益

在实务中，多数股东都非常关注企业的发展，例如如何扩大产品销售，如何赚取更多利润等，却常常忽视了对股权的合理安排，即企业是由不同股东构成的，每个股东对企业发展的预期和个人利益的诉求并不完全相同。从内部讲，如果股权关系处理得不好，股东之间就会容易产生分歧，或消极懈怠，或争权夺利，甚至矛盾激化诉诸法律，这都会从根本上破坏企业价值。即便是一个发展前景良好的企业，也可能会因股东内斗而中途瓦解，最终损害全体股东的利益；从外部讲，股权不合理会影响外部资源的引入，导致投资人不敢投资，优秀人才留不住，这必然会阻碍企业发展，损害的依然是企业和股东的利益。

1.1.1 股东与企业之间是相互成就的

在实务中，笔者接触和服务了不少企业，发现在股权问题上存在一定的规律。例如，在企业处于初创阶段或爬坡阶段，尽管很艰难，但往往是股东最团结的时候，大家分工不分家，全力以赴让企业活下去。而企业生产经营状况好转，或者大幅盈利，或者进入快速扩张期，抑或引入外部投资人时，股东之间就很容易发生分歧和矛盾，甚至爆发冲突，关键原因之一就是股权价值提高，股东会因为利益分配不均而产生内讧。又如，重感情轻规则，股东们碍于情面或过于包容，对关系到股东核心利益的规则不深究、不规划，也没有为可能出现的股东纠纷提前设定好解决路径，导致企业做得越大，股东之间的矛盾和分歧越多，甚至反目成仇，互相拆台。显然，这会使企业和股东陷入双输局面。

从结果上看，利益受损的股东会很自然地利用股东身份保护自己。例如，故意不配合公司的安排，拒绝在一些决议或协议上签字，或者借助司法力量如通过举报、起诉等手段进行维权等，即使明知这些行为可能会对企业不利，往往也会采取这些做法，这在实务中很常见。

反观企业，股东内斗的不利后果反映到企业身上，往往会导致决策效率迟滞，人心惶惶，难以聚焦于企业战略的实施与具体业务的开展。与此同时，股东内斗也会给外部合作伙伴留下不良印象，合作伙伴为了保护自身利益，往往会选择降低合作程度，或者提高后续的合作门槛，这就可能会让企业陷入内外交困的被动局面。一旦企业业绩大幅下滑，则会进一步激化股东矛盾，削弱外部合作，继而加快企业业绩的下滑速度，陷入恶性循环。可见，股东内斗最终损失的还是股东自己的财富。

因此，股东与企业之间应该是相互成就的。只有好的企业，才能为股东带来源源不断的财富，而要成为一个好企业，就需要搭建适合自身的股权架构，包括谁在企业里说了算、股东利益如何合理分配、分歧如何解决，以及不合适的股东如何退出等，这些都是实务中出现股东矛盾的高频领域，也直接关系到企业和股东的核心利益。

可见，只有立足于企业战略定位和股东诉求，因地制宜规划的股权架构才能凝聚股东力量，合理平衡股东利益，降低股东内耗。退一步来讲，即便股东之间的矛盾无法协商一致，也可以根据股权规则进行化解，或者让部分股东顺利退出，从而避免股东内斗给企业价值造成大的破坏。这是非常有价值的。

1.1.2 让股权变得值钱，实现股东财富的增值

股权价值取决于企业价值的高低。一般而言，我们常用净资产或净利润代表企业价值，但这些钱是辛苦钱。换言之，无论是净资产还是净利润，都是靠公司开拓业务、赚取收入实现的。利润越多，企业的净资产越高，对应到每股的价值也越高。

而对于有资本化意图的企业而言并非如此。如果未来有上市计划或者被并购的安排，此时股权就变成了交易标的，投资人或并购方要通过增资或购买股东名下的股权来达到参股、控制或兼并收购的目的，那么股权价格的高低就直接关系到股东拥有财富的多少。更重要的是，股权交易的定价通常会大幅高出每股净资产，换言之，公司每股实现了 1 元的净利润，投资人可能会按照 5 元 / 股或者 10 元 / 股来购买。对于原股东而言，则意味着其持有的股权出现了价值倍增，此时股东收获的是股权的资本溢价，这与赚辛苦钱的思路和做法完全不同。

当然，要实现股权溢价，就要先符合上市条件或具有被并购的价值。因此，企业的经营业绩、核心竞争力、风险控制水平，以及顶层架构的股权安排，都会起到重要作用。如果股权设计不合理甚至存在重大风险隐患，那么就难以吸引到投资人，或者投资人会有意压低股权价格，企业价值就会大打折扣。

1.2 一个合格股权架构的五个方面

如果我们把设计股权架构当作盖房子，在盖房子之前必须先设计好图纸，提前规划好安全、舒适度、防潮保暖等必要功能，然后再施工。若前期没有做好规划，等房子建好再去调整或增加功能，不仅风险大、难度高，而且会支付更高的成本，并不经济。

股权架构也是如此。不仅要考虑当下，例如怎样设计股权架构才能实现大股东对公司的有效和持续控制；如何做好股东内部利益均衡，减少内耗，防止内讧；如何通过法律条款来保护股东的根本利益，不给他人留下攻击漏洞；如何提高决策质量，让企业少走弯路等。同时，还要布局未来，结合大股东的个性化诉求和公司的战略目标进行设计，例如如何通过税收安排提前规划好股东的税负成本，并控制税务风险；如何通过股权架构为未来股东的进出规划好通道；如何为员工激励和资本运作预留出操作空间等。在此过程中，往往会涉及控制权、法律配套、公司治理、税务安排、资本规划等专业知识，还需要结合企业的实际情况进行综合评估，寻求最优方案。

但在实务中，不少企业的股权功能过于单一，更多只是满足公司设立的基本要求，既没有考虑到股东责权利的合理分配，也没有规划未来面临不利情形的防范措施，这是很多企业陷入股东纠纷、过度承担风险的根本原因。

一个合格的股权架构起码应包括五个方面，即股东诉求与控制权、股权规则与法律风险防范、公司治理与高质量决策、税收安排与风险控制，以及股权融资与估值管理，这五个方面是一个整体。股东诉求是目标，控制权是实现股东诉求的核心抓手；股权规则与法律配套是将股东诉求落实下来的机制保障；公司治理与高质量决策是提升决策质量、持续推动企业创富增值的制度安排；税收安排和风险控制是在税务风险可控下，实现股东税负的最优；股权融资与估值管理是为了有效提升企业的股权价值和股东财富。

这五个方面尽管看起来比较复杂，但都是股权架构的关键组成部分，也都具有不可替代性。企业的情况不同，股东诉求和已经形成的股权结构也各不相同，但无一例外都希望自己能做大做强。因此，首先要保证公司的股权根基是稳固的，在此基础上，要团结股东合力做大"蛋糕"，而非各自为战。相比因股权架构设计不当给企业和股东造成的损失，未雨绸缪永远胜过亡羊补牢，通过系统评估和全面规划作出的股权安排是效果最好、成本最低和风险最小的办法。

1.2.1　股东诉求与控制权

股权架构是服务股东诉求的，股东诉求包括股东的普遍性诉求和个性化诉求。

普遍性诉求包括股东通过企业发展实现个人抱负和财富增值，这适用于绝大多数股东。而个性化诉求则侧重于大股东对公司未来前景的规划，包括设定公司愿景和发展方向、确定阶段性目标、匹配关键资源等。显然，普遍性诉求建立在企业预期回报的基础上，追求的是企业运营管理的良好结果，而个性化诉求追求的则是如何更好地达成这一目标，体现的是行动规划和实施过程。因此，个性化诉求是根本，也是驾驭企业发展的"方向盘"。

如何实现股东的个性化诉求？就大股东而言，集中在控制权上。尽管追求盈利和企业增值是股东的普遍诉求，但大家追求的股东利益并不完全一致或在某些时点上会出现分歧。有的股东希望把企业做成事业；长期经营；有的股东追求的是投资的快速回笼，落袋为安；有的股东激进，有的股东保守。这样带来的问题是，当股东意见不一致时，是争论不休各自为战，还是集中思想统一行动，最终都落在控制权上，即企业的既定目标要通过控制权来保障，这也是股权设计的核心内容之一。原则上，只有保证大股东在企业里说了算，才能在多变的环境下有效统一股东意见，减少不必要的内耗，形成合力，共同推动企业价值和股东财富的提升。

需要注意的是，中小股东也有各自的诉求，在出现意见分歧时，大股东不能借助控制地位，简单粗暴地迫使中小股东放弃自身诉求，尤其是在企业中处于核心位置的中小股东的诉求。大股东一定要将算盘两面打，既要想办法实现大股东的战略意图，还要照顾到中小股东的切身利益，降低误解甚至相互对立对企业造成的不利影响。这考验的是大股东的控盘水平和对人性的把握能力。

1.2.2 股权规则和法律风险防范

股东的战略意图不能仅停留在思想上或口头上，一定要通过股权规则和法律规范的方式确定下来。用规则界定好股东的责权利，用协议、决议等方式获得法律保障，这既是股东行使权利、享受回报和承担责任的依据，也是化解股东内部分歧、矛盾，维护股东利益的关键。

在实务中，股东对股权规则普遍不了解，也不太愿意委托律师等专业人士进行设计，而更多的是直接套用相关模板，例如在公司注册时，股东会直接使用工商机关提供的章程模板、股东协议模板等。尽管这些模板对股东出资、责权利分配、公司治理等关键内容都做了约定，也能在很大程度上满足企业重大决策和内部运转的基本需求，但最大的弊端是格式统一，且约定的内容仅为原则性的，既与企业实际脱节，也无法满足股东的真实诉求。甚至有的股东个人对模板中条款的理解与法律支持的结果可能存在根本性偏差，误以为可以保护自身利益，而一旦诉诸法律，自己就会陷入被动。

需要注意的是，股权规则是服务于股东意图的，股权规则是工具，股东意图是目的，这个顺序不能颠倒。另外，法律是刚性的，只要是法律法规明确规定的，股东和公司都必须遵守，如股东的出资义务，重大事项的表决比例要求等。如果违反法律规定，即便股东全部签字认可，在法律效力上这些约定自始至终都是无效的，由此作出的决议或者决定自然也是无效的。与此同时，法律也有弹性的一面，赋予了股东一定程度上的意思自治，即股东在不违反法律法规的前提下，可以就某些股权规则自行协商，订立规矩，作出决议，同样也会受到法律保护。例如，尽管法律规定了股东要按照出资比例行使表决权，即谁的出资多，谁就能说了算，但股东内部可以协商，允许出资比例与表决比例分离。换言之，在股东意思自治的背景下，只要股东认可，小股东一样可以说了算。这就让那些出资少但管理能力强、技术能力强的股东，可以在公司拥有更多的话语权，这有利于更好地配置股东资源，激活股东力量，为企业创造更大价值。由此可见，股权规则是法律刚性要求和股东在一定范围内意思自治的结合，并以能否有效实现股东战略意图作为最终的评判标准。

此外，还要注意规则中的股东责任。我国法律对股东的义务和责任承担都有明确规定，但在实务中，企业和股东的情况各不相同，股东对法律的理解也参差不齐，很可能会不经意违反法律规定，承担风险后果，这是非常不利的。因此，结合自身情况和股东诉求，借助律师等专业人士的帮助，实现法律风险的可知、可控、可防范，是非常必要的。

1.2.3　公司治理与高质量决策

公司治理的核心是通过分级授权和交叉监督，提高企业层面的决策质量，为企业和股东创造价值。换言之，在多变的环境下，只有努力做对决策，少犯重大的决策错误，企业才能发展得更好，走得更远。

公司治理的表现形式为"三会一层"，即股东会（上市公司为股东大会）、董事会、监事会和经理层。其中，股东会是公司最高的权力机构，代表了决策权的来源；董事会是公司最高的决策机构，代表股东会对企业普遍重大事项进行决策；监事会履行监督职能，对董事会和经理层的履职情况进行监督；经理层为董事会之下的执行机构。每个主体各司其职，都对企业和股东负责。

但是，"三会一层"只是形式，就算建立了也并不意味着公司治理就能发挥应有作用。实务中，不少企业是老板负责制，即便企业已经具备一定规模，仍属于高度集权，大事小情都是老板说了算，董事会和经理层更多是落实老板的要求，而非参与决策。久而久之，没人愿意提出不同意见，老板的个人意志和能力完全决定了企业的发展路径和运营风险。现实表明，一言堂的企业难以做大做强，也难以留住优秀人才，企业发展的压力都落到了老板个人的身上。

因此，"三会一层"只是公司治理的形式，要发挥作用，关键之一就是要借助股东会与董事会的合理授权，发挥董事会的决策作用，帮助企业提升决策能力和质量，这是非常有价值的，尤其对已经具备了一定规模的企业更是如此。

在实务操作中，老板或大股东要有意识控制自己的决策范围，抓大放小，聚焦核心，重点提升战略层面与企业中重大事项的决策效率；同时，丰富董事会和经理层的专业构成，提升决策团队的能力，弥补老板在决策上的短板；向经理层传递业绩压力，并匹配责权利安排，强调目标导向，推动企业价值的提升。当然，这些仅停留在口头上是不够的，必须"要"在公司治理中以机制的方式予以明确，老板带头实施。否则，没有机制保障，就很容易走回头路，大家依然会保持惯性，将更多决策问题推给老板，这对企业的长期发展并无益处。

1.2.4 税收安排与风险控制

股权结构定了，股权上的税种和税负也就基本确定了。

例如，在自然人直接持股的结构下，分红需要缴纳 20% 的个人所得税，这是税法的规定。但如果自然人股东先投资了 B 公司，再通过 B 公司持有 A 公司的股权，此时 B 公司收到 A 公司的分红则属于免税范围，但自然人股东从 B 公司获得分红，依然需要缴纳 20% 的个人所得税，这也是税法的规定。换言之，股权结构定了，股东发生哪些应税行为，需要交什么税种，适用什么税率，也就基本确定了。如果企业和股东违反了税法规定，通过人为安排逃避纳税义务，则往往属于偷逃税款的违法行为。

对于已经设立并运转中的公司，有的股东认为股权上的税负偏高，为了少交税，通过虚构业务、虚报发票，或者采用抽屉协议等方式偷逃税款，套取资金。但实际上，如果股东认为股权上的税负偏高，其原因往往并不在于税负本身，而在于已经建立起来的股权结构。

仍以分红为例，股东个人从公司拿钱的渠道比较有限。如果公司以工资的形式发放给股东，则股东应按 3%~45% 的比例缴纳个人所得税；如果按分红的形式给股东，则股东需要缴纳 20% 的个人所得税；如果按借款，股东借款时间超过 1 年，税务机关也会视同股东分红征收 20% 的个人所得税。因此，有的股东为了不交税，选择不分红或少分红，但也只是权宜之计。因为不分红，必然会导致利润在企业中不断累积，越来越多。尽管这些利润都属于股东，但如果不分给股东，则依然属于企业，一旦企业存在债务缺口，这些利润所对应的资产也必然会被纳入债务的清偿范围。换言之，分红是企业资产与股东个人资产的分界点，能有效实现股东个人资产与企业资产的风险隔离。即只有分给股东的利润才真正属于股东。

从分红资金的用途上看，在自然人持股模式下，股东拿到的分红并不全用于个人消费，即便是对外投资，也需要先缴纳 20% 的个人所得税。但如果改变股权结构，由股东先设立一个持股公司，再通过该公司持有目标公司的股权。此时，根据税法规定，目标公司向持股公司分红不用缴税，持股公司拿到分红之后，再代表股东对外投资。显然，该股权结构没有改变股东对目标公司的持股安排，也达到了股东对外投资的目的，并且可以规避股东个人拿到分红需要缴纳的 20% 的个人所得税。

可见，股权结构定了，股权上的税种和税负也就基本确定了。如果股东认为当前股权上的税负偏高，首先要检讨股权结构在税收上是否具有优化空间，再评估调整前后的税负变化和风险承担，经济上是否可行，风险上是否可控，据此作出是否调整的决策。

需要注意的是：

第一，在调整股权结构的同时往往会导致税负在短期内的集中增加。例如，为了规避自然人在直接持股模式下分红的个人所得税，可以考虑将股权结构调整为自然人股东通过持股公司间接持有目标公司的结构。显然，调整后持股公司从目标公司拿到分红不再交税。但在调整时，前期在目标公司中已经形成但尚未分配的利润（实务中常以股东投资的增值额作为计税依据），自然人股东需要根据其持股比例，作为投资溢价先缴纳 20% 的个人所得税。换言之，这些利润如果用于分红，则股东应按照股息红利所得缴纳 20% 的个人所得税，而此刻为股权转让，是自然人股东将其股权卖给持股公司，则股权对应的未分配利润就作为投资溢价，自然人股东应按照财产转让所得缴纳 20% 的个人所得税。可见，股权结构的调整，是要把前期已经发生的税负"作业"补交出来，这会在短期内加重股东的税务负担。

第二，企业要未雨绸缪，在设计股权架构时应同步考虑税务成本。不同的股权架构下，同样的应税行为适用的税率可能并不相同，尤其在面对股东分红、股权转让、股权代持、员工激励等常见业务时，应提前规划好税务成本。只有这样，才能既保证税务风险的相对可控，不碰触税法红线，也能最大程度地降低股东的税务负担。

1.2.5 股权融资与估值管理

资本市场的改革给更多企业带来了上市的机会。于是，不少企业确定了资本化方向，并通过股权融资实现资源整合和经营扩张，推动上市。在此背景下，股权架构又被赋予了一层新的含义，即股权成了股权融资的交易标的，而股权价格的高低则直接关系到企业价值与股东财富。因此，如何让股权变得更值钱，自然也是股权架构中的一个重要考虑要素。

股权融资的核心是股权交易，投资人将资金投入企业，换取股权，或购买老股，成为股东。因此，股权作为企业价值的量化体现，必须先行定价才能交易。但企业的价值是变动的，即便同样一个企业，在不同的环境和不同时点上，其价值也不尽相同；同时，企业的价值又是难以准确计量的，需要进行估计，这就是企业估值。正是因为企业价值存在波动且难以准确计量，给股东管理企业价值，并由此提高股权价格留下了操作空间。

与此同时，股权融资意味着原有股东的股权被稀释，以大股东为代表的创业团队的权利会受到约束，甚至还存在大股东失去控制权、被边缘化甚至被扫地出门的可能。因此，在股权融资时还要注意对控制权的风险防范，如与投资人协商划定彼此的责权利边界，约束投资人利用股东身份对企业正常运营的不合理干预，并努力将大股东的风险降低到可控范围内等。这需要以法律形式体现在股权规则和相关协议上，管理和控制由于股权融资给大股东和企业带来的溢出风险。

综上所述，股权架构是一个综合体，无论是股东诉求与控制权、股权规则与法律风险防范和高质量决策、公司治理，税收安排与风险控制，还是股权融资与估值管理，都关系到企业与股东的核心利益。大股东不能只聚焦在某个或某些方面，以免顾此失彼，留下重大风险漏洞；也不能生搬硬套，或直接复制他人的架构，以避免"水土不服"，无法达到预期目的。当然，并非所有企业的股权架构都需要围绕这五个方面进行设计，而是要立足于企业实际和股东诉求，选择使用。即便暂时未涉及的股权领域，也要做到未雨绸缪，靠前考虑和布局，始终掌握主动权。

1.3　股权架构下的股权规则

股权规则可以分为两类：一类是法律的明确规定，例如《中华人民共和国公司法》（以下简称《公司法》）中对股东的出资、股东会和董事会的议事程序与表决效力等作出的规定，不得违反，否则无效；另一类是股东在法律允许范围内作出的个性化约定，即股东的意思自治，这些规则一旦确定，同样受到法律保护。两类规则共同组成了股权规则，也是实务中进行股权架构设计须遵循的根本要求。

从实施流程上，可以将股权规则分为股东入股规则、转让规则和退出规则，在股东的入股、持股过程中还包括控制权规则、公司治理规则、股东利益均衡规则等。

1.3.1 控制权规则

控制权是大股东在企业中的首要权利，也是衡量一个股权架构是否合格的基本指标。

1.3.1.1 股权的直接控制

根据《公司法》（2018年修正）的相关规定，股东可以通过高持股比例，实现对企业的控制。当股东的持股比例超过50%时，就达到了对企业的相对控制；如果股东的持股比例超过2/3，就实现了绝对控制。这些都是股权的直接控制。在股权的直接控制下，股东可以独立行使股东权利，不受其他条件的制约，但也意味着股东需要承担更多的出资责任。

1.3.1.2 多重股权结构下的间接控制

与股权的直接控制相比，通过多重股权结构实现对目标公司的间接控制，可以有效降低股东的出资压力，并达到控制的效果。

从结构上看，股东先设立一个公司，实现股权的绝对控制，然后再通过这个公司控制其他公司，此时就会产生股权的杠杆作用，即股东只需要出少量资金，通过控股公司的层层嵌套，放大控制权，继而实现对目标公司的控制。

由于架构中会嵌套一个或多个公司，要达到预期的控制效果，就必须对每个层级公司的股权结构、股东协议、股东表决权等进行系统的规划与设计，并匹配相应的股权规则。这个过程不仅涉及法律问题与税务问题，还涉及未来股东变动的问题，以及其他可能的风险防范问题，都需要一并考虑在内。

1.3.1.3 叠加控制

常见的叠加控制包括投票权委托、一致行动协议、代持控制等。

通过投票权委托，股东可以在不改变股权比例的前提下，拥有其他股东的表决权，继而实现对企业的控制或强化控制。一致行动协议也是如此。两者都是通过协议约定的方式集中表决权，以达到叠加控制的效果。而代持控制则是通过代持人实现控制。这种控制方式需要签署代持协议，约定双方的责权利边界、解除代持的条件和路径等，并做好对各种不利的风险防范。

1.3.1.4　其他控制

其他控制包括董事会控制、事实控制等。

尽管股东在股权上不占优势，但可以通过机制设计，实现对董事会的控制，继而实现对目标企业的控制。事实控制较为常见的是控制公章、控制营业执照等关键印鉴证照，通过人为影响企业的经营管理活动达到控制的效果。

1.3.2　公司治理规则

1.3.2.1　"三会一层"的运行规则

从公司治理的角度来看，董事会负责决策，经理层负责执行，监事会负责监督，各司其职，相互影响，共同为企业和股东服务。《公司法》对"三会一层"的构成、各自的职权范围、如何召集会议、如何表决以及表决效力等，都有明确的规定。但在这些规定中，有的是刚性的，必须遵守，有的则是弹性的，允许企业和股东根据自身情况协商确定。显然，弹性规定更贴近实际，也更容易发挥积极作用。只要是在法律允许的范围，一经确定，自然具有法律效力。

1.3.2.2　公司治理的授权与监督规则

公司治理要达到预期效果，需要各主体发挥应有作用，这就需要进行合理授权和有效监督。例如，由股东会向董事会扩大授权或收回授权，或由董事会向经理层扩大授权或收回授权，而收放的依据更多来自各主体的履职结果。相应地，任何可能的变化都需要在授权与监督的规则上提前设计，并在法律和内部制度上提供有效保障。

1.3.3 股东利益均衡规则

1.3.3.1 股东的人力资本定价

随着企业的发展，不同股东对企业的价值贡献会出现差异，甚至差异巨大，而股东的个人利益却未与其贡献挂钩，这可能会催生"大锅饭"现象，继而破坏企业价值。究其原因，是没有认可股东的人力资本价值。

因此，奖优罚劣同样适用于股东。要对股东的人力资本进行合理的定价，实现个人付出与股东回报的整体匹配，这对推动企业发展与提升股东整体利益具有非常积极的作用。

1.3.3.2 股权动态调整机制

股权动态调整机制，就是打破固化的股权结构，以规则的方式将股东的个人贡献进行量化，并体现到股权的二次分配上。贡献多的股东会拿到更多股权，拥有更多话语权和股东回报；贡献少的股东的股权比例则被相应稀释。也只有这样，贡献多的股东才有动力为企业创造更多的价值，自然也会带动其他股东利益的提升，这是一个双赢的结果。

1.4 股权设计不能忽视对人性的把握

股权架构的最终服务对象是股东，而几乎所有股东都可以穿透到自然人身上。由此延伸到，员工也会因为股权激励而成为公司股东或合伙人。因此，股权架构能否发挥作用，能否达到预期效果，还要看股权设计的结果是否满足股东期待，是否能激励人、团结人，实现股东与企业的相互成就。

1.4.1 理性经济人的选择

不少企业都经历过股东内讧，甚至反目成仇的情况。有的股东在事后悔恨不已，认为自己识人不清，错选了合作伙伴；有的股东为了顾全大局，隐忍矛盾，压抑不满，直到退无可退。

在理性经济人的假设下，人性简单说就是趋利避害，追求个人利益最大化，风险或损失最小化。每个人都该如此，这无可厚非。以此为前提，股东或者职业经理人作出的任何选择都是维护自身利益，也是可以理解的。但反过来，企业是一个整体，大家的利益都要依赖企业这一平台才能实现，而大股东作为最大利益获得者和最大风险承受者，不仅要能掌好舵，平衡好各方利益，还要能预判各种不利情况，提前做好布局和防范。

1.4.1.1 能共患难，难同富贵

不少成功人士在回忆过往时，都非常怀念创业之初的奋斗岁月。那段岁月是一群人共同奋斗的精彩历程，是最困难也是最纯粹的阶段，这个阶段往往最让人记忆深刻。遗憾的是，有些人已经走散了。

创业之初的理想和激情，往往与期待的回报连接在一起。在企业尚处于弱小阶段时，大家会齐心协力，攻坚克难，让企业存续下去。一旦企业做大或价值大幅攀升，股权的多少直接关系到个人财富的高低，股东之间就容易因为利益问题产生罅隙与矛盾。大家也从之前追求企业价值的增量，变成了股东财富的存量博弈。我们看到不少优秀的企业在发展途中突然陷入困境，往往并非来自外部冲击，而是股东的内部瓦解。

1.4.1.2 股东矛盾的背后往往是利益纠纷

从笔者服务企业的经验上来看，矛盾大多集中在股东内部的利益分配上。大股东理所当然地认为自己在企业里说了算，拿大头的利润，而有的小股东则认为自己付出了很多，应该拥有更多的话语权和利益回报。但这些矛盾往往不会直接爆发出来，而是体现在日常合作的分歧中，例

如对企业的发展方向、经营理念、重大决策等意见不一，导致股东配合不畅甚至互相对抗。从表面上看，大家都是为了做大企业这块"蛋糕"，实则是对个人利益最大化的争夺。

股东创业的主要目的是获利，但不同的是，是先做大"蛋糕"还是先个人受益；是别人先受益还是自己先受益；是根据股权多少分配利益，还是根据股东贡献对利益做二次分配，大家的理解并不相同，却又与自身利益密切相关。

对于大股东而言，首先要正视人性对利益的追求，不排斥、不曲解、不回避。其次要努力统一股东对利益的认识，尽可能满足股东的普遍性利益诉求，让更多股东与自己站到一起，共同追求同一个目标。最后要掌握主动权。大股东做出的妥协和让步，更多是为了实现更高目标而做的主动选择，并非被迫接受，但这一切的前提是大股东要始终掌握对公司的控制权，这也是大股东能带领公司继续发展的根本保证。退一步讲，即便某些股东的利益无法被满足，大股东也能保证自己的利益得以保障，企业和股东的整体利益能得到保障。

1.4.1.3　不要忽略股东的人力资本贡献

企业发展起码需要两种资源：一是物力资源，二是人力资源。尤其在今天，人力资源对企业的发展与价值提升至关重要。

在实务中，股东作为企业的所有者，为企业投入精力和心血好像是天经地义的，而且也不应该被计价。但如果一个企业有多个股东，有的股东只出钱不出力，有的股东既出钱又出力，有的股东能力强贡献大，有的股东能力小贡献少，但这些却与个人得到多少利益并无关系，就很可能会引发股东之间的争议和矛盾。因此，大股东要重视股东的人力资本贡献，尤其要关注和团结贡献大的股东，主动站出来维护他们的合理利益，而不是单纯追求股东的一团和气，赏罚不清，这对企业的长期发展并无益处。

1.4.1.4　让不合适的股东早日离开

股东之间的矛盾并非都可以化解，这取决于股东对企业的价值期待，以及对个人利益的不同追求。尽管多数股东希望能维持合作，但现实情况是，一些股东的存在不但未能给企业带来帮助，还在阻碍企业的发展，这对企业整体利益显然是不利的，也是对其他股东的不公平。而且，这些股东留得越久，对企业的伤害越大。

在多数情况下，经过协商，这些股东会和平离开，将股权转让给其他股东，此时只需按照提前约定的转股价格和转股对象办理手续即可。但在极个别情况下，有的股东并不愿意主动离开，而是利用股东身份变本加厉地伤害企业利益，其他股东往往会陷入被动。这就要求大股东提前预判到此类风险，在法律文件中清晰约定股东的退出规则，并明确股东除名的特定情形。一旦触发除名条件，这些股东自然就会失去股东身份，其名下的股权则按照约定转出，且无须征得该股东的同意。

1.4.2 在商言商，用规则保障股东利益，控制风险

创业成功了，股东自然会获得利益回报，并进一步增进股东之间的感情，增强继续走下去的动力，这是一个正向的激励过程。换言之，股东创业的核心目的是获利，维系股东情感的关键基础是利益。反之则难以长期成立，甚至会适得其反。

而现实是，在创业中还掺杂了大量的股东情感、信任与情谊，例如朋友合伙创业、同学合伙创业、亲戚合伙创业等。在此背景下，让几个关系密切的创始人在创业之初就划分出彼此的责权利边界，明确利益归属和风险承担，好像是一件不太能张开口的事。如果再将这些约定通过法律协议的方式明确下来，实现的难度会更大。但若等到企业盈利了、值钱了，再去谈利益归属，则顾忌的因素会更多，更加难以实现。这是创业中常见的误区，即在商不言商，股东之间看似一团和气，实则利益不清、责任不明，且随着企业价值的不断提高，股东之间很容易产生误解和不满，进而会破坏企业价值。这也背离了股东创业获利的初衷。

1.4.2.1 感情不能替代规则

为了维护股东关系，有的企业在创业之初就陷入了误区。例如，平

分股权，看似实现了各方利益的均衡，但更容易让企业陷入决策僵局，带来巨大的负面影响；又如，股东之间对关键责权利的边界只是口头约定或者草签协议，导致在执行中大家理解不一，产生矛盾，企业运转不畅。显然这无论是对企业还是对股东都是双输的局面。

创业是创造经济或社会价值的过程，股东更多是为了获利，依赖的载体是企业。只有企业经营得好，股东才有回报。企业怎么才能经营得好，离不开股权架构的规则设计，而非仅依赖于股东之间的情感维系。因此，越是对未来有期待、越是具有良好发展趋势的企业，越应该重视规则的系统构建，尤其是涉及企业核心利益的规则，一定要通过合同、协议等法律形式确定下来。同时，大股东应在规则设计中提前考虑各种不利情形，例如其他股东夺取股权该如何处理，股东退出规则该如何设定，股权代持的潜在风险该如何化解等。如果这些问题处理不当，会给企业和股东带来巨大的负面影响。

1.4.2.2 谈规则，宜早不宜迟

股东的利益来自企业，就必须遵守企业的"游戏规则"，这套规则既要符合法律法规的要求，也要能体现股东的意思自治。当股东之间产生分歧或矛盾时，如果无法自行沟通一致，规则就成了最后一条解决纠纷的途径。否则，没有受到管控的股东内讧和争夺，带来的破坏力是巨大的。因此，规则既是对企业价值的保护，也是对全体股东利益的保护。

规则什么时候谈好呢？宜早不宜迟。因为未来企业如何发展存在很大变数，谁也无法确定谁会先离开企业，越早确定的退出规则越相对公平；又由于无法确定未来谁对公司的贡献大，提早确定的利益分配规则就会更符合集体预期和利益。即便有一天产生纠纷，按照规则解决也更容易获得大家的理解，实操性也更强。

因此，大股东不能因为担心伤害彼此感情而对规则进行模糊化处理，更不能闭口不谈或者仅为君子之约，只做口头约定，而应该在商言商，把丑话说到前头，这才是明智的做法。

1.4.3　好的股权设计一定是规则和人性的有机结合

股权架构的设计绝不是简单的规则堆积，而是规则和人性的结合。规则只是工具，而人性则是有温度的。如何把冷冰冰的规则与有温度的人性结合起来，考验的是大股东的格局、智慧和能力。

1.4.3.1　用规则来管理人性

人的天性是趋利避害的，追求好的，避开坏的，这也决定了股东在面对利益和风险时会很自然作出对个人最有利的选择。而企业作为一个整体，追求的是股东利益最大化，这必然会与股东的个人诉求产生分歧。因此，规则是凝聚股东力量，平息内部分歧的有效保障。

大股东要抓住关键的股权规则，例如始终掌握控制权，确保自己在企业中说了算；提前设定好股东的退出规则，避免股东矛盾因难以疏解而爆发，伤害到企业和股东利益；提前考虑好股东利益的均衡机制，既要激励和团结优秀股东，也要有效降低利益受损股东可能的阻挠和破坏等。

1.4.3.2　用人性来激励股东

人性是有温度的。始终有一些股东在利益面前不忘初心，以身作则，追求高远目标，而这些股东常常会在集体中起到重要的引领作用。

多数公司的创始股东群体，都是因为信任走到了一起，这是人合的一面。而作为大股东，要清楚企业是一个集体，只靠一个人是难以成功的。因此，要努力团结并激励最初一起创业的股东，努力满足大家的合理化需求，先利他再利己。这体现的不仅是大股东的格局和人格魅力，还是成就一番事业的智慧。即便面对职业经理人，大股东也要知人善用，用尊重和有竞争力的薪酬换取他们的信任，让职业经理人自发自愿地以企业为家，全力以赴推动企业发展。当然，这个过程并不容易，需要大股东做出更多的包容甚至妥协，但这却是创业成功者的普遍选择。

第 2 章

股东目标与控制权

控制权是实现股东目标的核心支撑，自然也是争夺的对象。在实务中，实现控制权的方式有很多种，包括股权控制、叠加控制、董事会控制等，也有多种方式的组合控制。但这些控制手段是否适合企业，能否发挥预期作用，需要结合股东诉求和企业实际进行设计与适配。与此对应的是，大股东对控制权不重视、不规划，尤其是随着企业的价值越来越高，被夺权的风险变得越来越大。实践证明，一旦失去了对企业的控制，无论是对企业还是对大股东，在多数情况下都会产生双输的局面。

2.1 控制权的含义和争夺

通俗来讲，控制权就是在企业中谁说了算，说了算的人就是企业的实际控制人。

股东和企业是两个不同的主体。不同的股东通过经营同一个企业实现投资增值，但股东的个人利益诉求又不尽相同，甚至在某些时刻会出现背离。如果每个股东都能说了算，就像一艘大船中有若干个船长，船只一定无法顺利航行，而企业干不好，股东的利益也难以得到保证。从这个意义上讲，控制权的根本着力点是在不同的决策声音中获得确定的结果，由实际控制人作出最终选择，服务于企业和股东的整体利益。

2.1.1 控制权是大股东的首要权利

2.1.1.1 控制权的含义

控制权在经济学概念上是基于股权、契约等法律形式产生的，施加控制的主体是控制人，而控制的对象是企业。实际控制人不仅可以决定企业当前的经营策略、人事安排、资源配置，还能决定企业未来的发展战略与实施路径。换言之，谁掌握了控制权，谁就掌握了企业的命运，就能让企业按照自己的规划成长和发展。

由此，掌握控制权就会衍生出控制权溢价。一般而言，控制权是基于股权产生的，因高持股比例而成为大股东，实现控制。这意味着，相较于中小股东而言，大股东可以获得更多的控制利益，例如通过对企业的强管控实现个人意志，利用大股东的地位谋取个人私利等，这些都是控制权溢价的表现形式。这也使不同股东拥有的股权出现了差别定价，即大股东的每股股权价值要高于中小股东的每股股权价值。也正是因为控制权溢价的存在，使股东内部争夺控制权成为大概率、高风险的事项。

与此对应的则是失去控制权。因为一旦失去控制权，往往意味着大股东会被边缘化甚至会被扫地出门，企业原有的战略可能会被调整，现在的董事、监事和高级管理人员可能会被替换，经营模式也可能会被推倒重新设计。

2.1.1.2　控制权的实现方式

控制权的实现方式分为两种：法律上的控制与事实上的控制。

法律上的控制主要是以法律法规为基础，通过设计股权结构、签署股东协议、调整公司章程等实现，这也是控制效力最强的方式。

除此之外的控制则属于事实上的控制，如控制公章和营业执照、控制关键人员的安排等。在实务中，事实上的控制往往发生在股东内部，是在股东之间发生纠纷且在事实尚未完全清晰之前，个别股东以保护自身利益为由采取的激进行为。但需要注意的是，事实上的控制只能是暂时的，不能长期实施，解决问题依然要回到法律和规则本身。如果不当使用该控制，给公司和其他股东造成损失的，还可能承担相应的责任。

2.1.2　控制权的保护与争夺

2.1.2.1　控制权的保护

控制权的价值属性决定了其必然会成为权利争夺的焦点，自然也是大股东要重点保护的对象。

在笔者服务过的客户中，不少股东都有很强的风险意识，深知做生意不能只靠人情和关系。换言之，在面对利益时，股东之间的人情往往是靠不住的。企业规模越大，利益越多，对人情的挑战就越大。因此，解决实务中的控制权纠纷，内部协商通常是无效的，最终还是要通过法律和规则来解决。

例如，阿里巴巴在上市之前，通过合伙人会议制度和公司章程的个性化设计，牢牢控制了董事会，继而抓住了阿里巴巴的控制权。即便马云已经退休，但依然能保证阿里巴巴沿着最初的创业愿景持续发展；刘强东则是利用了美国资本市场的类别股制度，使用少量股权实现了对京东的绝对控制。当然，这些控制权的成功案例都是提前设计和安排的结果。

对于大多数企业而言，保护控制权最常见的方式是对股权结构的合理设计。例如，在直接持股的模式下，始终将大股东的持股比例保持在50%以上，甚至在2/3以上；又如，设计多层股权结构，实现控制权的放大，继而达到以较小的出资控制目标公司的效果。除此之外，还可以通过公司章程的个性化约定、签署一致行动协议等对控制权进行保护。

2.1.2.2　控制权的争夺

与控制权保护相对应的是大量股东对企业的控制权不重视，体现在大股东或核心创始人对控制权如何设计不了解，对失去控制权的风险不警惕，对实现控制权的方法不清楚等方面。

在实务中，控制权的争夺主要集中在三个层面，即股东内部、股东与管理层之间，以及股东与外部投资人之间。

（1）股东内部控制权的争夺

股东内部控制权的争夺是最常见的，也是破坏性最大的，它动摇的是企业发展的根基。究其原因，多数情况都是由于在股权上存在重大缺陷，例如股权过于分散，或股权平均分配，导致企业没有实际控制人，这就给股东内部控制权的争夺带来了机会。

根据《公司法》（2018年修正）的相关规定，当某个股东对公司的持股比例超过50%时，他就拥有了控制权。但在股权相对分散的情况下，可能任何一个股东都无法独立实现控制。反之，任何一个股东都可以通过联合其他股东实现对公司的控制。例如，某公司有甲、乙、丙三个股东，甲作为创始股东拥有40%的股权，乙和丙分别拥有30%的股权。从表面上看，甲是相对大股东，应该能说了算，但在法律上，他却不是公司的实际控制人。在股东会对重大事项进行决议时，如果无法得到乙或丙的同意，甲就无权独立做出决策。相反，乙和丙尽管是相对小股东，但如果抱团就可以拥有 60% 的股权比例，自然就获得了公司的控制权，继而可将甲边缘化。此时，三个股东可能就会围绕控制权展开争夺，相互拉拢，以实现个人意图与个人利益的最大化。显然，在多数情况下这是弊大于利的，因为受伤害的往往是公司。如果因为内斗导致公司人心涣散，经营不善，甚至陷入衰败，即便争取到了控制权，也不能为获胜的股东带来更多利益。

（2）股东与管理层控制权的争夺

管理层一般指的是职业经理人。从当下的竞争环境和未来的发展趋势上看，仅仅依赖股东就能把企业做大做强的难度越来越大，职业经理人凭借专业能力和技术水平，已经成为企业持续发展的核心支撑之一。随之而来的则是职业经理人可能会利用职权便利和信息不对称，过度追求自身利益，包括争夺企业的控制权。

理论上，管理层并不是企业的股东，没有机会参与股东的控制权之争。但随着企业对人才需求的不断增加，以及股权激励的日益普及，越来越多的职业经理人获得了股东身份，并以此为跳板，逐步扩大自己的控制力。国美集团就曾出现过职业经理人利用职务便利扩大自身影响力，试图削弱和限制大股东表决权，以达到控制国美集团的目的。需要注意的是，国美是上市公司，外部有资本市场的监管，内部的各项机制也比较健全，这是大量非上市公司所不能比拟的。换言之，大多数企业对控制权的保护更为薄弱。尤其是在当下，创一代退休、创二代接班的大背景下，企业要实现顺利过渡和持续发展，势必会更多借助职业经理人的力量。越是规模大、价值高，但股权结构未经过合理安排的企业，股权上的诱惑力和攻击漏洞就越大，这会在一定程度上增大职业经理人借机争夺控制权的风险。

（3）股东与外部投资人控制权的争夺

进入资本化阶段的企业，创始股东要通过出让部分股权来换取外部资金，这就是股权融资。

投资人尽管也是股东，但往往只作为财务投资人，追求的是投资增值和顺利变现，一般不会深度参与企业的经营管理。但同时，投资人由于担心投资安全，并为了在最大程度上提高投资回报，往往会要求在企业中得到更多权力，例如得到更多的董事会席位，获得一票否决权，或者大额投资与大额支出的事前审批权等。

换位思考，投资人对权力的要求是可以理解的，但哪些要求是合理的，对企业发展是积极有用的，哪些要求可能会阻碍公司顺利发展的，在实务中并没有统一的标准。但可以确定的是，赋予投资人的权力越大，投资人的数量越多，则意味着创始股东的权利范围越小，在决策上受到的掣肘就越大，甚至在大家意见不一时，投资人可以利用手中的权力，直接干预公司决策，改变经营方向和资源配置，甚至将创始股东边缘化，这就变成了对控制权的实际争夺。

综上所述，在三种争夺情形中，爆发最频繁的是第一种，也是大股东要特别关注的。如何减少股东内斗呢？核心是从股权分配的根源上进行检讨。

以向外部资源提供者分配股权为例。在创业初期，多数企业非常艰难，缺人缺钱缺机会，创始股东为了获得更多的外部支持，会选择将部分股权分配给资源提供者，实现双方的利益绑定，助力企业发展。客观而言，创始股东与资源提供者共享利益。共同做大蛋糕的思路没有错，但是否需要以股权作为利益绑定的工具，是需要探讨的。

首先，外部资源的价值贡献往往是短期的，而股权的价值回报则是长期的。企业在起步阶段可能极度缺乏的资源，例如人脉关系和产品渠道，往往会随着企业规模和竞争能力的提升而变得不再重要，反而转变为对资金和人才的迫切需要。换言之，企业发展所依赖的资源是在不断变化的，而且资源是否有价值，关键看它是否为公司所需要，是否能持续发挥预期作用。

其次，具体到实务中，如果大股东以股权分配的方式绑定资源提供者，那么每一次的股权分配都会稀释创始股东的股权，也会削弱创始股东对企业的控制力。更为重要的是，如果外部资源不能再为企业创造价值，而资源提供者却一直持有企业的股权，这必然会带来利益上的错位，会在一定程度上损害其他股东的利益，也压缩了后期股权分配的空间。

再次，股权分出去容易，收回来很难。一旦资源提供者成为股东，股权就是其个人财产。在没有特殊约定的前提下，如何处置股权完全是资源提供者的权利，创始股东和其他股东都无权干涉。

最后，股东越多，利益诉求越多元，协调难度越大。不排除资源提供者利用股东的身份，通过不配合、抵抗甚至检举的方式，破坏企业价值，争取自身利益。而且，在股权稀释的背景下，资源提供者可能通过联合其他股东的方式，改变企业内部的决策力量对比，动摇大股东或创始股东的掌控力。

由此可以延伸到，向兼职人员分配股权，让优秀员工直接持股，向投资人释放过多股权等，往往都不是最优选择。前期股权给得越随意，后期处理的难度就越大。退一步，即便要给股权，也一定要考虑到各种可能的风险，提前设计好股权结构和规则，尤其是要采取有效的防范措施，保护好自己的控制权。

 ## 2.2 股权控制是最根本也是最有效的方式

随着企业的发展和股东的多元化，控制方式也在不断演变。

在创业之初，股东往往以直接出资的方式设立企业，通过高持股比例实现对目标企业的控制。这是典型的股权控制，也是最根本、最有效的控制。

但高持股比例意味着股东需要承担更多的出资义务。在企业规模越来越大、股东越来越多的背景下，假设企业的注册资本由 100 万元提高到 1000 万元，大股东要继续保持控制权，其认缴的出资额理论上也应同步提高 10 倍以上，这不仅增加了大股东出资的义务，也大大增加了其承担的风险。尽管《公司法》（2018 年修正）并未对认缴出资期限作出明确要求，但根据 2024 年 7 月 1 日实施的《公司法》（2023 年修订）第四十七条的相关规定，全体股东认缴的出资额由股东按照公司章程的规定自公司成立之日起五年内缴足。这会进一步压缩股东的出资周期，加大出资压力。

于是，大股东可能会选择多层股权结构实施控制，或者实施叠加控制，例如投票权委托、一致行动人，将其他股东的表决权集中起来，在降低自己出资压力的同时，继续保持对目标企业的控制。

一旦企业进入集团化或者启动首次公开募股（IPO）计划，则往往标志着通过直接持股获得控制的方式已经不合时宜。资产盘子的急速扩大、投资人的利益诉求与风险考量、上市合规等，都要求从根本上改变控制方式。此时，要对控制权安排进行结构性调整，合理利用股权规则，大幅提高大股东的控制效力，获得控制权的杠杆效应。若结构性调整难以实现或成本过高，则可以通过调整公司章程、掌握董事会等方式达到控制目的。

2.2.1　股权控制的三条线

股权控制中有三条线：67%、51% 和 34%，分别对应的是表决比例 2/3 以上、半数以上和 1/3 以上。从控制效力上，前两者属于积极控制，即股东可以通过绝对多数股权或相对多数股权，实现对目标企业的控制；后者则属于被动控制，即股东无法主动影响企业决策，只能在个别特殊事项上拥有否决权。

需要注意的是，持股比例与表决比例是两个不同的概念。根据《公司法》（2018 年修正）的相关规定，股东按照出资比例行使表决权，但股东另有约定的除外。换言之，出资越多的股东，持股比例越高，对应的表决权就越大，就能控制企业，这体现了资本多数决的原则。因此，一般情况下，股东的表决比例等于持股比例。在本章的表述中，如果不作特殊说明，默认为股东的表决比例等于其持股比例。

2.2.1.1　67%——绝对控制

需要股东会决议的事项分为普通决议事项和特殊决议事项。尽管决议对象都是公司的具体行为，但由于不同事项对股东利益和公司价值的影响程度不同，《公司法》以法律的形式将决议事项进行了划分。具体来看，除少量事项属于特殊决议事项，需要更多表决权的股东同意方为有效外，其他事项都属于普通决议事项，并降低了对表决权的比例要求。

《公司法》（2018年修正）明确规定，特殊决议事项包括修改公司章程、增资、减资、合并、分立、解散、变更公司形式七种法定情形。显然，任何一种情形都直接关系到公司和全体股东的核心利益，因此，必须经代表2/3以上表决权的股东通过方可，为了便于表述，本书用67%表示。换言之，当股东的持股比例达到或超过67%时，他就可以拥有对公司所有事项的决策权，包括特殊决议事项和普通决议事项，此刻就达到了绝对控制。

在实务中，需要注意以下三点。

第一，特殊决议的67%要求，是法律规定的表决底线。

与大股东相对应的是中小股东。法律为了保护中小股东的利益，必须让中小股东在公司中拥有维护自身利益的渠道，而表决权就是重要载体。换言之，如果中小股东的持股比例超过了33%，只要未获得其同意，特殊决议事项就无法通过。但反过来，如果法律设定的表决门槛不是67%而是更高，如90%以上，尽管会进一步提高中小股东的话语权，但同时也会大大增加股东内部的沟通难度，降低决策效率。

因此，法律规定的67%的表决比例，更多是照顾到中小股东利益的表决底线，不允许人为降低。但是否可以据实提高，股东可以自行协商，这属于股东的意思自治。例如，股东可以约定，变更公司形式的表决比例不低于90%，增减注册资本的表决比例不低于80%等，并通过股东协议、章程修正案等法律文件明确下来，都会受到法律的保护。换言之，特殊事项的表决权比例只能在67%的基础上协商调增，而不能调减，否则由此形成的相关协议或决议也会因违反法律规定而无效。

第二，特殊决议不限于修改公司章程、增资、减资、合并、分立、解散、变更公司形式七种法定情形。

法律明确的特殊决议事项有七种，不得自行减少，这是强制性要求。但在实务中，可以在此基础上协商增加，这也属于股东的意思自治。

例如，公司对外的大额担保、股东与公司之间的关联交易等，股东也可以按照特殊事项的表决要求，约定必须经过 67% 表决权的股东通过方为有效。一经确定，同样受到法律保护。

第三，拥有 99% 的股权与拥有 67% 的股权，其控制效力是一样的。

在实务中，有的股东为了完全控制公司，在设计股权比例时往往加大自己的持股比例，有的持股比例甚至达到 99% 或 99% 以上。但从控制效力上，持有 99% 的股权和持有 67% 的股权的控制效力是一样的，都能实现对公司的绝对控制。但持股比例过高，越不利于引入外部股东和资源，也无助于提高公司治理能力，从而阻碍企业的持续健康发展。当然，这里并未考虑因高持股比例给股东带来的多分红或股权增值等其他股东利益。

2.2.1.2 51%——相对控制

除特殊决议外的事项，都属于普通决议事项。

《公司法》（2018 年修正）规定，普通决议事项只需过半数表决权的股东同意即可，本书用 51% 表示。反之，如果表决比例未达到法定要求，即便股东会做出了决议，也不产生法律效力。

可见，表决比例达到 67% 和 51% 的股东，都可以对企业决策实施主动影响，尽管决议范围略有不同，但都达到了控制企业的目的。这也是在设计股权比例时，建议股东占大股的原因。

需要注意的是，普通事项并非只能按照 51% 的表决比例，股东也可以自行决定是否提高表决比例。与特殊决议中 67% 的表决比例一样，51% 的表决比例也是法律规定的表决底线，如果股东认为某些普通事项非常重要，也可以协商提高表决比例，并通过法律文件固定下来。

另外，股份公司与有限公司表决权计算的基础不一样。有限公司是以全体股东所持股权数量为计算标准的，无论股东是否参加股东会议，其表决权都会被计算在内。而股份公司是以参加股东大会行使表决权的股份数量为计算标准。例如，某股份公司总股本为 3000 万股，股东大会审议公司减资事项，如果到会行使表决权（包括未到会但委托其他股东行使表决权）的股份数量为 1400 万股，该议案同意票为 1000 万股，反对票为 400 万股，同意票超过了三分之二，则该决议获得通过。

2.2.1.3 34%——消极控制

34% 与 67% 是呼应的。当一项决议需要经过 67% 的表决比例方能通过时，就意味着 34% 表决权的股东就拥有了对该事项的一票否决权。

一般而言，除了法律规定的七种情形，其他决议事项与 34% 表决权股东的意见并无直接关系，因此，34% 的表决权也被称为消极控制或被动控制。换言之，34% 的表决权只是对特殊决议事项（无其他约定外）的一票否决权，而不是拥有对所有决议事项的一票否决权。在实务中，将 34% 的表决权直接等同于一票否决权，是不准确的。

此外，中小股东也拥有相应的股东权力。例如，持股 10% 以上的股东拥有提议召开临时股东会、申请解散公司等权利；持股 3% 以上的股东拥有股东会的临时提案权；持股 1% 以上的股东拥有代位诉讼权等。但从控制效力上看，显然都无法构成直接影响。

2.2.2 依托股权的叠加控制

所谓的叠加控制，就是依托于股权进行的放大控制权的协议安排，常见的方式为投票权委托、一致行动协议等。在实务中，这既是大股东集中表决权、加强控制的常见方式，也是小股东抱团取暖、争取利益的重要安排。此外，股权代持也是控制权叠加的方式之一，由于其代表了被代持人的利益，且隐蔽性更强，常被纳入依托股权实现控制的范畴。

2.2.2.1　投票权委托

投票权委托指的是拥有表决权资格的股东将自己的表决权委托给代理人代为表决。根据《公司法》（2018 年修正）的相关规定，股东可以委托代理人出席股东（大）会会议，代理人在授权范围内行使表决权。

最初的投票权委托，是因故不能参加会议的股东，为保护自身利益将表决权委托给其他股东代为行使。后来在一些企业中，小股东为了对抗大股东可能的利益侵占，通过投票权委托的方式将大家的表决权集中起来，以提高表决比例，影响决议结果。目前，投票权委托已慢慢演变成为大股东将其他股东的表决权收归自己，加强控制的方式。

投票权委托往往通过签署协议的方式予以约定，一般包括以下三个方面：①明确委托人和受托人的关系。②明确双方的股东身份、委托表决的事项与范围。为了更好地保证委托效力，往往在协议中约定，该委托为不可撤销委托，且委托人自愿接受受托人在授权范围内行使表决权而带来的结果。③明确委托日期和违约责任。

在实务中，需要注意以下三点。

第一，委托协议约定的越具体、越明确，操作性就越强，争议就越小。对于在委托范围内的决议结果，自然代表了委托人的意愿；超过授权范围的事项，受托人的表决无效，并要承担违约责任。

第二，在投票权委托中，股东委托出去的只是表决权，而其他的股东权利，如分红权、转让权、剩余财产分配权、知情权等仍然归委托股东享有。换言之，投票权委托只是将众多股东权利中的表决权和其他股东权利做了分离。

第三，委托协议到期后，双方再决定是否继续委托。但在委托期间内，存在委托人转让股权的可能，而新股东并没有义务继续遵守委托协议，这就会削弱控制效力。因此，在委托协议中，往往会对委托人转让股权的行为作出限制，例如在委托期限内不得转让，或者转让数量受限，又或者受托人拥有优先购买权等。

2.2.2.2　一致行动协议

一致行动协议对应的就是一致行动人。顾名思义，就协议中约定的内容，大家的表决应保持一致，如果意见不一致，应以事先约定好的某位股东的意见为准进行表决。

纳入一致行动协议范围的事项一般包括：

①共同提案；

②共同投票表决决定经营计划和投资方案；

③共同投票表决制订年度财务预算方案、决算方案；

④共同投票表决制订利润分配方案和弥补亏损方案；

⑤共同投票表决制订增加或者减少注册资本的方案以及发行债券的方案；

⑥共同投票表决聘任或者解聘总经理，并根据总经理的提名，聘任或者解聘副总经理、财务负责人，决定其报酬事项；

⑦在各方中任何一方不能参加股东会及/或董事会会议时，应委托其他各方中的一方参加会议并行使投票表决权；如各方均不能参加股东会及/或董事会会议时，应共同委托他人参加会议并行使投票表决权；

⑧共同行使在股东会和董事会中的其他职权等。

从表决结果看，一致行动协议和投票权委托都能实现集中表决权、统一表决结果的目的，但两者又有所不同。

投票权委托是公开的委托关系，而一致行动人的关系既可以公开也可以秘密，具有很强的隐秘性和灵活性。一致行动协议可以在其他股东不知情的情况下进行调整，包括一致行动人的调整、一致行动事项的调整等，这对于其他非一致性行动的股东而言，很难准确了解股东会内部的权力关系，股东会决议的节奏和导向也更容易被一致行动人所掌控。因此，一致行动协议在以上市公司为代表的公众公司，或由多股东组成的企业集团中运用频繁。为了保证一致行动的效果，协议中往往会约定较高的违约责任，以促使大家遵守约定。

当然，一致行动人关系的确定，除协议约定外，还存在自动认定。换言之，不管股东之间有没有签署一致行动协议，只要是内在关系密切，就会被自动认定为一致行动人。

《上市公司收购管理办法》规定，在上市公司的收购及相关股份权益变动活动中有一致行动情形的投资者，互为一致行动人。如无相反证据，投资者有下列情形之一的，为一致行动人。

①投资者之间有股权控制关系；

②投资者受同一主体控制；

③投资者的董事、监事或者高级管理人员中的主要成员，同时在另一个投资者担任董事、监事或者高级管理人员；

④投资者参股另一投资者，可以对参股公司的重大决策产生重大影响；

⑤银行以外的其他法人、其他组织和自然人为投资者取得相关股份提供融资安排；

⑥投资者之间存在合伙、合作、联营等其他经济利益关系；

⑦持有投资者 30% 以上股份的自然人，与投资者持有同一上市公司股份；

⑧在投资者任职的董事、监事及高级管理人员，与投资者持有同一上市公司股份；

⑨持有投资者 30% 以上股份的自然人和在投资者任职的董事、监事及高级管理人员，其父母、配偶、子女及其配偶、配偶的父母、兄弟姐妹及其配偶、配偶的兄弟姐妹及其配偶等亲属，与投资者持有同一上市公司股份；

⑩在上市公司任职的董事、监事、高级管理人员及其前项所述亲属同时持有本公司股份的，或者与自己或者前项所述亲属直接或者间接控制的企业同时持有本公司股份；

⑪上市公司董事、监事、高级管理人员和员工与其所控制或者委托的法人或者其他组织持有本公司股份；

⑫投资者之间具有其他关联关系。

2.2.2.3　股权代持

通过股权代持，掩盖实际的关联关系或者控制关系，也是控制权叠加的方法之一。

股权代持的前提是被代持人（也称为实际股东）因为各种原因，如不宜直接出任股东，或规避关联关系，或其他理由，将股权委托给代持人持有，由其代为履行股东权利并承担股东责任。

在实务中，代持行为较为普遍，也是爆发问题的高频领域。由于代持关系是建立在高度信任基础上的，因此作为风险兜底的协议与规则往往不被重视，体现在不签代持协议，或签署协议但关键条款缺失或模糊不清，解除代持的条件未作约定，代持人的退出通道未作安排等，导致在发生纠纷时，被代持人往往会陷入被动，自身利益受到极大损害。

在实务中，由于代持产生的法律纠纷屡见不鲜。例如，某个企业的大股东甲被外部自然人乙告上法庭，主张取消双方的代持关系，恢复乙的实际股东地位。自然人乙表示，在企业创业之初，无论是商业模式、核心资源，还是启动资金，都是自己的，甲只是作为代持人，并非真正的股东。为了证明自己的说法，乙出示了创业之初的会议纪要，创业元老的证词，以及向甲的转款记录等。由此，乙向法院主张解除代持关系，恢复自己真实股东的身份，回归企业。甲则主张，在创业之初确实得到了乙的帮助，包括乙垫付了大量启动资金，但这只是借贷关系，而非投资关系，更不是代持关系。需要注意的是，双方未签署代持协议，乙也未能提供存在代持关系的直接证明。最终，法院判决乙提供的证据不足以证明双方存在代持关系，乙的主张不被支持，即认可了甲作为真实股东的身份。尽管乙再次提起诉讼，依然败诉。此时，企业经过几年的发展，资产已经大幅增值。不管真实情况下乙是否为股东，都只能按照资金借贷关系，得到本金和借贷利息。

因此，对于被代持人而言，委托他人代持的底线是保证股权不失控，包括股权的归属，代持人行使股东权利的边界与规范，代持利益的分配等，这些都需要周密设计，清楚约定。只有做到这一点，被代持人的利益才能得到保证，股权代持才能发挥叠加控制的效果。

（1）股权代持是合法的

代持关系本质上就是委托关系，只要双方达成一致，且相关协议内容没有违反法律的禁止性规定，自然就是合法有效的。

（2）选择合适的代持人

代持人可以是自然人，也可以是公司、合伙企业或个人独资企业等。在实务中，以自然人为代持人的情况居多。需要注意的是，并非所有人都可以成为代持人，公务员、警察、现役军人等特殊身份人员不能成为代持人。

（3）签署股权代持协议

签署代持协议是明确代持关系，界定彼此的责权利范围，避免纠纷的最佳方式，也是任何一方利益受到侵害时运用法律武器维权的关键依据。

在上述案例中，自然人乙的主张没有得到法院支持，核心原因就是无法认定双方是否存在代持关系。实务中的代持纠纷，绝大多数是在代持协议环节出了问题。

代持协议本身较为复杂，既要实现实际股东的代持意图，还要合理保证代持人不会越权，侵害自身利益；既要尽可能消除代持人对自身承担责任的顾虑，还要考虑到如果发生纠纷，如何降低负面冲击和损失；既要考虑到代持的出资问题，还要考虑到股东分红与解除代持时的税务成本负担等。

就代持协议本身，应注意以下五个方面。

第一，明确代持关系。应在代持协议中明确，代持人是名义股东，出资人是实际股东，双方是股权代持关系，而非资金借贷等其他关系。

第二，详细约定双方的责权利边界。协议应尽可能罗列各种可能出现的问题及相应的处理办法。包括代持人享有什么权利，承担什么责任，表决权如何行使，股权收益如何转交等，把各种可能情况列举出来，并增加兜底解决条款，以最大程度降低代持期间的权利行使成本。

第三，对代持人的权利和配套义务进行必要约束。例如，代持人应按照实际出资人的意思行使表决权，未经书面同意不得对代持股权进行质押、转让、抵押等。又如，约定实际出资人有权随时解除代持协议，有权将股权变更到自己或其指定的第三人名下，名义股东必须无条件配合等。

第四，明确违约责任。一旦代持人违反约定，代持人应根据协议约定承担高额违约责任，以防范和降低因各种主客观原因侵害被代持人利益的风险。此外，如果代持协议能得到公司法定确认，会更有利于实际出资人股东资格的确认，保护自身权益。当然，即便没有得到公司确认，也不妨碍代持协议的法律效力。

第五，提前考虑解除代持的税务成本负担。在形成代持关系时，往往不产生纳税义务，但在解除代持，将股权归还给实际股东时，或者转移代持关系，将股权交由其他主体代持时，就会触发纳税义务。

从本质上看，解除代持或者转移代持，其本身并未发生实质性的股权交易，也未产生收益，根据实质课税原则，不应作为所得税的征税对象。但解除代持意味着股权变更，其背后到底是解除代持，还是真实的股权转让，税务机关无法准确判断。如果税务机关认定是解除代持而不需要交税，就很容易给更多的股权转让行为留下偷逃税款的漏洞。因此，税务机关往往会统一认定为股权转让，计算缴纳税款。同时，解除代持还会涉及税金由谁负担、股权转让款的归属和如何结转，以及代持人如何履行配合义务等，这些都需要提前考虑并约定清楚。

（4）防范其他可能的风险损失

第一，代持人需要承担风险。在代持关系中，代持人需要承担的风险包括民事风险和刑事风险。例如，实际股东未及时履行出资义务，公司和其他股东有权要求代持人出资，否则就会触发代持人的民事责任。又如，若公司存在未清偿债务，债权人有权向法院申请，要求代持人在未出资范围内履行加速出资责任等。此外，如果代持人同时在公司担任法定代表人、董事、高管，或者以股东身份直接参与企业的经营管理活动，一旦企业存在违法经营活动，代持人可能还需要承担刑事责任。

因此，代持人在接受代持委托时，也需要评估自身风险大小，并在协议中约定清楚责任边界，保护自身利益。

第二，实际股东要防范发生概率较小但后果严重的风险。例如，代持人未经实际股东同意，私自变卖代持股权。显然，这会极大地侵害实际股东的利益。那么，私自变卖代持股权的行为是否合法，是否有效？

这要区分不同情况。

如果购买股权的第三方，即受让人，并不清楚该股权为代持股权，也履行了合理谨慎的审查义务，且股权交易价格是公允的，那么法院就可以认定受让人是善意第三人，其购买行为为善意取得，应予以保护，而实际股东应就相关的股权损失向代持人主张追偿。但在实务中，追偿金额如何界定，是按照股权出售的价格，还是按照实际股东对股权的评估价格？双方意见不一致时怎么办？另外，即便达成一致，代持人是否有足够的履行能力？这都会增加追偿的难度。

反之，如果购买方明知购买的股权为代持股权，甚至内外串通，购买股权的价格明显偏低，实际股东才可以向法院请求确认股权转让行为无效，取消股权转让。

但从效果上看，上述止损行为都是被动的，实际股东应提前布置，提前预防。例如，将代持股权提前质押给自己或者自己控制的企业，防范代持人私自变卖股权，或者安排信任的人成为小股东，及时掌握股权可能的变动信息等，防范风险。

此外，代持人的离婚或死亡，又或者代持人本身存在大额外债，都可能会穿透到其代持的股权上。这些风险都要提前预判，加以设计和防范。

2.3 结构性的股权控制

相较上述的控制手段，通过设计不同的股权结构、选择不同的持股主体、利用资本市场规则等，达到控制企业的目的的情况在实务中也很常见。

2.3.1 金字塔式的股权控制

在直接控制的场景中，股东只有占大股，才能拥有对公司的控制权。

由此推演下去，要拥有对大集团、大公司的股权控制，股东投入的资本或认缴的出资就越高。在实务中，这既不现实，承担的风险也很大。

所谓的金字塔式股权结构，是把公司的股权结构按照金字塔的形状排列，呈现多层级、多链条的集团化控制结构。塔尖是公司的实际控制人，塔基是目标公司，中间是多个持股主体。通过中间的持股主体实现控制权的层层放大，实现以少量资本达到最大控制的效果。

假定自然人甲是实际控制人，目标公司为 X 公司，注册资本为 1 亿元。如果甲要实现股权的直接控制，需要认缴的出资应超过 5000 万元，这对甲的出资能力和风险承担能力都有很高的要求。但如果通过金字塔结构，就可以很好地解决这个问题。如图 2-1 所示。

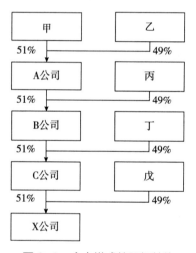

图 2-1　金字塔式的股权结构

甲不直接持有 X 公司的股权，而是先设立了 A 公司，自己占股 51%，股东乙占股 49%，显然甲可以控制 A 公司；A 公司再设立 B 公司，同样只占 51% 的股权，剩余的 49% 由股东丙持有，则甲可以通过 A 公司间接实现对 B 公司的控制。以此类推，最后 C 公司持有 X 公司 51% 的股权。需要注意的是，尽管金字塔结构中每一层的股权比例都是 51%，但甲的控制力并没有减弱，甲依然是各层级公司的实际控制人。

从结构上看，第一层是甲，为实际控制人，最底下一层为目标公司，即开展业务的主体，而中间的 A 公司、B 公司和 C 公司都为持股主体。从控制力上看，甲只需出资 51 元就可以控制 A 公司 100 元的表决权；A 公司再出资 100 元就可以持有 B 公司 51% 的股权，表决权达到 196 元，即 100/0.51；B 公司再出资 196 元持有 C 公司 51% 的股权，以此类推，最终可以控制 X 公司 753 元的表决权。可见，在当前的结构与股权比例下，每增加一个控制层级，表决权就会放大近 1 倍，最终甲股东只出资了 51 元，就控制了 X 公司 753 元的表决权，控制倍数约为 14.8。

这就是金字塔式结构对控制权的放大效果，让股东甲以较少出资实现对目标企业的控制，同时也减轻了甲的出资责任和风险承担。由此可以延伸到，大股东可以据实增加股权层级，在不失去控制权的前提下适度降低持股比例，以最大限度地放大控制倍数。

在实务中，还要注意以下三点。

第一，合理设计股权层级，不能脱离公司实际。

原则上讲，设计的股权层级越多，纵向延伸的链条越长，控制权的杠杆效果就越明显，从外部获得的融资体量就越大。但在实务中，大股东需要考虑的是，乙、丙、丁等为何愿意入股？为何愿意成为小股东？持股 49% 的股东提供了资金，却无法对公司实施积极控制，即便甲做出的决策不够合理，也只能被动接受，此时，乙、丙、丁只是股东甲的融资对象。换言之，即便目标公司有诱人的前景，但如果设置的股权层级越多，吸引外部股东和资金的能力反而会越弱。因此，金字塔式结构要在满足参股股东利益的前提下，保持合理的层级，而不能无限扩展下去。

第二，过多的控制层级，会增加管理成本和风险承担。

有的企业为了追求控制权的高杠杆倍数，设立了大量的持股公司，却疏于对这些公司的日常管理。

河北省某企业就遇到了类似的问题。其参照金字塔式结构设计了多层级持股公司，但其中有两家持股公司因违反税务规定，被调低纳税信用等级，甚至其中一家还被认定为税务非正常户，无法开票，导致整体股权架构的税务风险大幅增加，甚至动摇了整体架构的运转基础。究其原因，是由于其中一家持股公司的纳税信息异常被税务机关稽查，继而发现该公司存在两套账和偷漏税的情况。由此，税务机关延伸稽查，又发现另外一家持股公司由于常年没有业务，财务人员疏于管理，未进行零申报，甚至连报税人员都不知道该公司的存在。老板最初的考虑是舍弃这两家持股公司，重新调整股权架构，但调整难度极大，成本很高。而且，即便调整架构，这两家持股公司的历史税务问题依然需要解决。

因此，在金字塔式结构下，达到股东的预期目标需要依赖每个持股主体的正常运转。换言之，架构中的每个持股主体都是关键的，而且一旦某个环节出现问题，就可能导致整体股权结构功亏一篑。

第三，控制权与现金流权的分离，可能导致大股东侵占中小股东利益。

所谓的现金流权，体现到股东权利上可直观地理解为归属股东的分红权。

在金字塔式股权结构下，股东甲从目标公司获得的分红非常有限。假定 X 公司分红 1 亿元，按照图 2-1 的结构，甲获得的分红只有 676 万元，占比为 6.76%，即 $51\% \times 51\% \times 51\% \times 51\% = 6.76\%$，而甲对 X 公司的表决权比例为 51%，远远大于分红比例，这就导致了控制权与分红权或者现金流权的分离。

一旦分红权与控制权出现过度分离，就很容易引发公司治理中的道德风险，即甲作为实际控制人，在目标公司中投入了大量的精力和资源，但获得的红利回报是非常有限的，这可能会促使甲利用控制权获取额外的私人收益，从而侵害其他股东的利益，这是金字塔式结构的弊端之一。

综上所述，在实务中，大股东可以借鉴金字塔式结构，在保证控制权稳定的前提下，充分利用外部资源，共同把企业做大做强；也可以利用这个思路，构建集团化的股权架构，平衡好各方利益，提前布局股权融资和资本运作。

2.3.2 有限合伙控制

有限合伙也是扩大控制权的常用方式之一。

根据《中华人民共和国合伙企业法》(以下简称《合伙企业法》)的相关规定,有限合伙企业由普通合伙人(GP)和有限合伙人(LP)组成,其中普通合伙人负责执行合伙事务。换言之,有限合伙人只出钱但没有控制权,而普通合伙人对有限合伙企业拥有控制权,且该权利来自其普通合伙人的身份而非其所持合伙份额的多少。换言之,即便普通合伙人在有限合伙企业中的合伙份额占比只有1%,其依然能说了算。

上例中,甲股东要达到凭借少量资金控制X公司的目的,可以不设立若干个持股平台,而只设立一个有限合伙企业即可,如图2-2所示。

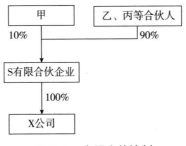

图2-2 有限合伙控制

由甲作为GP,乙、丙等作为LP,共同设立S有限合伙企业。假定甲的合伙份额占比为10%,乙、丙等的合伙份额占比为90%,相当于甲出了10元就拥有了100元的表决权。此时,甲的控制权倍数就是10倍,即100/10。然后,再由S有限合伙企业全资设立X公司。对于甲而言,则是利用少量资金,通过控制S有限合伙企业实现了对X公司的绝对控制。

以此类推,如果甲的合伙份额占比是1%,则控制权倍数为100倍;如果甲的合伙份额占比为1‰,则控制权的倍数为1000倍。甲可以通过调整GP的合伙比例,灵活安排自己的出资额。此时,有限合伙企业不仅是一个融资主体,将更多的外部资金吸纳进来,降低甲的出资压力,还可以实现控制权集中，保证甲在合伙企业和目标公司中的绝对话语权。

在实务运用中，需要注意以下四点。

第一，GP说了算的基础是法律规定，这与其他控制手段有本质区别。不同于大股东持股比例达到一半以上才能实现股权控制，也不同于投票权委托、一致行动人等需要依赖各方股东达成一致并签署法律协议，GP的控制权来自《合伙企业法》的规定，具有权利的天然性，即不需要借助其他手段就能实现。换言之，只要《合伙企业法》的相关规定不改变，GP就可以一直掌控合伙企业，继而控制目标公司。

第二，GP对合伙企业债务承担连带责任。GP能以较小的合伙份额获得整个合伙企业的控制权，除其自身的能力和水平获得了全体有限合伙人的认同外，还因为其需要对决策后果承担兜底责任。

根据《合伙企业法》的相关规定，GP要对合伙企业的债务承担连带责任。换言之，如果合伙企业存在未清偿债务且合伙企业自身没有能力继续清偿的，GP要以其自有财产对该未清偿债务承担责任。如果GP是自然人，就需要用个人资产予以清偿，这就存在将合伙企业的风险传导到个人身上的可能。因此，甲在决定成为GP之前，应提前做好风险的应对与必要的风险隔离。

第三，控制合伙人的数量。《合伙企业法》第六十一条第一款规定，有限合伙企业由二个以上五十个以下合伙人设立；但是，法律另有规定的除外。如果企业的合伙人数量预计超过上限，就应考虑通过代持或者另设持股主体的方式予以规避。

第四，要在追求杠杆倍数和管理难度之间做好平衡。尽管有限合伙模式在提升控制权的杠杆倍数，实现高效决策上存在明显优势，但也意味着LP放弃了决策的权利。这不仅会增加前期沟通和协调的难度，还会存在因GP的决策结果和经营业绩未达预期时，引发合伙人内部的纠纷和矛盾。一旦大家对合伙机制不满，希望变更为公司形式时，也只能先行解散现有的有限合伙企业，再设立公司。这往往会对已有的股权结构造成颠覆性改变，甚至会影响企业正常的经营活动。

因此，在企业发展前景与股东诉求尚未明朗之前，不宜过度追求有限合伙企业的高杠杆倍数，而应把重心放在运营管理和企业价值的提升上。之后再随着企业的发展有计划、分步骤地选择强化控制权的方式，达到企业价值与控制权的双提升。

2.3.3 交叉持股控制

A 公司是 B 公司的股东，持股 10%；B 公司也是 A 公司的股东，持股 20%。A 公司和 B 公司相互持有对方的股权，这样的结构就是交叉持股，如图 2-3 所示。

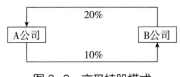

图 2-3 交叉持股模式

显然，在交叉持股的结构下，非常容易提高控制力。例如，A 公司向 B 公司投资 1000 万元，占股 10%，B 公司向 A 公司也投资 1000 万元，占股 20%。整体上看，两个公司都向对方投资，但各自的资金并没有减少，并履行了股东的出资责任。由此推演，A 公司可以再拿出 1000 万元增持 B 公司的股权，同时，B 公司也拿出 1000 万元增持 A 公司的股权，那么交叉持股的比例会进一步提高，直到 B 公司成为 A 公司的大股东，实现控制。

但是，这种控制只是建立在资本虚高的基础上，并未增强 A、B 两家公司的资本实力和抗风险能力。这会对公司的利益相关方造成误导，以为公司实力雄厚，实则并非如此。此外，交叉持股会直接稀释其他股东的股权，侵害其他股东的利益，也被其他股东所抵制。如果上市，交叉持股模式是被严格禁止的。因此在实务中，交叉持股运用得越来越少，更多的是作为特殊性或阶段性安排，偶尔在集团内的股权结构中出现。

2.3.4 类别股控制

类别股也称 AB 股，即将股票分为两类：一类为 A 股，按照 1 股 1 票表决；另一类为 B 股，按照 1 股若干票表决。显然，即便持有 B 类股权股东的持股比例较低，但因为存在差别表决，一样可以用较少的股权实现对目标公司的控制。

这种设计尤其适用于股权被大幅稀释的创始股东，通过 AB 股的安排，保证控制权不丢失。例如，京东在美国上市时就采用了 AB 股制度，即所有 B 类股都由刘强东持有，1 股 B 类股可以享有 20 票的表决权，而持有 A 类股的股东，1 股股票只能享有 1 票表决权。通过 AB 股设计及其他的股权安排，刘强东在京东的表决权比例超过了 80%，达到了绝对控制。而除刘强东外的前五大股东，合计持股比例达到 40%，但表决权比例仅为 10% 左右。

在使用类别股控制时，需要注意以下两点。

第一，AB 股的实施需符合上市规则要求。上市公司均为股份公司。根据《公司法》（2018 年修正）的相关规定，股东出席股东大会，所持每一股份有一表决权，即一股一票，同股同权。而 AB 股的差异化表决，是对一股一票原则的背离。因此在过去，国内政策一直保持谨慎态度，不予认可。但随着高科技、互联网等行业的蓬勃发展，有巨大增值潜力的公司如果按照一股一票的规则上市融资，则在上市之初，创始人就很可能因为股权被稀释而直接失去控制权，因此，这也在很大程度上助推了如京东、百度等高科技公司放弃国内市场，寻求海外上市。于是，最近几年我国资本市场进行了重大改革，例如科创板已经引入差异化表决制度，即允许在科创板上市的公司发行特别表决权股。除投票权外，其他股东权利内容与普通股一致。这实际上就是 AB 股安排。

此外，《公司法》（2023 年修订）对类别股也作了明确规定。根据第一百四十四条的相关规定，股份公司可以按照公司章程的规定发行类别股，包括每一股的表决权数多于或者少于普通股的股份等。这与普通股的表决权作了区分。可见，类别股已从仅限于上市公司的表决安排，延伸到更多未上市的股份公司中。

第二，AB 股可能会带来内部人控制的问题。差异表决必然会带来控制权的集中，实际控制人的权利难以被约束，与此对应的就是中小股东的利益可能会受到侵害。

因此，如何防止滥用控制权，降低可能带来的负面影响，相关规则也作出了明确。例如，限制差异表决权的倍数。《上海证券交易所科创板股票上市规则》（以下简称《科创板上市规则》）规定，每股特别表决权股份的表决权数量不得超过每股普通股份的表决权数量的 10 倍。表决权倍数过高，可能引发严重的公司治理风险，而规定表决权倍数的上限，可以限制特别表决权与普通表决权之间的差距。又如，《科创板上市规则》规定，公司上市后原则上不得提高特别表决权比例；上市后原则上不得发行特别表决权股，特别表决权股亦不得在二级市场上交易；特别表决权股转让时必须按照 1∶1 的比例转换为普通表决权股等。这也意味着，只允许拥有特别表决权股东的表决权逐步被稀释，而不允许特别表决权的进一步集中。

2.3.5 VIE 架构控制

VIE（Variable Interest Entities）可以直译为可变利益实体，从控制方式上可以理解为协议控制。

该模式兴起于 20 世纪末 21 世纪初，以互联网为代表的新兴产业公司迅猛发展，但业绩普遍不佳，且需要持续大量"烧钱"。按照传统的价值评估逻辑，这样的公司难以得到国内资本市场的认可，更无法达到 A 股市场对规模、利润等硬性指标的要求，自然也很难获得外部资金的支持。在境内上市受限的背景下，赴境外上市就成为多数互联网公司的选择。但在当时，内资企业直接赴境外上市的门槛很高，于是，以协议控制为核心的 VIE 架构就成为绕过政策监管、实现境外上市融资的通道。

所谓 VIE 架构，是将一个企业拆分为两个主体：一个是位于境内的运营主体，另一个是作为境外融资的上市主体，两个主体之间没有任何股权关系。然后，再以协议控制的方式，由境外主体实质性控制境内主体，实现上市。如图 2-4 所示。

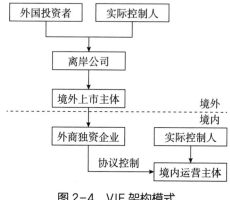

图 2-4　VIE 架构模式

显然，协议控制就是 VIE 架构的核心，由境外主体控制下的外商独资企业与境内运营主体签署协议，约定由前者为后者提供垄断性咨询、管理等服务，以收取"服务费"的名义，将境内企业的利润全部转移到外商独资企业中，纳入境外拟上市公司的财务报表，完成境外上市的前置条件。同时，外商独资企业还通过协议约定，控制了境内运营主体的全部投票表决权、经营管理权、抵押权和优先购买权等实体控制权利，从而达到完全控制的效果。由此可见，VIE 架构控制不同于传统意义上的股权控制或者结构性控制，而是借助协议达到实质性控制。

但随着 VIE 架构风险性的逐步暴露，2015 年商务部颁布了《中华人民共和国外国投资法（草案征求意见稿）》，对 VIE 架构进行规制，同时伴随国内资本市场的持续改革，采用 VIE 架构赴境外上市的企业越来越少，不少已经采用 VIE 架构的境外上市公司陆续回归，并拆除之前设立的 VIE 架构。

2.4 公司章程控制

2.4.1 公司章程在控制权中的重要性

公司章程是依据《公司法》制定的，包括公司名称、注册资本、股东构成、法定代表人，以及股东（大）会、董事会与监事会的议事规则等，载明了公司开展业务活动，以及过程中重大决策的基本规则。因此，公司章程被认作划分公司内部权力的标尺，它约定了股东（大）会、董事会、监事会和管理层的责权利边界和基本操作规范，保证公司能在现代企业治理框架下正常运转，提高企业价值，防范重大风险，这自然也就构成了公司治理的逻辑基础。

从内部效力上看，公司章程是公司的宪章，它代表了全体股东的意思表示，不仅对全体股东，对公司、董事、监事以及经理层均有强制约束力。如果违反章程约定，上述主体作出的决议和采取的行为自始至终无效。从这个意义上看，公司章程的效力类似法律法规，必须遵守。

从外部效力上看，公司章程是设立公司的主要内容之一，并需要报送登记机关备案，供第三方调阅。因此，公司章程具有公示效力，第三方可以据此建立对公司、股东等的基本信赖，并与之开展商业合作。从这个意义上讲，第三方也应受到已备案公司章程的约束。

2.4.2　利用《公司法》赋予公司章程的灵活性，达到控制目的

2.4.2.1　《公司法》的强制性与任意性

《公司法》属于法律范畴，具有强制属性。换言之，凡是《公司法》明确规定的，如股东的出资要求、股东会的设立与表决要求、股东会与董事会的权限划分等，都必须遵守。例如，《公司法》（2018 年修正）第十六条规定，公司为公司股东或者实际控制人提供担保的，必须经股东会或者股东大会决议。《公司法》（2018 年修正）中"必须""不得"等表述，都是强制性规定。

《公司法》还具有任意属性。由于《公司法》调整的是私人关系，体现的是私人的意志，服务的也是私人的利益，因此，在不违反法律强制性规定的前提下，允许利益相关方根据实际情况灵活设定合作规则，只要当事各方达成一致，就应受到法律的尊重与保护。对应到《公司

法》上，常常以"除外"的字样出现。如《公司法》（2018 年修正）第三十四条规定，股东按照实缴的出资比例分取红利。但是，全体股东约定不按照出资比例分取红利的除外。换言之，原则上股东应按照实缴的出资比例分红，但如果全体股东一致同意不按照实缴比例分红，法律是认可的。又如《公司法》（2018 年修正）第四十一条规定，召开股东会会议，应当于会议召开十五日前通知全体股东；但是，公司章程另有规定或者全体股东另有约定的除外。可见，"除外"字样的内容都可以灵活约定，属于任意性条款。

因此，《公司法》兼具强制性与任意性的双重属性。强制属性重在维护基本的商业秩序，保护各方的基本利益，这是底线要求。而任意属性重在灵活性，尊重各方的意思自治，让公司的当事各方能因地制宜设定规则，更好实现人财物与责权利的合理匹配，最大限度提升公司价值。

2.4.2.2 公司章程的任意性条款及其控制效果

（1）重视公司章程中任意性条款的运用

在《公司法》（2018 年修正）中，以"公司章程另有约定的除外"等表述的内容，属于股东意思自治的范围，也被称为任意性条款。任意性条款一旦写入公司章程，自然就获得了法定效力，对公司、股东与董事、监事、高级管理人员等均有强制约束力。

与此相对应的则是传统意义上的股东意思自治，较为常见的是通过股东协议、一致行动协议等进行约定。相对而言，这些协议的本质是合同，具有相对性的属性。换言之，股东协议和一致行动协议仅对签署协议的股东有约束力，未签署协议的股东可以不予遵守。而且，即便签署了协议的股东违反了协议约定，也只需承担违约责任，这与公司章程的效力完全不同，对公司与股东利益的保护效果也不同。这也是在实务中，为什么尽量将任意性条款纳入公司章程或章程修正案的主要考虑。

（2）通过公司章程达到控制目的

笔者曾经服务过一家客户，比较有代表性。

甲、乙、丙三个自然人股东成立了 A 公司，为了平衡彼此利益，设定的持股比例分别为 45%、35% 和 20%。随着公司的发展，甲发挥的作用越来越大，为了保证公司的决策效率和决策质量，甲有意增加自己的持股比例，实现控制，但遭到了乙、丙两位股东的反对。乙、丙两位股东认为，公司发展到现在，大家都在付出，单方面增加甲的股权有失公平，况且公司的价值已经今非昔比，按照什么价格增持股权，增持多少股权，这些都难以清晰计算。三个股东意见不一，甲的提议被搁置，但搁置并没有让彼此之间的关系恢复到之前，反而心生嫌隙。

后来，甲来咨询笔者团队并接受了建议。三方意见不一的核心在于持股比例的再分配，乙、丙两位股东顾虑的是个人利益的减少，而非对控制权的争夺。因此，解决方案是在不改变持股比例的前提下，通过修订公司章程的方式重新约定控制权的归属。

修订后的公司章程约定，甲的表决权比例为 51%，乙、丙两位股东的表决权比例分别为 30% 和 19%；如果未来因为股东或股权比例发生改变，需要重新调整表决权的，必须得到甲的同意方为有效。这等于建立了甲在现在与未来保持控制地位的主动保护机制，即甲拥有在公司章程中修改该条款的一票否决权。

在此案例中，运用的就是公司章程对股东意思自治的法定约束效力。《公司法》（2018 年修正）第四十二条规定，股东会会议由股东按照出资比例行使表决权；但是，公司章程另有规定的除外。换言之，股东可以脱离股权比例，在章程中自行约定表决权比例，这是受到法律保护的。对应到本案例中，其优势是在满足乙、丙两位股东诉求的前提下，实现了股东甲对公司的控制，操作简单，落地速度快。更为关键的是，公司章程具有强制约束力，通过个性化约定和机制保护，有效防范了未来股权结构调整带来的控制权变动风险，这对甲是非常有利的。

由此延伸到，持股比例较低的股东也可以通过公司章程获得对目标公司的控制权。

2.4.2.3　利用公司章程提前防范控制权争夺风险

与利用章程实现控制相对应的，是外部投资人可能会利用《公司法》中的规则夺取控制权。

根据《公司法》（2018 年修正）的相关规定，股东对拟对外转让的股权拥有优先购买权。《公司法》（2018年修正）第七十一条规定，股东向股东以外的人转让股权，应当经其他股东过半数同意。股东应就其股权转让事项书面通知其他股东征求同意，其他股东自接到书面通知之日起满三十日未答复的，视为同意转让。其他股东半数以上不同意转让的，不同意的股东应当购买该转让的股权；不购买的，视为同意。换言之，股东对外转让股权，先要经过过半数股东的同意，而且在同等条件下，其他股东拥有优先购买权。反之，若内部转让股权，只需告知其他股东即可，无须征得其他股东的同意。

在实务中，公司发展前景越好，成长性越强，对外部投资人的吸引力就越大，甚至希望能收购并主导公司。一些投资人为了降低直接收购的难度，刚开始会以小股东的身份购买少量股权，如5%。等拥有了股东身份后，再通过内部购买的方法提高持股比例。这种做法具有一定的隐蔽性，即使大股东意识到了投资人的真实意图，阻止的难度也很大。

为了避免被动，大股东可以利用公司章程加以防范。《公司法》（2018年修正）第七十一条规定，公司章程对股权转让另有规定的，从其规定。换言之，有关股权转让的规定也属于任意性条款，尊重股东的意思自治。例如，公司章程可以约定，股东内部转让股权的，××股东拥有优先购买权，这里的××股东往往为大股东。这样一来，投资人的购买权就排到了第二位。如果大股东认为投资人可能会对控制权构成威胁，就可以利用优先购买权加以阻止，避免陷入不利境地。

需要注意的是，公司章程可以限制股东转让股权，但不能禁止股东转让股权，因为这违背了股权自由转让的原则。即便作出了禁止转让的约定，在法律上也是无效的。在实务中，还存在有的公司以限制股权转让的名义，大幅提高转让标准，导致股权实质上无法转让的，这实际上剥夺了股东的转让权利，相关股东可以向法院请求认定该约定无效。

2.4.2.4 制定符合自身需求的公司章程

尽管公司章程非常重要，但在实务中很多股东并不重视。大家理解的公司章程，就是公司注册时登记机关要求提供的一份材料，而且章程模板基本由登记机关提供，不允许自行改动。久而久之就给股东带来一种错觉，即公司章程只是为了满足登记机关的要求，本身意义不大。

事实上恰恰相反。公司章程不仅关系到股东的核心利益和企业的顶层运转机制，还具有强制约束力。尽管每个企业的经营范围不同，发展阶段也各有差异，但决策权问题、利益分配问题、新旧股东更换问题，都是共性的。大股东需要做的是，梳理清楚当下面临的问题，并区分轻重缓急，在征得更多股东理解和支持的情况下，通过章程将可能存在争议或风险的关键问题尽早确认下来。一般而言，关键问题确认得越早，难度越小，代价越低，对企业和股东利益的保护作用越大。

从程序上看，一旦股东确认修改公司章程，就需要以股东会特别决议的方式形成章程修正案，并按照要求履行决议程序，以确保修正案的法律效力。

在实务中需要注意的是，尽管《公司法》赋予了股东会修改公司章程的权利，但若公司的实际情况发生了非预期变化，修改公司章程可能并不容易。根据《公司法》（2018 年修正）相关规定，修改公司章程属于股东会的特殊表决事项，需要代表三分之二以上表决权的股东同意方为有效。但在公司持续发展的背景下，大股东的持股比例大概率会被稀释，控制力会越来越弱，甚至陷入被动。

笔者曾服务过的一个客户，其公司章程约定，每年都拿出一定的利润用于分红，且为了照顾中小股东的利益，采用不等比分红的方式，向中小股东多分红。但近年来公司业绩不佳，为了谋求转型需要积累资金，大股东建议修改章程，减少分红额并调整分红比例，但遭到了中小股东的反对，多次沟通也无法通过决议，大股东只能接受。更为不利的是，大股东失去了继续奋斗的动力，逐步淡出管理，导致公司持续衰退，其他股东眼看无望，都在为自己的未来打算。

从表象上看，是因大股东失去了对股东会的掌控力，自身意图无法获得通过而导致了一系列负面结果，但根本原因是大股东从未考虑过控制权，也从未进行过布局。大股东平时忙于公司的运营管理，忽略了股权变化对自己控制权的影响，也忽略了其他股东在各自利益上的不同诉求，在遇到转型问题时，以为大家都能支持自己的想法，实际上却并非如此。这也告诉我们，大股东要时刻关注和评估自己控制权的变化，关注哪些事情自己可以说了算，哪些说了不算，尤其是要关注既关键又自己说了不算的问题，要提前考虑应对方式，避免陷入被动，伤害公司和股东的整体利益。

2.5 董事会控制

控制权的核心表现，是有能力让自己认同的议案在股东会、董事会上顺利通过。

在有限公司，控制权主要集中在股东会，即大股东通过控制股东会来控制公司。而在股份公司，股东数量较多，股东组成复杂，尤其是在上市公司，很少有股东可以拥有一半以上的股权。此时，控制权主要集中在董事会，即谁能控制董事会，谁就拥有公司的控制权。

2.5.1 董事会的控制范围

董事会是行使股东（大）会职权的常设机构，董事会向股东（大）会负责，执行股东（大）会的决议。原则上，除法律和公司章程规定的应由股东（大）会行使的权力外，其他事项均可由董事会决定。

《公司法》明确的董事会职权范围包括决定公司的经营计划和投资方案，制定公司的年度财务预算与决算方案，决定包括总经理在内的高管团队的人选和薪酬，决定内部管理机构的设置等十余项内容。这些权利涵盖了从战略制定到预算落地，从制度流程建设到运营管理，从团队配置到绩效考评的方方面面。换言之，在现代公司治理模式下，董事会是公司最高的决策机构，尤其对股份公司而言，谁掌握了董事会，谁就可以实现对目标公司的实质性控制。

需要注意的是，董事并不一定是股东，股东也不一定都是董事。董事既可以是股东，也可以是公司员工，还可以是外部人员。董事是基于信托原理，受股东委托，代为履行对公司重大事项的表决权和经营决策权。因此，董事必然是股东选举或委派的，代表了股东的意志和利益。

2.5.2　利用董事会实现控制

《公司法》（2018 年修正）第四十八条规定，董事会决议的表决，实行一人一票。第一百一十一条规定，董事会会议应有过半数的董事出席方可举行。董事会作出决议，必须经全体董事的过半数通过。（董事会的议事方式和表决程序，除有规定外，由公司章程规定。）可见，一人一票是董事会表决的基本要求，且表决生效起码要求全体董事过半数通过。在此基础上，允许公司章程对董事会的议事规则进行灵活约定。

尽管董事会控制常见于股份公司，但在有限公司中一样适用，尤其是对于已经开展股权融资的公司更要加以重视。在实务中，单一投资人的持股比例往往较低，难以对股东会产生积极影响，于是投资人往往会要求融资企业设立董事会，进而通过委派董事的方式参与融资企业的关键决策，保护自身利益。与此同时，投资人的不断加入必然会稀释创始股东的股权，导致其对股东会的控制力下降，此时，创始股东也需要调整控制思路，加强对董事会的控制力度。

首先，创始股东应将董事会席位安排作为投资人入股前的谈判条件之一，确保自己委派的董事占据数量上的优势。其次，要利用公司章程对董事会的表决事项进行个性化约定，例如，将董事会决议分为普通决议和特别决议，普通决议只需全体董事的过半数通过即可，特别决议则需要更多董事通过方可，甚至可以明确某些决议必须经创始股东委派的董事同意方为有效。至于哪些事项属于特别决议，哪些事项属于普通决议，不同股东有不同考虑，可以灵活设计。具体而言，创始股东要尽可能提高在普通决议中的话语权，或者掌握更多事项的一票否决权，以提升对董事会的掌控力；中小股东则不同，要尽可能将更多事项纳入特别决议事项中，提高对决策的影响力，保护自身利益。

2.5.3 保证自己的人选可以获得董事身份

董事身份的取得有两种方式：一种是股东（大）会的选举，另一种是根据公司章程的规定由股东委派。在实务中，这两种方式对不同股东而言，效果完全不同。

在股权结构分散、没有真正意义大股东的公司中，没有人能在股东会上独立作出决策。如果董事来自股东（大）会的选举，则可能出现创始股东或相对大股东提名的董事人选不予通过的情况，从而陷入股东之间的博弈中，这是非常不利的。此时，大股东应考虑采用第二种方式，即股东委派，这需要提前在公司章程中约定清楚，并适度提高修改此条款的门槛，以确保委派权利的稳定和持续。反之，中小股东则更愿意采用第一种方式，以在博弈中选择对自己更有利的董事，保护自己的利益。

若公司的股权结构比较集中，大股东可以控制股东（大）会，原则上两种方式都可以采用，尤其是采用第一种方式对自己更为便利。但也要未雨绸缪，若判断未来自己的股权比例会被大幅稀释，或可能会失去在股东会上的控制地位，就应提前修改公司章程，采用股东委派制，并重组董事会，确保自己在董事会中的控制力。

第 3 章

股权规则与法律风险防范

股权规则是股权架构的重要基础，体现在股东入股、股权转让、股东退出等各个环节。要想保证这些规则能达到股东的预期目的，首先要遵守法律法规的强制性要求；其次要利用股东意思自治，在法律法规允许的范围内灵活约定股东之间、股东与公司之间，以及公司与董监高之间的责权利边界。只有这些规则是合法且适当的，才能推动公司良好发展，保护和提升股东利益。

3.1 股东入股规则

设立公司之初，需要先确定股东的组成、股东以什么资产出资、何时出资，以及股权结构如何设计、股权比例如何分配等。在此基础上，再明确股东的决策机制、彼此的责权利范围，以及纠纷的解决规则等。这是公司迈入实质性运营的第一步，大股东要全面考虑，避免出现重大设计漏洞。

3.1.1 初始股东的选择及风险防范

站到创始股东的角度来看，在启动创业或在创业初期，邀请其他人员共同创业，可以将其理解为创业股东，或称为联合创始人。

首先，创业的主要目的是获利。创业股东的加入必须有助于该目标的实现，或者出钱，或者出力，或者两者兼备，这是选择创业股东的首要条件。

其次，价值观吻合。创业是为了追求什么，是长期回报还是短期利益，如何才能实现企业利益与个人利益的合理平衡，对这些问题股东之间应该有比较一致的看法。什么是大我，什么是小我；股东之间的合作哪些是良性的，哪些是破坏性的，也应该有高度的认同。如果大家只看到了盈利的预期，却未思考为达到这一目标所要经历的过程、挫折和诱惑，就很容易走散，甚至还会产生争夺，破坏企业价值和全体股东利益。

最后，股东之间最好能优势互补，相互支撑。有的股东精于技术，有的股东善于营销或管理，有的股东拥有强大的资源嫁接能力，彼此助力，才能共同推动企业的快速发展。反之，如果股东的共同优势过于雷同，则意味着股东内部存在明显的能力短板。在创业初期，股东优势往往会压倒短板，体现为企业的发展态势良好，这很容易给股东造成一个错觉，就是我们这个股东团队是适合的，配合是顺畅的，是经过市场验证的，实则不然。因此，股东应该站在持续发展的角度上对能力水平进行评估，通过自我提升、引入新的股东或职业经理人等方式不断补齐短板，让合适的人发挥更大作用，这是保护和提升企业价值的关键。

与此对应的，是股东利益分配不均，股东选择和股权分配过于随意。实践证明，这会直接破坏企业价值，甚至会对企业运转造成很大的负面影响。

3.1.1.1　股东利益分配不均的风险与应对建议

公司发展起来之后，利益能否合理分配就成为股东关注的焦点。在绝大多数情况下，股东利益的多少与股东的持股比例相关，而与股东是否通过人力贡献为公司创造了价值，创造了多少价值并没有直接关系。这就会使付出多的股东心生不满，甚至消极怠工，而付出少的股东的利益并未有任何损失，显然这对企业发展是非常不利的。

基于此，在分配股权时，股东应提前考虑这一风险。比较有效的做法是，最初不要一次性将股权全部分配给股东，而是只分配一部分，剩余部分单独设立一个期权池，用于股东内部的二次分配。这样做的好处是，在不改变现有股东持股比例的情况下，通过考核，让付出多的股东得到更多股权，实现付出与收益的整体匹配，从而激发股东的积极性，更好地做大公司"蛋糕"，最终实现公司与股东的双赢。具体操作见本书第4章中股权动态调整的内容。

3.1.1.2　让资源提供者当股东的风险与应对建议

创业之初，企业可以获得的外部资源往往非常匮乏，包括缺少订单、资金、销售渠道等。为了迅速走出困境，有的企业会引入外部资源提供者作为股东，以绑定彼此的利益。但此时企业的价值并不明确，换言之，当下的股权并不值钱，于是按照非常低的价格给了资源提供者大量股权。从短期来看这对企业是有帮助的，但从长期来看这种做法存在巨大的风险。

因此，应明确原则上不吸纳资源提供者作为股东。首先，提供者承诺的资源是否能为公司创造预期价值，以及承诺的资源能否及时兑现，都存在很大变数；在实务中，股权释放的时间往往早于资源兑现的时间，这本身就存在很大风险。其次，按照价值对等原则，释放的股权价值应与资源创造的价值整体匹配，同时还要符合资源提供者的心理预期。在公司还较为弱小时，很容易将大量股权释放出去，这对其他股东不公平，也大幅减小了股权的剩余额度和压缩了未来的股权调整空间。因此，对于一般性资源或阶段性资源，可以考虑在创造效益后，公司以中介费或返利的形式与资源提供者直接结算。尽管这会加大公司的资金压力，但相比用股权换现金而言，股权被贱卖的风险大大降低，显然对公司更为有利。如果这些资源对公司比较重要，或者在可预期时间内能持续为公司创造价值，可以吸纳资源提供者入股，但依然要搭配返利，即少给股多给钱。如果某种资源对公司极为重要，如某人拥有公司非常需要的独特技术，则应努力将其吸纳为股东，实现彼此利益的深度绑定。

3.1.1.3　让兼职人员当股东的风险与应对建议

兼职人员对公司的价值贡献来自其工作输出，但是兼职人员很难为公司投入全部的精力和时间，并且随着时间的推移，兼职人员的参与热情和投入程度往往会降低。另外，兼职人员在公司中承担的风险与其他人员是不一样的，换言之，即便创业失败，并不会对兼职人员造成本质上的伤害。因此，原则上不建议给兼职人员股权。

在实务中，某些兼职人员有入职打算，只是受到一些客观限制暂时未入职的，公司可以先为其预留一部分股权，待入职后再正式成为股东。反之，如果没有入职打算，建议以服务费的方式购买兼职人员的劳动。即便公司评估后认为除支付费用外，依然要给兼职人员股权的，也应控制股权数量在个位数以内，不宜过多。同时，还应提前明确兼职人员的考核指标和退出机制，如要投入的时间、要完成的业绩指标等。如果未达到，就会触发退出机制，兼职人员必须无条件配合公司完成股权退出，以防止出现占股不出力、入股容易退出难的被动局面。

总之，初始股东团队是支撑公司发展的根基，也决定了公司能否走出第一步，能否活下去。因此，慎重组建股东团队，防范引发股东矛盾的共性风险，对公司和股东都至关重要。

3.1.2 股权结构

股权结构是连接股东与目标企业的结构性安排。任何一个股权结构都包括持股主体、持股比例和持股方式三个要素。其中，持股主体不仅包括自然人股东，还包括有限公司、合伙企业等股东形式。持股方式包括直接持股和间接持股。例如，股东甲设立了 A 公司，A 公司又投资设立了 B 公司。甲对于 A 公司，以及 A 公司对于 B 公司都为直接持股，而甲对于 B 公司则属于间接持股。

3.1.2.1 三种基础的股权结构

每个公司都有自己的股权结构，或简单或复杂，但拆解之后，多数会落脚在自然人持股、有限公司持股、有限合伙企业持股三种股权结构上，通常也称为基础股权结构。这也是分析当前股权结构是否合理并加以改进的抓手。

（1）自然人持股结构

自然人持股是最为常见的股权结构。多数企业在创业之初，都会选择自然人直接持股。

从控制效果上看，自然人股东可以独立行使股东权利，不受外部因素的干扰，但其控制力更多取决于股东持股比例的高低，难以获得控制的杠杆效应。从出资责任上看，股东认缴的出资额越高，出资的压力越大，且在企业有债务难以清偿的情况下，还可能会加速股东出资到期。从风险承担上看，如果企业与股东存在公私不分、侵害债权人利益的情况，自然人股东还可能要对企业债务承担连带责任，继而将企业风险传导到自然人股东身上。

（2）有限公司持股结构

在有限公司持股结构下，有限公司作为持股主体，代表自然人股东持有目标公司的股权。

在实务中，多个有限公司可以进行嵌套，例如通过多个有限公司共同持股，或通过多层有限公司实现链条式持股等。有限公司持股既可以实现控制权的扩大，还可以有效隔离目标公司与自然人股东的风险传递，但相较于自然人直接持股，其整体税负偏高，且实际控制人的意志需要通过有限公司层层实现，操作难度也会高于自然人直接持股。

（3）有限合伙企业持股结构

有限合伙企业在控制权杠杆上具有天然优势，理论上可以无穷放大，但普通合伙人需要就合伙企业的未清偿债务承担连带责任。从税负成本上看，合伙企业结构下的整体税负理论上要高于自然人直接持股的税负，但低于有限公司结构的税负。

此外，根据《合伙企业法》的规定，合伙人数量不能超过 50 人。这意味着如果合伙人数量众多，需要设立 2 个甚至更多的合伙企业，这就要求在股权结构设计之初提前布局，降低由于股权结构非预期变动带来税负的额外增加。

上述三个基础股权结构各有利弊。在实务中，不少企业都采用了多持股主体下的混合结构，但为什么采用这种结构，是侧重控制权，还是侧重税负成本，抑或有其他考虑，大股东的评估重心在于是否贴合公司的实际情况，是否有助于实现自己的预期目标。

还要注意的是，企业在发展，股权结构也要不断优化。尤其是随着企业价值的增加，股权背后的利益或诱惑也会放大，任何一个股权风险都可能会给他人留下攻击漏洞，让企业和股东遭受损失。

3.1.2.2　家族信托的股权安排

家族信托在股权结构上的表现形式是股权信托，这也是当下不少股东乐于了解并尝试接受的股权模式。

所谓的股权信托，就是股东将自己名下的全部或部分股权委托给信托公司，由信托公司取代自己成为目标公司的股东。

这样做的一个好处，首先是保证了股权的相对安全。信托下的股权既独立于委托人，即原股东，也独立于信托公司的自有资产。换言之，只要合法合规地设计和操作，原则上就不会存在原股东或信托公司由于自身债务问题、继承问题，或其他问题而导致股权的变动和损失。同时，股权信托的双向独立也很好地避免了家族内部、股东内部、股东与职业经理人之间对股权的觊觎与争夺：相反，大家清楚知晓，只有把企业干好了，大家才能有回报，从而引导大家聚焦于企业的发展，这自然就大大降低了各利益方的协调难度。这一点在创一代退休、创二代接班的背景下显得格外重要。

另一个好处是降低了未来的税务成本。目前，对股东向子女等亲属转让股权出台了免征所得税的政策，但未来是否继续免征存在疑问。与此对应的，如果开征的遗产税和赠与税则意味着股东再向子女转让股权，或者子女继承股权，就需要承担较高的税务成本，具体可以参考国外的遗产税和赠与税的税率。而设立股权信托之后，就不存在股权的继承或赠与问题，自然也不需要承担此类税负。

但突出的不足是，设立股权信托需要承担一定的税负成本。从本质上看，股权信托作为一个特殊的金融安排，其目的并非为了交易股权，且委托人即原股东也未因为设立股权信托而获得股权上的增值利益，因此不应作为所得税的征税对象。但我国税法并未对股权信托这一特殊形式出台明确规定，这就导致在实务操作中，税务机关只能参照股权转让行为认定税种并征税。如果若干年后委托人解除股权信托，将股权重新转移到委托人名下，若当时我国税法依然未改变，则还可能会再次触发纳税义务。

3.1.2.3 常见股权结构的利弊分析

（1）55 开的股权结构

55 开的股权结构代表了绝对平均分配股权。两个人创业，各占50%，三个人创业，各占约 33%，从股权比例上做到绝对平均。在实务中，这样的股权结构比较常见。

绝对平均的股权分配看似公平合理，实际上蕴含了巨大的风险，最为突出的是公司没有实际控制人。根据《公司法》（2018 年修正）的相关规定，股东会作出决议时，股东按出资比例行使表决权。且规定，除增减注册资本、修改公司章程、合并分立解散等特殊事项外，其他事项只需持有公司表决权一半以上的股东同意即可。换言之，在绝对平均分配的股权结构下，没有一个股东可以达到《公司法》（2018 年修正）的表决要求，公司没有实际控制人和最终决策者。

控制权的缺失极容易造成股东内讧，尤其是在企业进入明显盈利阶段或快速发展阶段时，企业利益与股东个人利益的绑定更为紧密。股东之间可能会因为战略方向、运营策略、资源投入、个人利益诉求等产生分歧，任何人的独立决策都无法满足法律规定的最低要求，因而无法形成决策，公司就会陷入停滞，即公司僵局。公司僵局的破坏力是巨大的，会造成人心浮动、士气涣散、业务下滑、人才流失等。有人说世界上没有最好的股权结构，但有最差的股权结构，指的就是绝对平均的股权分配。

（2）91 开的股权结构

91 开的股权结构意味着，大股东通过超高股权比例实现对公司的绝对控制。例如，大股东单独持股 90% 以上，剩余股权则由一个或若干个股东持有。

这样的股权结构能确保大股东对公司的控制，不会出现公司僵局，但也存在一定的弊端。最突出的弊端是小股东参与度不高，没有足够的动力或能力承担股东责任，"搭便车"现象非常普遍；相反，大股东需要全力以赴，如果经营出色，创造的利益还需要与小股东分享。换言之，91 股权结构下的小股东占据了股东的位置，但对公司的贡献比较有限，长期来看，并不利于股东之间的良好合作和企业的长远发展。尤其是在当前的竞争环境下，科技型、创新型的企业占比持续提高，以高端人才为代表的股东对企业价值的作用越发重要，仅靠资金投入就获得大股东位置，或者小股东"搭便车"的合作模式呈不断下降的趋势。

（3）大股东容易失去控制权的股权结构

对于大股东，尤其是创始大股东而言，最难以接受的结果之一就是失去对公司的控制权。失去控制权，意味着被挤出决策层，即便自己依然拥有股东的身份，也无法继续掌控公司的发展。

什么样的股权结构容易让大股东失去控制权？比较有代表性的就是51%和49%的股权结构。在实务中，很多公司认为这种股权结构是比较完美的，既能让股东利益得到最大限度的均衡，还能有效规避公司僵局的弊端。但不能忽视的是，在资本化浪潮的裹挟下，越来越多的企业呈现新股东加入、旧股东变更、大股东股权被稀释的情况，表现形式是增资扩股、股权激励、股权转让、并购重组等。带来的结果是，原来持股51%的股东因为股权比例被稀释而丧失控制地位，自己无法独立作出具有法律效力的决策；与此同时，股权变动的背后往往意味着部分股东的利益得到了满足，他们会有更大动力加以改变，这就为大股东失去控制权埋下了伏笔。一旦其他股东进行联合，就可能利用股东会对大股东的决策权进行约束，甚至罢免大股东在公司的职务，大股东就会迅速失去对公司的实际控制，被边缘化。

（4）未考虑人力资本的股权结构

在服务客户与研究市场案例的过程中，笔者发现很多优秀企业没有成长起来的关键原因之一就是股东内部瓦解。股东不和、核心股东出走甚至另立山头，会让企业迅速陷入停滞甚至倒闭。

为什么股东会从创业之初的相互信任变成分手时的攻击、指责，甚至对簿公堂？很大程度上是因为利益分配不均，即付出多的股东没有得到应有的回报，而付出少的股东的利益并未受到任何影响。

在当前的出资方式中，货币或可以用货币计量的资产是作为股东出资的唯一合法形式，股东根据出资比例行使股东权利，享受股东利益。例如，甲和乙共同出资成立了一家公司，甲出资60万元，乙出资40万元，那么双方的持股比例应为60%和40%，相应地，甲应该拥有60%的表决权，并享受60%的股东回报。即便甲在投资之后没有参与公司的任何运营管理，但他的股东权利和收益并不会受到任何影响。反之，即便乙是公司的实际管理人，通过他的努力给企业创造了更多价值，也不能因此而改变他作为相对小股东的决策地位和回报比例。换言之，利益分配不均的原因来自股权结构的固化。

但今天的情况已经完全不同。以货币为代表的资产出资方式，对企业价值贡献的比重正在加速缩小，而以专业技术能力、管理能力为代表的人力资本贡献正在飞速增加，这在智力密集领域体现得尤为明显。股东的利益和付出要保持匹配，多劳多得，少劳少得，不劳不得的股权二次分配理念已经越来越普及。如果企业无视这一变化，对已经存在明显利益不均的现象不加以疏导和纠偏，股东内部的矛盾必然会在某个时刻爆发，使股东和企业，陷入双输的局面。

（5）未考虑未来发展的股权结构

在实务中，笔者遇到过股东在分红之前不想交税，或希望少交税而寻求帮助的，也有与其他股东发生纠纷甚至对簿公堂时，发现自己的理解与法律支持的偏差很大而寻求帮助的，还有被债权人索债引发个人连带责任，或者被税务机关稽查股东偷逃税款而寻求帮助的，不一而足。究其原因，在一定程度上是由于股权结构与企业发展脱节，企业在发展，而股权结构却未随之调整和优化。

例如，最初设立公司时，股东之间的约定往往聚焦在企业发展上，而股东内部的责权利如何合理划分，个人利益如何保障，矛盾如何化解等，往往没有明确约定。随着股东内部问题的逐步暴露，大股东不能视而不见，任由矛盾淤积，而应该有意识地加以收集和评估，在股权结构和法律文本上补齐短板，并预判未来，适度靠前设计。

又如，股权结构过于简单，无法满足股东预期。笔者服务过的一个客户，创一代因为年龄计划退休，三个子女对股权如何分配存在很大分歧，甚至有的子女提出要将公司一拆为三，各自经营，这使创一代迟迟不敢将股权转让给子女，心力交瘁。为何会造成如此被动的局面？原因是股权结构过于简单。创一代名下只有这个公司，自己和妻子为自然人直接持股，子女并不持股。尽管公司规模已经达到数亿元，但股权结构自始至终未作调整。笔者团队给出的意见是，①设立股权信托，将股权委托给信托公司，三个子女成为受益人，这样就不存在股权分配和意图拆分公司的问题；②设立一个新的集团化架构，将现有业务装入新主体内，同时做好三个子女股权的合理分配与控制权的安排，确保公司经营持续和顺畅。但无论采用哪种方式，都会增加调整成本，实施起来也都有一定的难度。由此可以延伸到在很多公司，股东之间并没有血缘关系，在面对利益时彼此的妥协空间更为有限。因此，结合企业发展和股东诉求，提前布局股权架构就显得更为迫切和重要。

3.1.3 股东权责规则与风险防范

《公司法》（2018年修正）规定的股东权利有十余项，包括表决权、分红权、转让权、知情权、剩余财产分配权等，而股东义务主要是指按期足额出资的义务。

3.1.3.1 主要的股东权利

（1）表决权

表决权是大股东的首要权利，抓住了表决权，就拥有了对企业的控制权。在实务中，67%、51%和34%分别代表了绝对控制、相对控制和被动控制。与此同时，股东也可以根据意思自治，在符合法律法规的前提下，灵活约定表决权比例，调整控制权的归属。

（2）分红权

分红是股东从企业获得回报的重要方式。

根据《公司法》（2018年修正）第三十四条的相关规定，股东按照实缴的出资比例分取红利。需要注意的是，这里指的是实缴的出资比例而非认缴的出资比例。如果股东未实际出资，原则上不应参与分红。同时还规定，全体股东约定不按照出资比例分取红利或者不按照出资比例优先认缴出资的除外。这意味着分红属于股东意思自治的范畴，即便股东没有实际出资依然可以获得分红，或者股东出资少但分红多，或者出资多但分红少，这都是可以的。但前提是需要经过全体股东的同意，因为分红关系到每个股东的财产权利，应该由每个股东自行决定，而非适用于三分之二以上的特殊表决事项。

在实务中，需要注意以下四种情况。

第一，是否分红，需要与中小股东保持顺畅沟通。是否分红与公司的经营状况和战略安排有关。经营状况不佳时，或为战略布局储备资金时，大股东往往选择不分红。但对于中小股东而言，落袋为安是最佳选择。因此，当分红诉求与公司实际发生冲突时，大股东应做好股东内部的解释说明工作，努力征得大家的理解和支持，而不建议强行作出不分红的决议。

第二，如果企业长期不分红，中小股东的利益如何保障。企业分红的前提是盈利，且应在可供分配利润的范围内进行分红。因此，根据无利不分、超额不分的原则，如果企业累计亏损，或者股东主张的分红额度超过了可供分配利润的额度，这些要求自然是站不住脚的。

但如果企业累计盈利，具备分红条件却拒绝分红的，中小股东可以主张权利，具体分为以下两种情形。

第一种情形是股东会已经作出了分红决议，但公司以各种理由推诿，抗拒执行的。《最高人民法院关于适用〈中华人民共和国公司法〉若干问题的规定（四）》（以下简称《公司法司法解释（四）》）第十四条规定，股东提交载明具体分配方案的股东会或者股东大会的有效决议，请求公司分配利润，公司拒绝分配利润且其关于无法执行决议的抗辩理由不成立的，人民法院应当判决公司按照决议载明的具体分配方案向股东分配利润。可见，自股东会作出决议之日起，分红实际上就构成了公司对股东的债务，股东自然可以要求公司按期履行，并在公司违约后采用法律手段维护自身利益。

第二种情形是具备分红条件但股东会未作出分红决议或否决了分红决议的。如果是未作出分红决议，中小股东可以要求召开临时股东会，提交分红方案，由股东会决议。如果是分红决议被股东会否决了，中小股东可以考虑转让股权，从企业中抽离出来，或者行使股权回购请求权，请求公司回购自己的股权。

《公司法》（2018 年修正）第七十四条规定，公司连续五年不向股东分配利润，而公司该五年连续盈利，并且符合本法规定的利润分配条件的，对股东会该项决议投反对票的股东可以请求公司按照合理的价格收购其股权。显然，行使股权回购请求权的核心前提是公司连续五年盈利且不分红，但实务中的操作难度很大。换言之，只要公司在五年内有所分红，无论分红多少，触发股权回购的前提条件就无法满足，这也给中小股东维护自身利益带来了困难。

第三，出资存在瑕疵的股东是否享有分红权利。所谓的瑕疵出资，一般包括未按期出资、未足额出资、以实物出资但未按期交付，或者未按期办理产权转移手续，抑或人为虚增出资资产的价值等。

在实务中，股东之间会因为一些股东的出资是否存在瑕疵，以及瑕疵出资股东的相关权利是否应受到限制产生争议。《最高人民法院关于适用〈中华人民共和国公司法〉若干问题的规定（三）》（以下简称《公司法司法解释（三）》）第十六条规定，股东未履行或者未全面履行出资义务或者抽逃出资的，公司可以根据公司章程的规定或者作出股东会决议，对上述股东的利润分配请求权作出合理限制。需要注意的是，法律允许对瑕疵出资股东的分红权进行合理限制，当然也可以选择不作限制，这完全看企业内部如何约定。此外，对于如何限制分红权，法律并未作出明确规定，这依然要看企业的内部约定。如果需要进行限制，最好提前通过公司章程、股东协议等方式明确下来，避免在执行中产生不必要的争议和纠纷。

第四，定期固定分红的约定是否有效。定期固定分红是指企业每年应按照一定金额向股东分红。在实务中，定期固定分红更多是中小股东为了防范个人利益受损而做出的保护性举措。

从约定本身来看，只要符合法律法规的规定，约定就是有效的。但需要注意的是，分红的前提是企业有利可分。根据税法的相关规定，企业当期取得的利润，要先弥补亏损、缴纳企业所得税、提取法定盈余公积和任意盈余公积，在此之后，剩余部分才属于可供分配利润。如果在完成上述事项后，企业无利可分，自然不用分红，即使协议中有固定分红的约定，也不受影响。

除此之外，还存在大股东滥用股东权利变相分红的情况。例如，大股东向在公司任职的部分股东支付明显超过公司规模、经营业绩或同行业水平的薪酬，或者为部分股东购买供其使用或消费的大额资产等，这都可能涉及对股东的变相分红，从而侵害其他股东的利益。

（3）知情权

《公司法》（2018 年修正）第三十三条规定，股东有权查阅、复制公司章程、股东会会议记录、董事会会议决议、监事会会议决议和财务会计报告。股东可以要求查阅公司会计账簿。股东要求查阅公司会计账簿的，应当向公司提出书面请求，说明目的。需要注意的是，财务会计报告一般指的是三张财务报表，股东可以复印，而会计账簿指的是各类财务明细账，不包括会计凭证以及相关的合同与发票等原始凭证，且会计账簿只能查阅，至于是否可以复印或拍照要根据公司的规定而定。

在实务中，公司都会定期将财务会计报告报送给股东。但公司账目是否真实准确，财务结果能否验证，这关系到中小股东的利益，也是他们十分关心的问题，但目前的法律没有赋予股东直接审计公司的权利。换言之，即便中小股东对财务结果存在异议，也难以进行验证，这就容易引起猜忌，甚至有的股东认为大股东滥用股东权利侵害自身利益，诉诸法院申请司法审计。

但根据 2024 年 7 月 1 日实施的《公司法》（2023 年修订）第五十七条的相关规定，股东不仅可以要求查阅会计账簿，还可以要求查阅会计凭证，而且股东可以委托会计师事务所、律师事务所等中介机构进行。此外，《公司法》（2023 年修订）还明确了股东有查阅、复制全资子公司相关材料的权利。这就大大提高了股东知情权的含金量，即股东可以深入企业的运营管理活动中，检查是否存在侵害企业和股东利益的情况，更好地维护自身权益。

从公司长远发展的角度上看，对全体股东保持财务结果的适度透明是非常必要的。公司本就是所有股东的公司，股东无论大小都要承担投资风险，获得投资收益，从这一点上看，大小股东都是平等的。因此，维护中小股东的合法权益，不仅是法律的要求，也是大股东或实际控制人的责任。

当然，也要防范股东知情权的滥用。根据《公司法》（2018 年修正）和《公司法司法解释（四）》的相关规定，公司有合理根据认为股东查阅会计账簿有不正当目的，可能损害公司合法利益的，可以拒绝提供查阅。其中，不正当目的包括以下四个方面。

①股东自营或者为他人经营与公司主营业务有实质性竞争关系业务的，但公司章程另有规定或者全体股东另有约定的除外。

②股东为了向他人通报有关信息查阅公司会计账簿，可能损害公司合法利益的。

③股东在向公司提出查阅请求之日前的三年内，曾通过查阅公司会计账簿，向他人通报有关信息损害公司合法利益的。

④股东有不正当目的的其他情形。

除此之外，股东的会议召集权、提案权等都关系到股东利益，尤其对中小股东而言，在难以独立影响公司决策的情况下，合理运用法律赋予的股东权利，对维护自身利益非常重要。

3.1.3.2　股东的主要义务

出资义务是股东的法定责任，也是其主要和积极的义务。

（1）出资期限

根据《公司法》（2018 年修正）第二十八条的相关规定，股东应当按期足额缴纳公司章程中规定的各自所认缴的出资额。显然，法律允许股东自行确定出资额和认缴期限，只要在公司章程规定的出资期限内足额出资，即完成了股东的出资义务。

《公司法》（2023 年修订）第四十七条规定，有限责任公司的注册资本为在公司登记机关登记的全体股东认缴的出资额。全体股东认缴的出资额由股东按照公司章程的规定自公司成立之日起五年内缴足。《公司法》（2023 年修订）第二百六十六条的规定以及 2024 年 2 月国家市场监督管理总局关于公开征求《国务院关于实施〈中华人民共和国公司法〉注册资本登记管理制度的规定（征求意见稿）》，明确前期已经设立的公司出资期限超过《公司法》（2023 年修订）规定期限的，应当在过渡期内进行调整，过渡期为三年，即自 2024 年 7 月 1 日至 2027 年 6 月 30 日。若已设立的有限公司自 2027 年 7 月 1 日起剩余出资期限不足五年的，无需调整出资期限；剩余出资期限超过五年的，应当在过渡期内将剩余出资期限调整至五年内。而已经设立的股份公司则应在三年过渡期内，缴足认购股份的股款。可见，法律将股东的出资期限进行了严格限制，这势必会加大股东的出资压力，但同时也会有力遏制注册资本虚高，损害利益相关者的情况发生。

此外，《公司法》（2018 年修正）允许股份公司采用认缴制，《公司法》（2023 年修订）第九十八条规定，发起人应当在公司成立前按照其认购的股份全额缴纳股款。换言之，发起设立的股份有限公司，发起人应当在公司成立前完成全部出资，即不再认可注册资本的认缴制。

（2）出资形式

股东可以选择多种资产类型出资。根据《公司法》（2018 年修正）第二十七条的相关规定，股东可以用货币出资，也可以用实物、知识产权、土地使用权等可以用货币估价并可以依法转让的非货币财产作价出资；但是，法律、行政法规规定不得作为出资的财产除外。显然，口碑、商誉、个人能力等尽管对企业发展非常重要，但并不符合法定的出资条件，因此不能用于出资。

在实务中需要注意以下两个方面。

第一，股东向公司支付的资金并不一定都属于出资。

在实务中，股东内讧经常发生。湖南某企业的股东甲向法院提起诉讼，认为股东乙未按期履行出资义务，要求其抓紧履行，并对已出资股东承担违约责任。但根据乙的陈述，他不仅已经完成了出资，且实际出资要远大于认缴的注册资本。究其原因，在运营之初，股东乙为了便于操作，只将少部分资金注资到企业，而将更多资金直接打入了甲的个人账户，由甲统一运作。从查验情况看，乙支付的资金全部进入企业，甲并未挪用；但从出资结果看，乙并未按约定全面履行出资义务。

股东向公司打款，并不一定是出资，既可能是业务款项，也可能是资金拆借，更何况大部分资金是通过甲投入企业中的。而乙认为打款就是出资，这是一个理解误区。符合法律规定的货币出资起码应满足两个条件：第一，股东向目标公司的对公账户打款；第二，打款时需备注出资、注资等关键字样。可见，乙未按期全面履行出资义务的事实是存在的。

《公司法司法解释（三）》第十六条规定，股东未履行或者未全面履行出资义务或者抽逃出资，公司根据公司章程或者股东会决议对其利润分配请求权、新股优先认购权、剩余财产分配请求权等股东权利作出相应的合理限制，该股东请求认定该限制无效的，人民法院不予支持。第十七条规定，有限责任公司的股东未履行出资义务或者抽逃全部出资，经公司催告缴纳或者返还，其在合理期间内仍未缴纳或者返还出资，公司以股东会决议解除该股东的股东资格，该股东请求确认该解除行为无效的，人民法院不予支持。因此，乙应尽快履行出资义务，并就已经向甲支付的款项进行追索。

第二，非货币性财产出资应满足三个条件。

非货币性财产出资要满足三个条件，即产权权属清晰、价值可量化评估、能依法转让。

以设备出资为例。首先，要保证设备的权属清晰，属于出资股东所有。实务中，出资股东需要提供设备权属的证明材料，包括但不限于购买合同、货款支付记录、发票等，以确保设备产权是清晰与确定的。其次，设备的价值可量化可评估。企业既可以委托第三方机构评估，也可以自行商议确定，具体要看企业内部如何约定。最后，设备要能依法转让，即在出资时，股东要将设备的所有权转移到企业名下。

（3）责任承担

根据《公司法》第二十八条的相关规定，股东应当按期足额缴纳公司章程中规定的各自所认缴的出资额。股东不按照前款规定缴纳出资的，除应当向公司足额缴纳外，还应当向已按期足额缴纳出资的股东承担违约责任。

根据《公司法》（2023年修订）第四十九条的相关规定，股东未按期足额缴纳出资的，除应当向公司足额缴纳外，还应当对给公司造成的损失承担赔偿责任。显然，修订后的的法律取消了股东的违约责任，增加了股东对公司的赔偿责任。这也说明，出资不仅是股东的法定义务，也是对公司责任的基本承担。

《公司法》（2023 年修订）第五十条规定，有限责任公司设立时，股东未按照公司章程规定实际缴纳出资，或者实际出资的非货币财产的实际价额显著低于所认缴的出资额的，设立时的其他股东与该股东在出资不足的范围内承担连带责任。这说明，在出资时，股东之间负有相互审查的义务，并承担责任。当某股东未充分履行出资义务时，公司不仅可以要求该股东及时履行，也可以要求设立时的其他股东代为履行，而其他股东不能以该股东未履行进行抗辩。

通过对《公司法》修订前后进行对比可以发现，虽然修订后的《公司法》取消了股东因未按期足额出资而向其他股东承担的违约责任，但这并不意味着股东之间就不能对此作出相关约定。修订后的《公司法》增加了股东因出资不足或出资不实而应承担的连带责任，这就很容易导致个别股东的出资风险向更多股东扩散。因此，本着法无明文规定即自由的原则，建议股东之间依旧就股东的出资瑕疵约定违约责任。

3.1.4　不可忽视的程序规则

在实务中，一些企业在召开股东会、董事会时，只关注决议内容是否合法，而忽略了程序是否合法。例如，未经过事前通知，直接召开股东会；又如，大股东取代董事会或执行董事，直接召集股东会议等。这些问题看似并不影响决议效力，但有可能会因违反法律法规或公司章程的程序性规定而导致作出的决议被撤销。

《公司法》（2018 年修正）第四十一条规定，召开股东会会议，应当于会议召开十五日前通知全体股东；但是，公司章程另有规定或者全体股东另有约定的除外。另根据《公司法》（2018 年修正）第三十八条、

第四十条的相关规定，除了首次股东会会议由出资最多的股东召集和主持外，股东会议应由董事会或执行董事召集；董事会、执行董事不能履行或不愿履行的，由监事会或监事召集和主持；监事会、监事不能履行或不愿履行的，由代表十分之一以上表决权的股东自行召集和主持。这些都属于程序性规则。

一旦违反法律法规或者公司章程中的程序规则，即便表决程序和作出的决议内容都合法，但存在异议的股东依然可以根据《公司法》（2018年修正）第二十二条的相关规定，请求人民法院撤销该决议。这个权利就是股东的违法决议撤销权。这种情况在大股东一言堂的企业中较为常见。大股东把更多精力聚焦在如何管理企业与实现个人意志上，而疏忽了决议落地的前提是保证程序合法。并且，一旦作出的决议被撤销，往往意味着前期投入的资源会产生浪费，也会给企业造成损失。

3.2 股权转让规则

股权是股东的私有财产，股东自然拥有处分的权利，这里指的就是股权转让权。

《公司法》（2018年修正）第七十一条规定，有限责任公司的股东之间可以相互转让其全部或者部分股权。股东向股东以外的人转让股权，应当经其他股东过半数同意。股东应就其股权转让事项书面通知其他股东征求同意，其他股东自接到书面通知之日起满三十日未答复的，视为同意转让。其他股东半数以上不同意转让的，不同意的股东应当购买该转让的股权；不购买的，视为同意转让。经股东同意转让的股权，在同等条件下，其他股东有优先购买权。两个以上股东主张行使优先购买权的，协商确定各自的购买比例；协商不成的，按照转让时各自的出资比例行使优先购买权。公司章程对股权转让另有规定的，从其规定。

这段规定清晰约定了股东转让股权的基本规则。但在实务中，还需要注意以下七点。

第一，老股东拥有优先购买权，但仅限于有限责任公司。

有的股东认为股权是自己的，因此卖给谁、以什么价格卖，完全由自己说了算，这只理解对了一半。

根据上述规定，转让股权分为两种情况：一种是内部的股权转让，此时只需通知其他股东即可，并不需要征得其他股东的同意，其他股东也没有优先购买权。另一种是对外转让，即将股权转让给他人，此时就需要先征得过半数股东的同意。注意，这里的过半数指的并非是持股比例的过半数，而是股东数量的过半数。此时，老股东就拥有了在同等条件下的优先购买权。需要注意的是，《公司法》（2023 年修订）取消了股东对外转让股权需要股东会过半数通过的规定，但其他股东依然拥有在同等条件下的优先购买权。

为什么《公司法》要赋予老股东优先购买权？这是由于有限责任公司拥有资合和人合的双重属性。人合指的是有限责任公司的股东之间存在信任基础，继而可以更好地凝聚股东力量，促进股东之间的协作。反之，股份公司则具有公开属性，以上市公司为代表的股东之间很难存在信任基础，自然也不具有实施优先购买权的条件。

第二，灵活运用公司章程，防范股权外流。

尽管老股东拥有优先购买权，但需要在同等条件下购买。在实务操作中，同等条件基本指的就是转让价格。老股东要行使优先购买权，就需要与第三方保持同样的交易价格和交割方式。这就带来了一个问题，如果转让方故意与第三方串通，大幅抬高交易门槛，老股东是否还愿意优先购买？如果不购买，必然导致股权外流，甚至会影响公司未来的决策权利分配和战略发展方向。

因此，可以考虑利用公司章程对股东对外转让股权予以限制。根据《公司法》（2018 年修正）第七十一条的相关规定，公司章程对股权转让另有规定的，从其规定。可见，公司章程的效力高于股权转让约定的效力。例如，公司章程可以对优先购买权的价格进行提前约定，既可参照股东的实际出资额，也可参照转让时该股东所占的净资产份额，这都会有效避免转让股东通过恶意抬高转让价格，阻碍内部转让，实质剥夺老股东优先购买的权利。

需要注意的是，公司章程可以对股东对外转让股权进行合理限制，但不能禁止转让，即便作出类似约定，在法律上也是无效的。

第三，违反优先购买权的转让协议并不必然无效。

尽管法律规定了老股东拥有优先购买权，但也存在转让方股东未经其他股东同意，私自转让股权的情况。股权转让协议已经签署，甚至股权已经转让完毕，该转让行为会受到法律的保护吗？

《公司法司法解释（四）》第二十一条规定，有限责任公司的股东向股东以外的人转让股权，未就其股权转让事项征求其他股东意见，或者以欺诈、恶意串通等手段，损害其他股东优先购买权，其他股东主张按照同等条件购买该转让股权的，人民法院应当予以支持，但其他股东自知道或者应当知道行使优先购买权的同等条件之日起三十日内没有主张，或者自股权变更登记之日起超过一年的除外。

可见，原则上该转让行为并不受法律保护。但如果老股东未在法定期限内主张权利的，则视同已经得到了老股东对转让行为的追认，自然受到法律保护。因此，违反优先购买权的转让协议并不必然无效。

第四，没有到工商机关办理股东变更手续，并不代表第三方未获得股东身份。

不少股东认为，股权转让协议的签署与履行并不代表股东身份的变更，关键要看工商系统是否完成了股东的变更登记，这是一个误区。

工商系统是对外的，通过公示获得对抗第三人的效力，而非用于股东身份的界定。股权转让协议则是对内的，在没有特殊约定的情况下，在股权转让日自然就会产生股权变动的效力，第三方也就获得了股东的身份。因此，股权转让协议是界定股东身份的核心依据。当然，如果股权转让协议违反了法律法规、公司章程等相关规定，利益相关方可以申请撤销或者主张转让协议无效。

第五，认缴但尚未完成出资的股权可以转让。

尚未出资的股权是可以转让的，但由于认缴期限尚未届满，未来由谁来出资，法律并未作出明确规定，这在实务中就可能会产生争议。

一般而言，转让完成后，受让方就成了公司股东，由其承担出资责任更为恰当，但这只是朴素理解，并不能作为争议解决的依据。从严谨角度上，双方应在股权转让协议中约定清楚后续的出资责任，避免纠纷，也避免因延迟出资给股东带来的法律风险。

《公司法》（2023 年修订）对该模糊情形作了进一步明确。其第八十八条的规定，股东转让已认缴出资但未届出资期限的股权的，由受让人承担缴纳该出资的义务；受让人未按期足额缴纳出资的，转让人对受让人未按期缴纳的出资承担补充责任。可见，受让人是出资的第一责任人，理应由其出资；但如果受让人到期未完成出资，公司可以要求转让人补充出资。此时，转让人不能以双方已经约定了受让人承担出资责任为由进行抗辩。转让人在完成补充出资后，可以向受让人追偿。

另外，《公司法》（2023 年修订）第八十八条还规定，未按照公司章程规定的出资日期缴纳出资或者作为出资的非货币财产的实际价额显著低于所认缴的出资额的股东转让股权的，转让人与受让人在出资不足的范围内承担连带责任；受让人不知道且不应当知道存在上述情形的，由转让人承担责任。换言之，如果受让人对转让人未充分履行出资义务或对存在瑕疵出资的情形并不知情，就无须承担责任，相应责任由转让方承担；但在受让之初已经知情的，则双方承担连带责任，即公司和其他股东可以要求任一方全面履行出资义务。

第六，一人有限公司的股权可以转让，但存在债务穿透风险。

顾名思义，一人有限责任公司只有一个股东。如果全部对外转让股权，转让后仍然是一人有限公司。

《公司法》（2018 年修正）第六十三条规定，一人有限责任公司的股东不能证明公司财产独立于股东自己的财产的，应当对公司债务承担连带责任。对于购买方而言，如果受让完成后仍为一人有限责任公司的，受让股东要特别关注公私分离，不能将公司财产与个人财产混为一谈，否则就可能对公司债务承担连带责任，导致公司债务风险与个人风险的穿透。

第七，因股权激励获得的股权可以转让。

此处的股权指的是注册股，而非虚拟股。

员工因为参与企业的股权激励计划而获得的注册股，自然拥有所有权，可以依法转让。但是，企业往往从长期激励的角度上，在授予员工股权时就会对激励股权的转让作出限制性规定。例如，员工持有的激励股权在多久之后才能转让，或者达到了公司的考核要求后才能转让等，并明确股权转让的对象和转让价格。实务中，股权激励的股东若要退出，一般只能将股权转让给公司指定的对象，而不能对外自由转让。

3.3 股东退出规则

如果股东之间存在难以调和的分歧和矛盾，最好的办法就是和平退出。

实务中，有的公司未提前设计股东退出的通道和规则，导致有意离开的股东因为退出条件谈不拢而激化矛盾，甚至诉诸法律，致使股东关系破裂，损害公司价值与股东利益。因此，提前设计退出规则是解决股东矛盾的最后一个出口，确保出口畅通是大股东的重要责任。

3.3.1 股东退出规则的设定与退出程序

3.3.1.1 股东退出规则的核心内容

股东退出一般有三种情形：自愿退出、被动退出与股东除名。无论是哪种退出方式，必然要触发两个要素，即退出价格和退出路径。

（1）股东的退出价格与退出路径

有意退出的股东按照什么价格退出，是产生矛盾的焦点。在没有提前约定的情况下，离开的股东希望退出的价格更高，而留下来的股东刚好相反。在这个时间点上，双方做的是零和博弈。

一般而言，退出价格往往有两种方式可供选择。第一种是按照初始投资额退出，或顺加股东投资至今的合理利息；第二种则是按照股东退出时点的净资产份额退出，即认可股东在投资期内的价值贡献。在此基础上，也可以按照两种退股价格的平均值，或者以第二种价格的一定比例，例如 90% 作为退出价格等。这都是实务中经常参考的退出价格。

当然，股东退出时公司可能并未盈利，甚至存在较大亏损，换言之，股东的初始投资已经缩水。此时，按照净资产份额退出，还是按照初始投资额退出，在实务中有不同的选择。有的公司约定，无论盈利或亏损，退出价格均选取两者之间的最低值。也有的公司约定，亏损时退出从低，即初始投资额与净资产份额中的最低值；盈利时退出从高，即初始投资额与净资产份额中的最高值。其目的是引导股东团结一致，共同推动公司创造价值。

除此之外，有学者还提出了按照公司估值作为股东退出价格的参考。其核心观点是，估值尽管不是真正的价值，但依然属于股东，因此，退出股东也应该享有。对于已经拿到股权融资的公司而言，其估值往往是大幅高于公司净资产的。但估值并不准确，它是投资人从外部视角对公司价值的评估结果；而且，公司今天的估值和明天的估值可能并不一样，不同机构和个人对同一公司的估值结果也可能存在巨大偏差，若以估值作为退出价格，则难以保证其合理性。更为重要的是，谁愿意高价接盘退出的股权？投资人给出高估值的前提是，公司或大股东要承担相应的责任和风险，这是一体和匹配的。如果股东按照高估值退出，就实现了零风险下的高回报，而接盘人完全承担了风险，这显然是违背经济逻辑的。因此，以估值作为退出价格在实务中不具备操作性，但可以借鉴其思路，尤其是对于有明确上市计划、拥有良好发展前景的公司而言，可以考虑将公司估值与股东的退出价格进行适度绑定，估值越高，股东的退出价格越高。这样既能保证退出股东获得较好的回报，也能让意图退出的股东依然有动力维护公司利益，帮助公司创造更大的价值。

此外，退出价格与股东的退出情形也存在直接关系。

一般而言，股东因为个人原因的自愿退出，或者股东因去世或失去民事行为能力导致的被动退出，都可以按照上述方式提前确定退出价格。但如果是因触犯法律法规或违反公司章程等导致的股东除名，则可以单独约定退出价格，如1元退出；若给公司和其他股东造成损失的，还可以约定赔偿责任。

（2）退出路径的选择

股东的退出路径一般有三种：第一，将退出股权转让给指定的人，最常见的是创始股东或大股东，即股东内部的定向转让。第二，退出股权直接作减资处理。第三，将股权交由其他股东代持，待后期有新股东加入时，再转让给新股东。

在实务中，第一种选择最为普遍。其优势是，转让手续便捷，操作简单，且可以增加大股东的控制权；不足是，定向转让可能会引发中小股东的顾虑，担忧股权集中会损害自己的利益。因此，一些企业的股东会约定，退出股权按照留存股东的持股比例进行分配，股东可以选择购买，也可以选择放弃，无人购买的股权，由大股东负责兜底购买。

但需要注意一个特殊情形，即大股东退出。如果大股东或实际操盘人中途退出，且中小股东无法取代时，可以提前约定将其作为触发公司解散的条件；反之，如果中小股东能够独立运营，可以参照上述退股条件，接盘公司。

3.3.1.2　股东的退出程序

股东作为公司的所有者，其退出要遵守法定程序。

首先，股东要有明确的退出意思表示，或者股东因违反法律法规或公司的相关约定，触发被动退出的条件。其次，组织召开股东会，就股东退出作出表决。在此过程中，要确保会议程序合规，且决议内容合法有效。最后，根据股东会决议，并按照事先约定好的退出价格和退出路径，履行后续程序。

需要注意的是，最后一步最为关键，一定要在公司章程或股东协议中约定不同场景下股权退出的操作细节，避免因退出通道而不畅引发股东矛盾。

3.3.2　股东法定退出的情形

3.3.2.1　股东除名

在为企业提供服务的过程中，有的股东咨询笔者，如何让某个股东退股离开，或者能否利用大股东的身份强制要求某个股东退出？一般而言，除非股东愿意主动退股，任何人都没有权力强制要求他人退出，因为股权是属于股东个人的财产，股东拥有包括处分权在内的所有权。

但是，在满足一定条件的情况下，可以强制股东退出，即股东除名。股东除名也称股东资格除名，是指根据法律法规、公司章程或股东协议等，股东因触发了特定事由，股东会可以直接剥夺其股东资格，强制转让其名下的全部股权，退出公司。公司作出除名决定后，无须被除名股东的配合，其股东资格即刻丧失。

在实务中，股东除名可以分为两种，即法定除名和约定除名。

所谓法定除名，是法律法规明确的股东除名情形。《公司法司法解释（三）》第十七条规定，有限责任公司的股东未履行出资义务或者抽逃全部出资，经公司催告缴纳或者返还，其在合理期间内仍未缴纳或者返还出资，公司以股东会决议解除该股东的股东资格，该股东请求确认该解除行为无效的，人民法院不予支持。换言之，如果股东已经没有出资意愿或出资能力，股东会可以决议解除其股东资格，且该股东不具有表决权，这也是对已经履行出资义务股东的保护。

首先，法定除名仅在股东完全未履行出资义务或抽逃全部出资的情况下适用。如果股东已经部分履行出资义务，则不适用。其次，公司为股东采取补救措施留下了合理期限，并履行了催告义务。最后，股东会对此表决，相关责任股东予以回避，不得参与表决，只要由其他股东所持表决权的过半数通过即可。只有三者同时具备，才能将股东法定除名。显然，法定除名的事由过于单一，难以满足实际操作需要，因此，在实务中运用最广泛的是约定除名。

所谓约定除名，是在公司章程、股东协议中就某些特定事由作出禁止性约定，一旦违反，直接触发退股条件，启动股东退出程序。例如，股东因触犯法律法规而承担刑事责任的，或违反公司章程或因重大过失给公司造成损失的，或长期不履行股东义务的，或内外串通转移公司资产或利润的，等等。每个公司情况不同，不同风险对公司的破坏后果也不同，因此，具体事由可以由股东自行协商制定。从法律效力上看，只要约定内容不违反法律法规的强制性要求，本着尊重当事人意思自治的基本原则，自然对股东产生法律效力。

当然，协议除名的事由约定得越具体，操作性越强，产生争议的可能性就越小。例如，重大过失给公司造成损失的，需要明确哪些行为为重大过失，造成的损失金额有多大；又如，长期不履行股东义务的，需要明确哪些行为属于不履行股东义务，以及如何界定长期不履行股务义务等。

3.3.2.2　异议股东回购请求权

《公司法》（2018 年修正）第七十四条规定，有下列情形之一的，对股东会该项决议投反对票的股东可以请求公司按照合理的价格收购其股权。

①公司连续五年不向股东分配利润，而公司该五年连续盈利，并且符合本法规定的分配利润条件的。

②公司合并、分立、转让主要财产的。

③公司章程规定的营业期限届满或者章程规定的其他解散事由出现，股东会会议通过决议修改章程使公司存续的。

自股东会会议决议通过之日起六十日内，股东与公司不能达成股权收购协议的，股东可以自股东会会议决议通过之日起九十日内向人民法院提起诉讼。显然，这是保护中小股东利益而赋予其的法定退出权利。

此外，公司解散也是实现股东退出的方式，例如公司营业期限届满且不再延续的，或者公司章程约定的解散事由出现的，或者在公司经营陷入严重困难且通过其他途径无法解决的，可以解散公司，这意味着公司清算注销，股东收回投资并丧失股东身份。

3.4 股东与董监高的法律风险与防范

3.4.1 股东义务的履行与后果承担

3.4.1.1 股东出资的风险承担

公司设立之初，需要先确定注册资本，并明确股东的认缴出资额、出资方式和出资期限，而及时、全面履行出资责任是股东的法定义务。所谓及时，就是要求股东在出资到期之前完成出资；所谓全面，是指股东应按照符合法律规定的资产足额出资。

在实务中，认缴制下的高注册资本、股东未按期出资，以及非货币性财产出资的价格争议，是导致股东承担风险的三种常见情形。

（1）高注册资本下的股东出资风险

在认缴制下，股东可以自行确定出资期限，短期内没有出资压力，于是有的股东把注册资本金做高，远远超过公司需要，这在实务中非常常见。这么做的考虑，或者是为了显示公司实力雄厚，或者是为了满足对外投标的要求等。但需要注意的是，认缴出资只是延迟了出资期限，并未减轻股东的出资义务，同时高注册资本还会大幅增加股东的责任承担。

首先，未到出资期限，并不意味着股东不会提前出资。

在实务中，股东为了延后出资时间，往往会约定出资期限为 20 年、30 年甚至更长。尽管新《公司法》和国务院的相关规定压缩了股东认缴出资的时间，但依然为已经存续公司留出了一定时间的出资过渡期。然而，未届出资期限并不意味着股东在短期内就没有出资压力。如果公司有到期无法清偿的债务，债权人有权向法院申请未届出资期限的部分提前出资，用于偿债。

2019 年《全国法院民商事审判工作会议纪要》（以下简称《九民纪要》）第六条规定，在注册资本认缴制下，股东依法享有期限利益。债权人以公司不能清偿到期债务为由，请求未届出资期限的股东在未出资范围内对公司不能清偿的债务承担补充赔偿责任的，人民法院不予支持。但是，下列情形除外：第一，公司作为被执行人的案件，人民法院穷尽执行措施无财产可供执行，已具备破产原因，但不申请破产的；第二，在公司债务产生后，公司股东（大）会决议或以其他方式延长股东出资期限的。换言之，如果公司因为债务问题成为被执行人，人民法院穷尽执行措施仍无财产可供执行的，或虽有财产但财产不足以清偿债务的，未出资到位的股东不再受出资期限的限制，加速出资到期。这意味着认缴出资的股东会在短期内承受巨大的出资压力。

《公司法》（2023年修订）第五十四条规定，公司不能清偿到期债务的，公司或者已到期债权的债权人有权要求已认缴出资但未届出资期限的股东提前缴纳出资。显然，这在《九民纪要》的基础上更进一步，将适用加速出资的范围从最初的两项特定情形，提高到了只要债务到期无法清偿，债权人就可以要求股东加速出资到期。

由此带来的是，注册资本越高，股东的出资压力和出资风险就越大，继而可能导致公司风险向股东个人的风险穿透。假设公司的注册资本是100万元，在正常情况下，股东只要履行了100万元的出资义务，无论公司的外部债务有多少，也无论存在多大的债务缺口，都与股东无关。但如果公司的注册资金是1000万元，则股东的出资责任就是1000万元。换言之，注册资本越大，股东的出资责任就越大。如果股东无力履行出资，缺口部分就会构成股东的个人债务，由股东的个人财产和家庭共有财产偿还。显然，股东为追求表面上的实力雄厚而提高注册资本金的行为，与其承担的风险后果并不匹配。

其次，减资并不容易。如果股东认为前期的注册资本过高，承担的风险过大，适度减资是最优选择，但减资必须符合法律规定。

根据《公司法》（2018年修正）第四十三条的相关规定，减少注册资本必须经代表三分之二以上表决权的股东通过方为有效。另第一百七十七条规定，公司应当自作出减少注册资本决议之日起十日内通知债权人，并于三十日内在报纸上公告。债权人自接到通知书之日起三十日内，未接到通知书的自公告之日起四十五日内，有权要求公司清偿债务或者提供相应的担保。换言之，减资不仅要履行股东会的特别决议，还要得到债权人，尤其是主要债权人的认可，否则不能减资。在实务中，公司存在大额银行贷款、大额外部债务时，如果既没有能力提前偿还或提供足够的担保，也无法得到债权人认可的，就不能减资，股东就不得不继续承担出资风险。

最后，当公司破产清算时，股东也应加速出资。《中华人民共和国企业破产法》第三十五条规定，人民法院受理破产申请后，债务人的出资人尚未完全履行出资义务的，管理人应当要求该出资人缴纳所认缴的出资，而不受出资期限的限制。换言之，如果公司破产清算，即便未届出资期限，股东也需要把注册资本金补足。这样做的目的是保障员工、债权人，以及其他相关方的利益。除非公司资产足以清偿各种债务，则认缴但未出资的部分可以不强制补齐。

（2）股东未按期出资的风险承担

股东未按期出资包括两种：一种是到期但完全不出资，即不履行出资义务，另一种是部分出资，即未全面履行出资义务。

《公司法司法解释（三）》第十三条规定，股东未履行或者未全面履行出资义务，公司或者其他股东请求其向公司依法全面履行出资义务的，人民法院应予支持。换言之，督促股东按期出资，是公司和其他股东的权利。《公司法》（2023 年修订）还增加了董事会的催缴义务和责任承担，其中第五十一条规定，有限责任公司成立后，董事会应当对股东的出资情况进行核查，发现股东未按期足额缴纳公司章程规定的出资的，应当由公司向该股东发出书面催缴书，催缴出资。未及时履行前款规定的义务，给公司造成损失的，负有责任的董事应当承担赔偿责任。

对于未按期出资的股东，一方面，股东会可以就其股东权利进行限制，包括表决权、分红权、新股优先购权等。例如，未按期出资部分不享有表决权，停止该股东的分红权和新股优先认购权等，其目的是督促股东尽快履行出资义务。一旦股东履行完毕，就应该及时解除限制。当然，这些限制应在公司章程或股东会决议中提前作出约定，避免争议。另一方面，未按期出资的股东要承担违约责任。《公司法》（2018 年修正）第二十八条规定，股东应当按期足额缴纳公司章程中规定的各自所认缴的出资额。股东以货币出资的，应当将货币出资足额存入有限责任公司在银行开设的账户；以非货币财产出资的，应当依法办理其财产权的转移手续。股东不按照前款规定缴纳出资的，除应当向公司足额缴纳外，还应当向已按期足额缴纳出资的股东承担违约责任。至于违约责任如何承担、违约金如何确定，股东应在不违反法律法规的前提下自行商定。

（3）非货币性财产出资的股东责任与风险承担

根据《公司法》（2018 年修正）第二十七条的相关规定，对作为出资的非货币财产应当评估作价，核实财产，不得高估或者低估作价。法律、行政法规对评估作价有规定的，从其规定。

在实务中，非货币性资产是否按照规定评估作价、评估价值是否合理，是股东争议或引发风险的高发领域。

第一，资产价值未作评估。在有的公司中，尽管由不同的股东组成，但实属同一控制人，或者股东内部存在强利益关联，可能会简化出资要求，自行商定非货币财产的作价。如果作价合理，且能得到股东的一致认同，原则上就是可行的。但如果借机虚增作价，降低股东的出资责任，就违反了不得高估作价的法律规定。

《公司法司法解释（三）》第九条规定，出资人以非货币财产出资，未依法评估作价，公司、其他股东或者公司债权人请求认定出资人未履行出资义务的，人民法院应当委托具有合法资格的评估机构对该财产评估作价。评估确定的价额显著低于公司章程所定价额的，人民法院应当认定出资人未依法全面履行出资义务。可见，自行商定资产作价，可能会引起一些股东和外部债权人的异议，并由此延伸出新的风险承担。因此，按照法律要求对非货币资产进行评估，是消除风险的最好办法。

但是否对所有资产都要进行评估呢？实务中有不同的做法。有的企业选择一视同仁，只要股东使用非货币性资产出资就必须评估，但更多企业选择区别对待。

　　具体做法是，对于价值较高的非货币性资产出资，必须评估，并在股东会决议中约定清楚，即全体股东一致同意某股东以设备（或者土地、知识产权等）出资，并决定聘请某资产评估公司对其价值进行评估，以评估值作为该股东的出资。而对于价值较低的非货币性资产，可以由股东商定作价，其主要考虑在于简化出资程序，节约评估费用。但如果股东内部对作价无法达成一致，仍要以评估值为准，避免争议。

　　在实务中如何判断资产价值的高低，由股东自行约定。可以参考一些企业的做法，即单一非货币性资产占注册资本的比重不超过3%，合计不超过10%，在此范围内的资产可以协商作价，超过该范围的则必须评估。例如，公司的注册资本为 1000 万元，其中单个非货币性资产的作价在 30 万元以内，且多个非货币性资产的累计作价在 100 万元以内的，可以由股东协商确定。若超过两者中的任何一个标准的，都必须评估作价。

　　第二，资产价值已做评估，但评估值明显偏离实际。在实务中一般有以下两种情形。

　　第一种情形是出资人与评估机构恶意串通，人为提高评估值，变相逃避出资责任的，出资人要向其他履约股东承担违约责任，若造成损失的，还要承担赔偿责任。此外，《公司法》（2018 年修正）第三十条规定，有限责任公司成立后，发现作为设立公司出资的非货币财产的实际价额显著低于公司章程所定价额的，应当由交付该出资的股东补足其差额；公司设立时的其他股东承担连带责任。换言之，公司作为独立法人，既可以要求出资股东补足出资，也可以要求其他股东代为补足出资。若其他股东代为补足出资后，可向未充分履行出资义务的股东进行追偿。

　　第二种情形是出资完成后，出资资产的价值出现非预期大幅贬损。例如，由于市场波动，导致用于出资的原材料价值大幅下滑，或者技术进步升级，导致用于出资的知识产权或机器设备的价值出现大幅贬值。《公司法司法解释（三）》第十五条规定，出资人以符合法定条件的非货币性财产出资后，因市场变化或者其他客观因素导致出资财产贬值，公司、其他股东或者公司债权人请求该出资人承担补足出资责任的，人民法院不予支持。但是，当事人另有约定的除外。可见，股东提前有约定的，从其约定；没有约定的，出资人无须补充出资，也无须承担其他责任。

尽管上述的不利变化往往属于不可控风险，也并非出资股东的本意，但站在企业和其他股东的角度上看，资产价值的贬损却实实在在地损害了他们的正当利益，从而引发股东争议。因此，建议提前在股东出资协议中就可能出现的不利情况与后果承担做出约定。例如，股东以非货币性资产出资的，在完成出资后 1 年内，若出资标的的市场价值不足其出资时价值的 75% 的，该出资股东应以货币资金的方式补足差额；完成出资超过 1 年后发生资产价值贬损的，出资股东不予补足。同时约定，若该出资人未按照约定及时补足差额的，则视同未充分履行出资义务，需要对其他股东承担违约责任。

3.4.1.2 股东滥用职权或怠于履职的责任承担

（1）股东滥用职权的责任承担

滥用职权主要指的是大股东。

在实务中，大股东涉嫌滥用职权的行为包括两个方面：①侵害中小股东和公司的利益，如不按照规定召开股东会或董事会，大股东利用职权屏蔽甚至阻止其他股东了解公司的运营状态，拒绝向其他股东提供财务报表或设置不合理的障碍等，侵害中小股东的利益；或者大股东利用控股地位与外部利益相关方开展不公允交易，低价转移公司财产，徇私舞弊侵占公司财产，侵害公司的利益。②侵害债权人的利益，最常见的是股东故意转移或掏空公司财产，逃避债务。

根据《公司法》（2018 年修正）第二十条的相关规定，公司股东应当遵守法律、行政法规和公司章程，依法行使股东权利，不得滥用股东权利损害公司或者其他股东的利益。公司股东滥用股东权利给公司或者其他股东造成损失的，应当依法承担赔偿责任。

北京市某中级人民法院曾经对一起大股东滥用职权的案件作出判决。A 公司成立于 2018 年 2 月，股东为甲和乙，持股比例分别为 80% 和 20%，股东出资均为认缴，出资期限为 2050 年 1 月 1 日。2021 年 10 月

31 日，A 公司召开股东会，甲作为持股 80% 的股东，表决通过了股东会决议，内容包括将股东出资时间从 2050 年 1 月 1 日提前到 2021 年 11 月 15 日、2022 年 6 月 30 日及 2025 年 1 月 1 日。股东逾期未按变更后的出资期限足额缴纳出资的，经催告后，可由代表三分之二以上表决权的股东同意解除该股东的股东资格且不给予任何补偿或赔偿。乙不同意上述决议内容。2021 年 11 月 28 日，A 公司召开股东会，决议取消乙的股东资格。乙向法院提起诉讼，主张前述决议无效。北京市某基层人民法院审理后认为，股东出资加速到期并不适用资本多数决规则。遂判决，确认案涉股东会决议无效。宣判后，A 公司不服，提起上诉。北京市某中级人民法院审理后判决驳回上诉，维持原判。

从法院的裁判要旨上看，公司通过股东会决议的方式缩短股东出资期限需经全体股东一致同意，不能适用资本多数决规则，即由足够表决权的大股东说了算。虽然法律规定公司修改章程、增资、减资、解散等经营管理事项由资本多数决确定，但股东的出资方式及期限是股东的固有权利，与资本多数决可以确定的公司经营管理事项存在本质区别。如果允许公司股东会以资本多数决的方式修改出资期限，则占资本多数的控股股东就可以随时随意修改出资期限，从而剥夺其他中小股东的合法权益。而股东甲通过股东会决议的方式修改股东出资期限损害了其他股东的利益，属于滥用股东权利损害其他股东利益的行为，根据《公司法》（2018 年修正）的相关规定，该股东会决议无效。

这就是实务中大股东滥用职权的一种表现。如果因为滥用职权给相关股东造成了损失，还要承担赔偿责任。

需要注意的是，如果滥用职权侵害的是外部债权人的权益，相关股东还需要就该债务承担连带责任，即刺破公司面纱。

所谓公司面纱，指的是《公司法》赋予公司和股东的两层保护，即公司以其全部资产为限对债务承担责任，以及股东以其认缴的出资额为限承担责任，两者均为有限责任。但前提是，公司要保持独立的法人地位。根据《公司法》（2018 年修正）第二十条的相关规定，公司股东滥用公司法人独立地位和股东有限责任，逃避债务，严重损害公司债权人利益的，应当对公司债务承担连带责任。在实务中，如果有证据表明公司已经被股东完全操纵，变成了实现股东特定目的的工具，则意味着公司已经丧失了独立人格，公司的面纱会被刺破，即债权人有权要求股东对公司债务承担连带责任。

为了进一步保护债权人的合法权益，《公司法》（2023 年修订）作了进一步规定。其中第二十三条明确指出，公司股东滥用公司法人独立地位和股东有限责任，逃避债务，严重损害公司债权人利益的，应当对公司债务承担连带责任。股东利用其控制的两个以上公司实施前款规定行为的，各公司应当对任一公司的债务承担连带责任。显然，这加剧了股东的责任承担。《公司法》（2018 年修正）对连带责任的规定，仅限于股东与公司之间的纵向人格否认，《公司法》（2023 年修订）增加了横向的人格否认，即股东控制的多个公司之间共同承担连带责任。

在实务中，还存在股东通过虚假出资、违法分配公司利润、低价转移公司财产等主观故意行为，导致公司资本不足，无法清偿债务的，都可被认定为滥用公司独立法人地位和股东有限责任的加害债权行为。此时公司面纱被刺破，相应地，股东和公司需要对未清偿债务部分承担连带责任，但未施加侵害行为的股东除外。

（2）股东怠于履职的责任承担

怠于履职包括怠于履行股东权利和怠于履行股东义务两种。

在企业的日常运营过程中，由于股东内部存在纠纷或矛盾，个别股东借故长期不参加或拖延参加股东会或董事会等重要会议，对相关决议不配合不表态，对责任范围内的重大事项不报告不移交等，导致公司长期无法形成决策，制约公司正常发展的，都属于怠于履职。显然，这对公司、其他股东以及外部利益相关方都是不利的。

但在实务中，除在法律上或公司章程中有明确规定外，很难准确界定股东的何种行为属于怠于履职，更难以界定因股东怠于履职造成的损失有多大，是否为重大损失，导致操作性差。因此，防范股东怠于履职的普遍办法是，在股东协议或公司章程中以列举的方式作出界定，明确股东的哪些行为属于怠于履职，并约定股东的责任承担。一旦触犯，该股东就应向公司和其他股东承担责任，甚至直接触发股东除名。如果不加以提前明确或仅作口头约定，不仅难以落地，还会激化股东矛盾。

不可否认的是，既然股东愿意入股，本就希望借助公司发展实现个人回报，而怠于履职在绝大多数情况下都是股东不得已采取的消极抵抗行为。大股东或实际控制人不能回避问题根源，而应充分了解股东诉求，本着合作共赢的态度消除误会，平衡利益。即便双方已经无法继续合作，也应该提前谈好分手条件，好聚好散，而不应形成激烈对抗，两败俱伤。

怠于履行股东义务，往往指的是股东的出资义务。本章已经就出资瑕疵的救济措施和责任后果作了说明，此处不再赘述。

3.4.1.3　股东的其他风险承担

（1）同业竞争等可能侵害其他股东利益的风险

同业竞争是指与公司从事的业务相同或近似，双方构成或可能构成直接或间接的竞争关系。

股东作为公司的所有者，有天然获取公司机密信息的优势，且有的股东作为实际控制人或主要管理者，还能直接决定或影响公司的战略制定、技术路线、关键资源和营销渠道等。在此情况下，如果允许同业竞争，就可能因不对等优势导致不公平竞争，继而侵害公司和其他股东的利益。但是，目前法律仅对董监高等高级管理人员明确要求负有法定竞业禁止义务，换言之，如果仅为股东，并未担任董监高职务，则法律并未禁止其开展同业竞争业务。

在实务中，为了尽可能避免由此带来的不公平竞争，往往会在公司章程或股东协议中约定股东同业竞争的业务范围、竞业金额与竞业期限等，把风险控制在可控范围内。如果超过该约定，就需要经过股东会决议，否则应承担违约责任。

需要注意的是，如果合伙人参与同业竞争，原则上是不允许的。《合伙企业法》第三十二条规定，合伙人不得自营或者同他人合作经营与本合伙企业相竞争的业务。除合伙协议另有约定或者经全体合伙人一致同意外，合伙人不得同本合伙企业进行交易。

此外，在上市审核中，同业竞争一直是重点关注领域。根据《首次公开发行股票注册管理办法》第十二条第一款的规定，资产完整，业务及人员、财务、机构独立，与控股股东、实际控制人及其控制的其他企业间不存在对发行人构成重大不利影响的同业竞争，不存在严重影响独立性或者显失公平的关联交易。换言之，在注册制下的上市规范是认可同业竞争的，这相较于审核制下的"一刀切"禁止有本质区别，更加重视实质性判断，即要求发行人或者不存在同业竞争，或者将同业竞争控制在合理范围内，不对发行人构成重大不利影响。

（2）抽逃出资的风险

按期足额缴纳出资，是股东的法定义务。实务中，抽逃出资一般都采用隐蔽方式进行。例如，股东先完成出资，然后再通过虚构业务的方式将出资款转出去，以达到抽逃的目的。

《公司法》（2018年修正）第三十五条规定，公司成立后，股东不得抽逃出资。《公司法司法解释（三）》第十二条规定，公司成立后，公司、股东或者公司债权人以相关股东的行为符合下列情形之一且损害公司权益为由，请求认定该股东抽逃出资的，人民法院应予支持。

①制作虚假财务会计报表虚增利润进行分配。

②通过虚构债权债务关系将其出资转出。

③利用关联交易将出资转出。

④其他未经法定程序将出资抽回的行为。

若被认定为抽逃出资，就会触发相关责任后果。

第一，责令改正加罚款。《公司法》（2018年修正）第二百条规定，公司的发起人、股东在公司成立后，抽逃其出资的，由公司登记机关责令改正，处以所抽逃出资金额百分之五以上百分之十五以下的罚款。

第二，公司债务不能清偿时，相关人员应在股东抽逃出资本息范围内对不能清偿的部分承担补充赔偿责任。根据《公司法司法解释（三）》第十四条的规定，股东抽逃出资，公司或者其他股东请求其向公司返还出资本息、协助抽逃出资的其他股东、董事、高级管理人员或者实际控制人对此承担连带责任的，人民法院应予支持。公司债权人请求抽逃出资的股东在抽逃出资本息范围内对公司债务不能清偿的部分承担补充赔偿责任、协助抽逃出资的其他股东、董事、高级管理人员或者实际控制人对此承担连带责任的，人民法院应予支持；抽逃出资的股东已经承担上述责任，其他债权人提出相同请求的，人民法院不予支持。

第三，抽逃出资的股东还可能会承担刑事责任。若抽逃出资数额巨大、后果严重或者有其他严重情节的行为，可能构成抽逃出资罪的，还应依法追究其刑事责任。

在实务中，抽逃出资的认定难度较大，无论是报表造假、虚构交易还是关联交易，都有很强的隐蔽性，尤其对外部债权人而言，更是难以知晓。因此，《公司法司法解释（三）》第二十条规定，当事人之间对是否已履行出资义务发生争议，原告提供对股东履行出资义务产生合理怀疑证据的，被告股东应当就其已履行出资义务承担举证责任。换言之，只要相关当事人有证据能够产生合理怀疑的，就可诉至法律，涉嫌抽逃出资的股东要自证清白。从这个角度上来讲，当事股东在履行企业的日常经营管理活动时，一定要重视公司治理机制和内部制度流程的建设，并确保自身行为符合规定，以免在产生争议时陷入被动。

（3）职务侵占的风险

职务侵占是指利用职务之便非法占用公司的财物。显然，能触犯职务侵占的一般不是普通员工，绝大多数是公司的股东或者董监高等高层。职务侵占是股东犯罪的高发领域，常见于股东个人擅自抽取并长期占用公司大额资金，或在公司长期或大额报销个人非公开支和家庭开支等。

在实务中，大股东涉嫌职务侵占的风险非常普遍，大股东习惯从公司借款，长期占用或陆续报销。但在多数情况下，这种行为并非大股东的主观故意侵占，只是简单认为公司就是自己的。而从法律上看，这直接侵犯了公司的财产所有权，可能就会构成职务侵占。因为公司一旦成立，就拥有了独立的法人人格，即公司是公司，股东是股东，两者不能混为一谈。

根据《中华人民共和国刑法》的相关规定，职务侵占罪有三条认定标准，即利用自己职务上的便利，有侵占的行为，且数额较大。如果三条同时满足，就可能构成职务侵占罪。从量刑结果上看，如果职务侵占数额较大的，处三年以下有期徒刑或者拘役，并处罚金；数额巨大的，处三年以上十年以下有期徒刑，并处罚金；数额特别巨大的，处十年以上有期徒刑或者无期徒刑，并处罚金。

因此，股东要特别注意，在日常经营管理中应将个人资产与公司资产严格区分。如果确实需要从公司借款，应按照公司制度要求履行借款审批手续，若需要股东会决议的，还要按照程序组织会议和表决，不能省略。借款后若无法在规定期限内归还的，应及时补充手续，并明确未归还的合理理由，避免不经意间触犯该罪名，也能有效防止其他利益相关人以职务侵占为由，向大股东发难。

此外，股东还可能涉及虚报注册资本罪、虚假出资罪等，在实务中都需要加以防范。

3.4.2 董监高义务的履行与后果承担

所谓董监高，指的是董事、监事和高级管理人员。《公司法》（2018年修正）第二百一十六条第一款规定，高级管理人员包括公司的经理、副经理、财务负责人、上市公司董事会秘书和公司章程规定的其他人员。

3.4.2.1 任职资格与忠实勤勉义务

董监高是公司的高级管理者，其履职能力和履职结果直接关系到公司和股东的利益。

一般而言，董监高的任职资格与其专业能力和管理水平挂钩，能力越强水平越高，公司越受益。但个人的能力和水平到底如何，是否与公司要求相匹配，完全由公司自行判断和决定，而法律只是对董监高的任职条件作了限制性规定。

《公司法》（2018年修正）第一百四十六条规定，有下列情形之一的，不得担任公司的董事、监事、高级管理人员。

①无民事行为能力或者限制民事行为能力；

②因贪污、贿赂、侵占财产、挪用财产或者破坏社会主义市场经济秩序，被判处刑罚，执行期满未逾五年，或者因犯罪被剥夺政治权利，执行期满未逾五年；

③担任破产清算的公司、企业的董事或者厂长、经理，对该公司、企业的破产负有个人责任的，自该公司、企业破产清算完结之日起未逾三年；

④担任因违法被吊销营业执照、责令关闭的公司、企业的法定代表人，并负有个人责任的，自该公司、企业被吊销营业执照之日起未逾三年；

⑤个人所负数额较大的债务到期未清偿。

在此基础上，董监高应当遵守法律、行政法规和公司章程的规定，对公司负有忠实勤勉义务，这也是《公司法》（2018 年修正）的明确要求，包括董监高不得利用职权收受贿赂或者其他非法收入，不得侵占公司的财产，不得挪用公司资金，不得将公司资金以其个人名义或者以其他个人名义开立账户存储等。此外，《公司法》（2018 年修正）第一百四十八条还规定，董事、高级管理人员未经股东会或者股东大会同意，不得利用职务便利为自己或者他人谋取属于公司的商业机会，自营或者为他人经营与所任职公司同类的业务。

3.4.2.2　责任后果承担

根据《公司法》（2018 年修正）第一百四十八条、第一百四十九条的相关规定，如果董事、高级管理人员违反法律、行政法规或者公司章程的规定，给公司造成损失的，应当承担赔偿责任。如果触及刑法的，还要承担刑事责任。

需要注意的是，赔偿损失仅指因违反上述相关规定所造成的。换言之，造成损失的前提是当事人的主观故意，例如利用职务便利为自己或者他人谋取属于公司的商业机会，自营或者为他人经营与所任职公司同类的业务等。这要区别于日常经营管理过程中因过失给公司造成的损失。在多变的竞争环境中，风险与收益并存，不排除因董事或高级管理人员作出错误决策，给企业造成损失。此时，如果董事或高级管理人员是在遵守忠实勤勉义务的前提下，根据已知信息在职权范围内作出了符合当时环境下的决策，其目的是更好地实现公司利益，哪怕这个决策是错误的，也应免于承担法律后果。

3.4.3 职业经理人引入失败的风险与防范

职业经理人是企业发展的关键因素之一，没有人才，再好的企业也不会走远。一个优秀的职业经理人为企业创造的价值，会远超公司为其支付的成本。

但在实务中，职业经理人不职业，看似履历光鲜但不敬业不专业，甚至滥用代理人地位，内外勾结，中饱私囊，损害公司和股东利益；又或者优秀的人才留不住，难以融入企业，最终导致引入失败的情况屡见不鲜。

为什么优秀人才留不下来呢？究其原因，往往在于以下三个方面。

第一，文化冲突。公司发展到今天，已经证明了长期以来形成的文化是有效的，但并不能证明是合理和持续有效的。例如，老板的一言堂文化，团队只是负责执行，这在公司规模较小或管理难度较低的时候是可行的。但如果公司已经具备一定规模，需要更多职业经理人参与时，一言堂文化就可能会让职业经理人难以适应。没有发言权，也没有归属感，这会打击职业经理人的奋斗欲望，有人会选择另寻出路。

第二，对职业经理人过分提防。老板担心职业经理人会利用职务之便侵害自己和公司的利益，导致职业经理人在工作时顾虑重重，不仅要完成老板布置的各项工作，还要处处谨小慎微，提防各种猜忌，这会大大加重他们的心理负担，导致优秀职业经理人离职。

第三，考核单一，缺乏包容。以高级管理者为例，这些职业经理人大多要背负业绩指标，但客观而言，业绩指标能否达成是公司整体运营的结果，并非某个岗位或某个人员的单一责任，更不能以短期业绩能否达成作为衡量职业经理人是否称职的唯一标准。但在一些企业中，老板认为花钱请了职业经理人，就应该立竿见影，没有达成目标就是不合格，而不是帮助职业经理人分析问题，提供助力。这种简单粗暴的考核文化，留给职业经理人的印象是严苛而冰冷的。除非公司非常有发展前景，或者职业经理人可以获得足够的利益回报，否则也很难留住优秀人才。

因此，只有老板把职业经理人当成自己人，职业经理人才可能成为自己人，这是定位的问题。在职业经理人刚入职时，老板要为他们创造良好的工作氛围，帮助他们快速适应，进入工作状态。在工作开展中，要允许职业经理人在专业领域内拥有更多的话语权和自主权，只要不触犯原则性问题不宜过分苛责，更不能处处设防，通过别人的只言片语给职业经理人贴标签、戴帽子，因为这从根本上违背了引入职业经理人的初衷。在考核和奖惩上，既要讲结果，也要讲原因，赏罚清晰明了，得到职业经理人的理解与认同。这些都有助于留住优秀人才，发挥人才的专业特长，起到创造超额价值的效果。

第 4 章

股权动态调整与股权激励

股权多寡与股东利益密切相关，企业越赚钱越值钱，股东对拥有多少股权越重视。一旦股东认为当前的股权分配不合理，侵害了自己的利益，且短期内没有改善的可能，就可能会引发股东矛盾，甚至会把矛盾转移到企业身上，通过消极怠工、另立山头、转移企业资产等方式维护自身利益，甚至有的股东通过揭露其他股东或企业的违法违规行为，以达到抗争的目的。尽管这里面存在不得已的考虑，但客观上也导致了股东和企业的双输，更不排除股东因为个人的过激行为而承担一定的民事或刑事责任。

利益不均引发内部矛盾，动摇企业发展根基

4.1.1 股权矛盾的常见原因和表现形式

股东为什么创业？除了情怀和理想之外，更多是为了利益。既然是利益，就必须遵守利益的分配原则，即公平合理，提倡多劳多得，少劳少得，不劳不得。在不作特殊安排的前提下，拥有股权的多寡可以理解为获得股东利益的多少。

4.1.1.1 不认可股东的人力资本贡献，引发纷争

在法律层面，股权多少与股东的人力贡献并无直接关系。

《公司法》（2018 年修正）第二十七条规定，股东可以用货币出资，也可以用实物、知识产权、土地使用权等可以用货币估价并可以依法转让的非货币财产作价出资；但是，法律、行政法规规定不得作为出资的财产除外。换言之，法律并不认可人力资本作为出资。另第四十二条规定，股东会会议由股东按照出资比例行使表决权；但是，公司章程另有规定的除外。可以理解为，股东的持股比例和话语权原则上只与其出资额相关，出资越多，权利越大。

但在实务中，越来越多的企业意识到人力资本至关重要，尤其在高度依赖专业技能的领域，拥有核心技能的股东对企业价值的贡献甚至无法用货币计量。他们存在，公司就能发展；他们离开，公司可能就会迅速陷入困境甚至破产倒闭。但如果这些拥有核心技能的股东因为前期出

资较少，占股较低，即便后期对公司的贡献巨大，也无法获得股权上的认可，他们自然就会萌生出不公平的念头，纷争甚至离开都是大概率事件，这就直接动摇了公司发展的根基。

4.1.1.2　过早释放股权，导致后期无股可分

在企业创立之初或较为弱小时，为了发展，大股东会考虑利用股权交换外部的资源。例如，为了维持企业发展而释放大量股权，给兼职人员股权，给介绍人股权，给中介机构股权等，天女散花一般，希望以此形成利益共同体，一起把事业做大。但这在绝大多数情况下只是一厢情愿的想法，且副作用巨大。

股权能起到利益绑定和激励效果的唯一前提，就是持有的股权预期能带来巨大回报，例如大额分红，或者企业上市、被溢价并购，实现所持股权的大幅增值和快速变现。否则，对持有人来说，股权只代表了未来获益的可能。并且，大股东为了保持控制权，能给出去的股权往往不多，这对持有人的吸引力就更加有限。因此，看似股东众多，层次丰富，但企业对他们来说并不重要，也很难有人真正愿意为企业付出精力和心血，而自己只赚取一小部分回报。

此外，股权一旦释放就很难收回来，会导致后续可供分配股权的空间越来越小。在股权被大幅释放，且企业逐步展露出一定的发展前景时，往往需要引入更多资源，而此时企业可能会陷入无股可分的被动局面。如果通过增资扩股的方式整体稀释股权，则需要得到持有三分之二以上表决权股东的同意，通过的难度较大；即便成功稀释股权，受到最大挑战的也往往是创始股东，其持股比例不仅会持续下降，还可能面临失去控制权的风险。

4.1.1.3　职业经理人的利益未与企业做深度绑定，没有真正拧成一股绳

从客观上讲，完全依赖创始股东或创始团队带领企业杀出重围，走向成功的案例非常少见。多数情况下，企业会在不同阶段借助职业经理人的力量，完成企业跨越式发展。因此，在企业的价值创造中，合格乃

至优秀的职业经理人发挥了重要作用。但职业经理人也清楚知晓，自己在企业中的身份和回报完全源于自身的岗位贡献，换言之，如果他们无法让公司满意，随时可能会被替换，这在很大程度上促使他们主动顺应股东的意图和想法，不敢坚持自己的意见，更会在允许的范围内追逐企业的短期利益，以实现个人利益的最大化。

反过来，职业经理人也在选择股东和企业。一般而言，越是优秀的职业经理人，可以选择的机会越多，对企业和股东的要求也就越高。即使职业经理人能在企业中留下来，如果只是获得金钱上的回报，也难以有足够的归属感，他的顾虑依然没有得到解决。如果时机合适，其依然有可能加盟其他公司，甚至另立门户，由合作伙伴变为竞争对手。

4.1.2 利用好人力资本，做大增量

大股东作为企业的实际控制者和最终受益人，自然希望企业能持续良好地发展。但现实是，自己的亲力亲为并不必然会提升企业价值，甚至在企业发展到一定程度时，大股东的深度管理可能还会破坏企业价值。而中小股东难以影响决策，可能会心生不满，为了维护自身利益选择与大股东对抗。

因此，不拘一格凝聚人才，为他们创造发挥才能的机会和平台，共同做大企业的增量，这不仅符合各方利益，也是大股东的重要工作。对于优秀的职业经理人，可考虑通过股权激励的方式将其吸纳为股东或合伙人，实现彼此利益的深度绑定；而在股东内部，应考虑打破股权结构的限制，提倡赛马机制，让贡献大、付出多的股东获得更多股权，享有更多的股东利益，以激发他们的奋斗动力，带动企业发展。虽然这看似会损害一部分股东的利益，但如果企业经营好了，增量大了，这些股东今天做出的让步和牺牲，会在明天得到更多的价值补偿。

4.2 动态调整股权，平衡股东利益

股东之间的矛盾，在合作之初往往是看不出来的，而随着企业的发展，矛盾会逐步暴露。

实务中，利益不均是引发股东矛盾的核心原因之一，而利益不均往往来自股权比例的固化。换言之，公司设立时的股权比例一经确定，多数情况下就不再改变。这就意味着，只要股东按照约定的比例出资，自然就可以享有与出资比例一致的股东权益，这与股东是否参与企业的运营管理，是否为企业创造新的价值并无关系，即干多干少一个样，干与不干一个样，类似大锅饭。

在此背景下，对公司发展做出重大贡献或发挥突出作用的股东，获得的回报与其创造的价值并不匹配，久而久之，必然会导致心理失衡，股东之间出现矛盾，甚至分道扬镳。

4.2.1 股权动态调整机制的理论基础

4.2.1.1 马斯洛需求层次理论

马斯洛需求层次理论将人的需求划分为五个层次，依次为生理需求、安全需求、社交需求、尊重需求和自我实现需求，层次由低到高。

对于股东而言，通过创业，在保证基本衣食住行的基础上，才会逐步升级到赢得尊重、展示个人抱负、追求理想等更高层次的需求。而从股权调整上看，只有在股东关注的需求上进行激励，才能发挥预期效用。

4.2.1.2 期权理论

期权是按照约定，赋予持有人在某个特定时间内按照约定价格购进或卖出某项资产的权利。可见，期权是一项权利，持有人可以选择交易，即行权，也可以选择放弃交易，即弃权。

在股权动态调整中，往往会给股东设定预期目标。达到目标的股东可以行权，而未达到目标的股东不得行权，从而实现对原有股权结构的优化调整。

4.2.1.3　人力资本理论

人力资本理论认为，在经济发展过程中，人是最为关键的因素。人的专业能力和素质水平越高，工作质量和效果就越高，在单位资源投入和单位时间内创造的价值就越大。

引申到股权中，我国法律法规认可的出资完全来自股东投入的物力资本，即谁出资多，谁就能说了算，并没有考虑人力资本贡献。这就偏离了企业运营的本质，即没有人力资本，物力资本无法独立创造价值；没有合适的人力资本，就难以实现企业的持续发展和股东利益的最大化。

此外，产权理论、委托代理理论、激励与约束理论等，都构成了股权动态调整的理论基础。

4.2.2　择机引入股权动态调整机制

相比股权固化而言，股权动态调整的核心就是实现股权与股东贡献的合理匹配，不仅认可股东的资产出资，也认可股东的人力资本出资，即根据股东的人力资本贡献对前期的出资结构进行二次调整，稀释贡献少的股东的股比，增加贡献多的股东的股比，最终形成相对公平的股权比例。

从实践结果看，这会大大减少股东内部因利益不均产生的纠葛，推动股东由存量博弈转变为聚焦精力开拓市场，追求企业价值的增量和个人财富的提升。因此，引入动态股权调整机制对企业长远发展和做大做强非常重要，尤其对依赖人力资本的行业或企业更是如此。

在笔者服务过的企业中，实施股权动态调整的企业多集中在创立时间 5 年以内，股东人数 3 人左右，商业模式初步成熟，市场竞争力基本形成，此时实施股权动态调整，无论是时机还是效果都是比较理想的。

而对于具备一定规模的企业，例如年收入 10 亿元以上，股东利益格局已经稳定，企业运营相对成熟，则更愿意借鉴股权动态调整的思路，适度平衡股东内部的利益关系，而一般不会对股权比例进行实质性调整。

当然，在实务中并非所有企业都认可这一点，即不认为一定要通过股权调整才能交换股东对企业的人力贡献，也难以判断哪个股东对公司的价值是非常重要甚至是不可或缺的。因此，依然有不少企业对此持观望态度。

4.2.3 股权动态调整机制的实施步骤和要点解析

在认可人力资本的前提下，要对股东的人力贡献进行量化，并根据预设目标的达成情况，对各股东名下的股权进行调整，达到二次分配的效果。

4.2.3.1 组建团队，统一认识

一般而言，团队应由全体股东组成，辅以公司的财务人员、法律人员以及外部的专业顾问。

由于股权调整涉及全体股东的利益，应在最大限度上得到大家的理解和支持。对于股东的顾虑和认识上的误区，应加以解释说明，不能以大股东身份或决策者身份强加要求。只有坦诚、充分地交换意见，消除分歧，才能减少在组织和实施中的阻力，避免不必要的摩擦甚至对抗。

此外，股权调整重要且敏感，涉及的专业领域宽泛，包括股权、税务、法律、财务等，要形成一个相对周全且能落地实施的方案，对企业来讲难度较大，效果也难以保证。因此，借助外部顾问的力量就非常必要。外部顾问要全程参与，并承担起方案设计、优劣评估、疑难解答、落地指导等工作，这不仅能有效落实股东意图，还能少走弯路，提高实施效率和质量。而公司的财务人员和法律人员更多的是提供协同和支持服务，建立起企业、股东和外部顾问之间的联系，保证各方信息的准确畅通和高效传递。

4.2.3.2　确定用于动态股权分配的总体份额

例如，A 公司有甲、乙、丙三个股东，注册资本为 1000 万元。考虑到股东的人力贡献，计划增加 300 万元股权进行二次分配，将注册资本提升到 1300 万元。此时，物力资本与人力资本的股权比重为 10 : 3，折算为百分比为 77% : 23%。

实务中，新设的 300 万元股权通常被称为期权池。期权池应设立多大，一般从以下四个方面考虑。

第一，公司对股东人力资本的依赖程度。依赖程度越深，设立的期权池越大，反之越小。一般而言，就物力资本与人力资本的比例来看，传统类行业多在 8 : 2 和 7 : 3 之间，即认可股东的人力贡献，但企业价值的创造更多还是依赖物力资本的投入。高新类行业多在 6 : 4 和 5 : 5 之间，人力资本占比提升，而对人力资本非常依赖的行业，例如 AI 智能、软件研发等，甚至会达到 4 : 6 乃至 3 : 7，人力资本占比超过物力资本占比。可见，期权池的大小与企业所处的行业，以及对高端人才的依赖程度密切相关。

第二，当前注册资本的规模。在确定了物力资本与人力资本的大体占比之后，就可以通过当前的注册资本推算出应设立的期权池大小。显然，当前注册资本越大，设立期权池的盘子就越大。

若企业当前的注册资本偏大，在增设期权池后，注册资本可能会远大于企业所需，这也加重了股东的出资压力。此时，可考虑先减资再增资。

以上述案例为例，A 公司的注册资本已经达到了 1000 万元，可以先减资到 700 万元，再新设 300 万元的期权池，恢复到 1000 万元的注册资本。这在不加重股东出资压力的情况下，实现了股权结构的调整。

可能有人会疑惑，为什么不直接将 1000 万元的注册资本切分成 700 万元和 300 万元呢？主要是对操作难度和税负成本的考虑。如果直接将 300 万元的注册资本切分出来作为期权池，意味着要对三个股东名下的股权进行二次调整，即便前期达成了一致，但真正调整时有的股东会感觉自身利益受到了侵害，从而产生抵触情绪，增加沟通和操作的难度。此外，调整股权意味着股权转让，会触发纳税义务，增加税负成本，而且对于转股价格如何确定、产生的税金由谁来承担，还可能会出现新的争议。这都是非常现实的问题。

减资处理尽管比较烦琐，尤其是在企业存在外部债务的情况下，需要事先得到债权人的认可，或者提前偿还债务，或者提供担保，但减资一般不会增加税务负担，当然，这需要提前规划。并且，新设立的300万元期权池可以在当前的股权结构中灵活设计，达到股东预期，并在未来股权二次分配时将股东的税负成本降到最低。从内部的配合上看，由于新设立的期权池不归任何股东所有，在分配时自然也不会直接触动股东的既得利益，这就在很大程度上降低了股东的抵触心理，让股权调整可以相对顺利地进行下去。

第三，行权股东是否有足够的出资能力和风险承受能力。《公司法》（2023年修订）要求有限公司的认缴出资期限不超过5年，并取消了发起设立股份公司的认缴制。这对于认缴额较大的股东而言，大大增加了其按期足额出资的压力。一旦企业出现债务到期无法履约的情况，股东可能还要加速出资到期。

因此，设定期权池的大小应考虑到股东的出资能力和风险承受能力，提前进行沟通和评估。否则，若股东达到了行权条件却因为出资能力不足而被迫放弃行权，就会从根本上削弱股权调整对股东的激励作用和对企业价值的促进作用。

第四，判断对控制权的影响。对大股东或相对大股东而言，动态调整股权有可能使其失去控制地位，尤其是在股权比例较为平均的情况下。尽管股权动态调整的初衷是认可股东的人力资本贡献，推动企业的持续发展，但如果大股东对控制权的担忧未得到消除，动态股权调整就可能无法组织和实施。

因此，站到大股东的角度上，可以从两个方面入手。第一，通过股权结构设计，达到分股不分权的目的，即股权可以分配，但控制权的归属不会改变。第二，提前与其他股东沟通，或者修改公司章程，或者建立一致行动人关系，或者签署委托投票权协议等，保证自己的控制权不丢失。具体可参考本书第2章的相关内容。

4.2.3.3　设定里程碑

股权动态调整中的里程碑，可以理解为企业为了实现中长期目标而设定的阶段性目标。例如，收入达到多大规模，实现多少利润，完成哪些关键技术等。显然，里程碑指的都是企业层面的目标。达到了里程碑，意味着企业的竞争能力有了实质性的提升，并通过一个个里程碑的实现，达到企业的整体目标。

但里程碑该如何设计？这跟企业确定的中长期目标和当前面临的核心任务有关。

例如，A 公司确定 3 年后的业绩目标是实现收入 2000 万元，利润 500 万元，那么就可以把三年的任务进行分解，如：第一年收入目标是 500 万元，利润目标是 100 万元；第二年收入目标是 1000 万元，利润目标是 200 万元；第三年收入目标是 2000 万元，利润目标是 500 万元。换言之，每一年的收入和利润目标就是三个里程碑。

当然，实务中里程碑目标并不唯一，可以据实选择。对于初创期和成长期的企业而言，健康的现金流可能比收入和利润更加重要；而对于一些快速发展的企业而言，除收入和利润外，市场占有率、客户规模、成长性等也都可以纳入里程碑的选择范围。若为高新技术企业，则一些关键技术的突破时间、科技产品小试和量产的时间节点等，也一样可以纳入里程碑。

可见，里程碑往往是多个指标的综合体，其目的是保证企业在核心利益上分阶段有重点地有序推进，平衡发展。但需要注意的是，一个里程碑包括的指标不宜过多，一般以三个为宜，且指标之间尽量不要重叠，避免重复考核，误导股权分配。

当然，也有企业将某个阶段的里程碑确定为单一目标，例如收入规模，或者利润规模，或者成长性，以聚焦核心，着力发展。只要里程碑的选择贴合企业实际，并服务于企业的整体目标，这自然也是可以的。

4.2.3.4　确定股东的贡献点，量化贡献值

里程碑是公司层面的阶段性目标，而股东的贡献点是为实现里程碑而制定的个人绩效目标，两者是统一的。

一般而言，对股东贡献点的识别往往可以将职务重要性、履职结果、投入时间、独立事项等作为加分项，将职业道德、造成损失等作为扣分项，两者之和为全部贡献点。然后，对不同贡献点分别赋予权重，并根据执行结果进行打分，得出贡献值。最后，根据每个股东的贡献值占全部贡献值的比重，乘以本次释放的股权，得出自己可行权的股权数量。如表4-1所示。

表4-1 股东贡献值统计

贡献点	具体内容	打分标准	权重	执行结果	得分	甲	乙	丙
职务重要性								
履职结果								
投入时间								
独立事项								
小计								
职业道德								
造成损失								
小计								
合计								

例如，公司本次拟释放100万元股权，甲乙丙三位股东的贡献值得分分别为20、30和50，则占比分别为20%、30%和50%，对应可以获得的期权分别为20万元、30万元和50万元。

在实务中，还需要注意以下三个方面。

第一，股东获得期权的前提是公司达成了里程碑目标。换言之，在公司未达标的情况下，股东对公司的履职结果在整体上是不合格的。当然，这不能排除公司未达标来自不可控的客观原因。但如果公司的预期目标没有实现，却认可了股东对公司的人力贡献，这并不合理，而且一旦作出认可的决定，可能就会给股东造成误导，即公司目标是否完成不重要，只要完成了自己的任务就可以获得期权，这会引导股东各自为战，其至相互拆台，最终损害公司整体利益。

当然，一刀切容易伤害部分股东的积极性，也由全体股东承担了个别股东的低效或不作为带来的不利后果。因此有的企业规定，公司层面的里程碑未达标而股东个人绩效达标的情况下，达标股东可以获得部分期权。例如，里程碑目标完成了 80%，对达标股东释放的期权最多只能有 80%，即 100 万元的期权只释放 80 万元，剩余的 20 万元留在期权池中，滚动计入下一期的分配基数。

第二，并非只有参与企业运营管理的股东才有参与期权分配的资格。

理论上，只有在企业中任职的股东才有获得期权分配的资格，不参与管理的股东不能参与分配。但这可能会促使一些股东为了获得分配资格，强行在企业中任职。这对于企业而言往往是弊大于利的。

因此在实务中，不能简单以是否参与运营管理作为期权分配资格的分界线，而应突出股东是否对里程碑目标做出了贡献。换言之，即便不在企业任职，只要为企业做出了相应贡献，依然可以获得期权分配的资格。

当然，股东是否任职也很重要，是全职还是兼职，也应一并纳入贡献点的考虑范围，但占比不宜过高，即突出功劳，兼顾苦劳。

第三，考核要考虑到特殊情形。例如，研发类股东的价值贡献在技术成果尚未投入市场之前很难具体量化，更难在当期体现出来，但研发工作对公司的价值贡献往往是巨大的。因此，对于类似较为特殊、价值难以迅速量化的股东贡献，可考虑单独预留一部分期权额度，只将剩余期权在其他股东之间进行分配。预留额度可根据项目进度逐步释放，也可以待项目完全完工后根据效果予以释放。

4.2.3.5　动态记录并形成贡献值统计表

根据设定的个人绩效目标，对股东的各项工作结果进行统计、评估和记录。工作要做在平时，最好以月度为单位开展，避免过程记录不清，引起股东之间不必要的误解和矛盾。

形成的记录要纳入股东贡献值统计表，最终呈现的结果是甲、乙、丙三个股东每个月的工作输出和量化评估，以此计算出各自的贡献值。表格内容应在股东内部公开，做到考评过程公开透明，并接受股东的质询。

4.2.3.6　股权核算和兑现分配

根据本期应释放的期权盘子与各股东的贡献占比进行期权分配，并约定股东的行权时间。如果未在规定时间内行权，理论上视同放弃，被放弃的期权滚动计入期权池，参与后期分配。

4.2.3.7　股东会决议和工商变更

在确定了股东行权数量和时间的前提下，召开股东会会议，履行相关程序，形成决议，并修改公司章程。如果股东内部存在特殊约定，可通过股东会决议或章程修正案予以明确。

实务中，期权池往往由某个股东代为持有，其他股东行权时表现为股权转让，因此需要同步考虑股权定价、转让价款的交割、税务成本等内容，并提前在股东内部达成一致。

之后，报送税务机关拿到完税证明后，再履行工商的变更程序。

4.2.3.8　持续滚动调整

股权动态调整的跨度往往在三年以上，通过相对长期的贡献来综合评定股东的人力资本。若以年度为考评周期，则理论上每年都需要对股权进行一次调整，这就形成了持续滚动调整。

实务中，有的企业严格按照年度结果予以兑现，坚持立奖立罚的调整导向，也有的企业采用年度登记、分步兑现的方法。例如设立三年的考核期，第一年只内部登记但不兑现，第二年根据前两年的综合结果予以兑现，第三年兑现第三年。这样的好处是拉长了兑现周期，减少了股权变动的次数，也降低了变更成本；但不利的是延长兑现会造成一定程度的利益脱节，引发股东争议，即无论是行使股东权利，还是获得股权利益，都可能会侵害贡献多股东的应得利益，从而导致不满甚至反对。

4.3 股权动态分配机制的实务运用

仍以 A 公司为例，甲、乙、丙三个股东决定设立期权池，并根据股东的人力资本贡献对股权结构进行二次调整。

4.3.1　确定期权池的大小

A 公司当前的注册资本为 1000 万元，考虑到公司对股东人力资本的依赖程度、当前注册资本的规模、股东的出资能力和风险承担能力等，同意增设 300 万元的期权池。设立完毕后，公司的注册资本为 1300 万元。

4.3.2　选择期权池的持股主体

期权池对应的是股权，股权必须有持股主体。实务中，可以选择由某个股东代持，也可以单独设立一个公司或合伙企业代持。形成的股权结构如图 4-1、图 4-2 和图 4-3 所示。

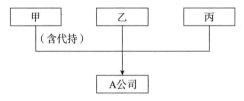

图 4-1　自然人股东代持

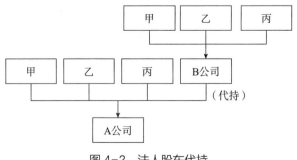

图 4-2　法人股东代持

117

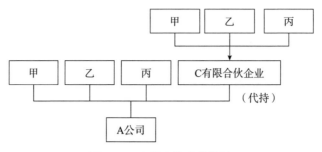

图 4-3　有限合伙企业代持

4.3.2.1　自然人股东代持

自然人股东代持是实务中运用较多的方法。股东之间存在信任基础，容易确定代持人，且操作较为简单，直接由股东甲单方面增资即可。

在本例中，增资完成后，由甲代为持有 300 万元的股权，但甲既不拥有 300 万元股权的表决权，也不享有 300 万元股权对应的分红权和其他股东权利。换言之，甲、乙、丙三人仍以原有的 1000 万元注册资本所对应的出资比例行使股东权利和享有股东利益。

4.3.2.2　法人股东代持

与自然人代持相对应的是由法人代为持有。

例如，新设一个法人 B 公司代持 300 万元的股权，而 B 公司的股东依然为甲、乙、丙三人。至于 B 公司的股权比例，既可以自行协商，也可以参照原有 1000 万元注册资本所对应的股权比例设定。需要注意的是，B 公司属于代持身份，不行使股东权利，也不享有股东回报。

为什么选定法人股东代持呢？主要考虑到降低股权转让的负面影响，并保持税负弹性。

在自然人代持的模式下，股权调整必然需要在甲、乙、丙三个股东之间重新分配，影响的是 A 公司的股权结构。若 A 公司存在大额银行贷款、外部重大合作或资本运作的情况下，股权比例的调整可能会给利益相关方造成误解，甚至会因为外部利益相关方的顾虑或压力而限制股权调整，制约股权调整的进度。而设立了 B 公司之后，三个股东只需在 B 公司层面调整股权比例，并不影响 A 公司的股权结构，可以把负面影响降到最低。从税务成本上看，A 公司是生产经营主体，直接调整 A 公司的股权会触发纳税义务，而 B 公司仅为持股主体，本身没有生产经营活动，因此，股权调整涉税存在一定的弹性空间。

4.3.2.3　有限合伙企业代持

用有限合伙企业作为代持，一样可以实现股权在不同股东之间的二次分配。

实务中，采用有限合伙企业代持的常见场景是，一致同意由某个股东作为 GP，这个股东往往是大股东，且他的能力水平、敬业程度等得到了全体股东的认可。如果股东内部无法达成一致，则有限合伙企业就难以运用；如果强行确定，可能还会加大股东内部的分歧。

4.3.3　保证股东个人 KPI 与公司价值的呼应关系

股东个人的 KPI 如何设定，是股权二次分配的核心，也是股权动态调整中的难点。每个企业的情况不同，发展阶段和设定的里程碑不同，决定了股东的 KPI 也不同。

但从共性角度上看，有以下四点可以参考：

1. 公司目标决定了股东的个人目标

目标管理法（MBO）和关键绩效指标理论（KPI）是推行公司目标落地的常用办法。目标管理法的核心是，不是有了工作才有目标，而是有了目标才有工作，因此公司层面的目标必须分解下去，并进行考核和奖惩。在股权动态调整中，公司层面的目标可以理解为确定的一个个里程碑。

对应到股东层面，个人 KPI 是公司里程碑的承接。换言之，只有服务于里程碑的工作输出，才能纳入股东的 KPI，才能作为股东的贡献值参与股权的二次分配。

2. 聚焦核心，提炼股东的 KPI 指标

股东的个人目标该如何确定？一般采用鱼骨图法进行。

所谓鱼骨图法，是对问题层层分解，以找到根本原因的分析方法。

核心问题就是鱼头，导致问题的原因可能有很多，构成了大的鱼刺，而每个问题的背后可能还有子问题，构成更小的鱼刺。把所有问题列示出来，其形状就像鱼骨，故被称为鱼骨图。如图4-4所示。

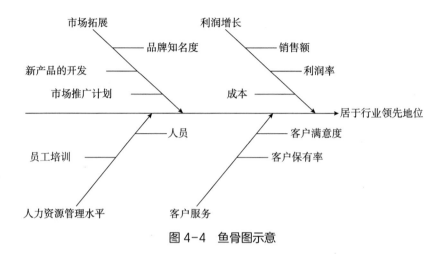

图 4-4　鱼骨图示意

在实务中，鱼骨图不仅用于剖析问题，还用于聚焦核心目标，高效分解任务。例如，公司确定的目标是居于行业领先地位，要从四个方面做起，包括利润增长、客户服务、市场拓展和人力资源管理水平，然后确定更具体的任务目标，例如销售额、利润率等，层层分解，形成各责任主体的KPI指标，致力于总体目标的实现。

在股权动态调整中，也可以利用鱼骨图法寻找企业达到核心目标的关键要素。大体步骤如下。

第一步，梳理出关键要素，画出鱼骨图的大结构，并明确各要素的主次关系。

第二步，对关键要素进行拆解，分析哪些地方做得比较好，哪些地方做得还不够好，不好的地方对核心目标的影响有多大，并作出初步判断。

第三步，分析当下的优势能否继续保持，如何才能保持，预计还能保持多久。

第四步，不足之处的原因是什么，预期目标是多少，如何改进和提高，是否具备能力和条件。

第五步，假设不足之处得到改善，能否帮助企业实现预期目标，如果不能，还欠缺哪些关键要素。

在分析过程中，不仅可以识别出企业成功的核心要素，还能发现制约企业发展的短板和不足，后者尤其重要。在此基础上，将公司目标与股东个人的贡献点结合起来，对股东提出更高的价值创造要求，就构成了股东的个人 KPI 指标。原则上，KPI 指标要具体、明确、可量化，才能纳入股东的贡献点和贡献值的统计。

3. KPI 中应纳入定性考核部分

股东是公司的所有者，无论在公司中担任何种职务，其一言一行都会对公司造成影响。因此，对股东的定性考核也很重要。例如，不得拉帮结派，不得言语欺凌或打击报复，不得诋毁公司声誉等，这些属于扣分项。如果存在职务侵占等违法违规行为，可以一票否决，甚至可约定股东无条件退出公司。

实务中，也有公司将定性指标作为加分项，例如客户满意度、品牌美誉度、团队梯队建设、员工满意度等，但这些指标的评价较为主观，评价依据不扎实，且股东之间难以横向比较，导致结果容易受到质疑甚至挑战。因此，往往会将定性指标作为风险管控指标，是股东行为规范的底线。触犯了，扣分；不触犯，不扣分。

4. 利用好权重分配，适时调整股东的考核导向

股东的 KPI 指标是为了配合公司目标的实现，但在不同阶段，公司的发展重点会有所调整。例如，在初创阶段会侧重于扩大收入，在相对稳定阶段会侧重于提高利润率和现金流等，这就要求股东的工作重点也要随之变化。

体现在股东的贡献值结果上，一个是调整 KPI 指标，另一个是调整 KPI 指标的权重。

实务中，除非有重大变化，股东的 KPI 指标一般不作大的调整，主要调整的是权重。例如，销售规模和利润率都是负责营销股东的 KPI 指标，但在初创阶段，赋予销售规模的权重较大，而在稳定阶段会提高利

润率的权重。对应到股东的考核结果上，其工作重点与结果输出就直接构成了贡献值的得分。

4.3.4 量化股东的价值贡献，在多个股东之间分配股权

确定了股东的KPI之后，下一步就是评估和量化。

股权动态调整机制的分配基础是根据股东的贡献值占比，分配本次释放的股权。因此，不仅要对单一股东的KPI结果计算出贡献值，还要将多个股东的贡献值进行横向对比，才能确定股东的分配比例。

实务中，公司层面的里程碑和股东层面的个人贡献存在强因果关系，但股东之间的横向对比并不容易。例如，不同股东的KPI对公司里程碑目标的影响程度不同，不同股东KPI的实现难度也不同。同样是工作，谁的工作结果对应的贡献更高，这是股东博弈较为集中的地方。

首先，博弈会伴随讨论和分析，在保护股东个人利益的同时，也会让股东更加聚焦公司的核心问题和关键价值创造点，统一认识，减少后期的执行分歧。其次，良性博弈有利，无理取闹有害。凡是不以公司利益为出发点的博弈，更多的是谋求个人私利，对公司是没有价值的。再次，价值量化不可能做到绝对公平，但应保证过程公开、结果透明，并接受股东质询。最后，设立特殊奖励点，例如超额完成任务，超出职责范围完成或协助完成某些重大事项等，应单独计算贡献值，鼓励股东争当先进，推动公司更好发展。

4.3.5 处理好税务和法律问题

股权调整的形式就是股权转让，而转让必然伴随资金问题、税务问题和法律问题。

仍以A公司为例。假设经过一个里程碑的考核，股东乙可以获得50

万的股权，但该股权由甲代为持有。在股权调整时就表现为，甲将 50 万股权卖给乙，这就构成了股权转让关系。

4.3.5.1　股权定价、价款收取和税务问题

二次分配的股权定价常常以注册资本或净资产为准。若以注册资本定价，则应按照 1 元 1 股的价格，乙以 50 万元的价格购买 50 万的股权；若以净资产定价，则购买价应为转股数量与转让时每股净资产价格的乘积，可能高于 50 万元，也可能低于 50 万元。

此时就带来了两个问题：一是甲是否应该收取转让款，二是收到转让款后该如何处理。这要区分不同的情况。

如果甲转让的股权尚未完成出资，理论上应先完成出资，再转让股权，并收取转让款。若甲转让的股权尚未出资，法律是允许的，且转让定价可以自行协商，可以是 0，也可以是股权转让时对应的净资产金额，并据此收取转让款。但对于后续的出资责任，应在股权转让协议中明确由购买方乙承担，与转让方甲无关，划清责任。

笔者服务的客户中，有人认为未出资股权的转让价款不应为 0，理由是在转让时，股权可能出现增值，若按照 0 元转让，不符合实际情况。但从实务出发，如果按照溢价转让，甲就取得了溢价收益，但该股权并非归甲所有，只是代持性质。因此，甲占有股权溢价显然不符合实际。即便甲将收到的转让款交还给公司，也只能作为资本公积处理，好像是增加了股东的整体财富，但实际上却背离了股权二次分配的本质，因为股权调整仅限于股东内部，并不会让公司财富出现增值。此外，期权池的代持股权未来要分给哪个股东、分配多少并不确定，谁收取股权转让款也不确定。因此，从公平和实操上看，以 0 元转让更为可行。

若转让的股权已经完成了出资，甲收取转让款是应该的。若按照注册资本定价，转让款刚好弥补了甲的投资支出，是没有问题的；如果按照净资产定价，超过或低于 50 万元，就又回到了上述问题，即甲占有股权溢价或者承担股权损失是否合理，以及股权二次分配中的公平问题和操作问题该如何保障。因此，依然建议按照代持股东的实缴出资作为基础定价。

需要注意的是，无论股权如何定价，都属于股东之间的意思自治，

原则上应受到法律保护。但在税收征管中，股东的定价结果仅作为征税参考，而非直接作为计税价格。

假设乙获得了 50 万股权，且该股权并未实际出资，因此股东内部约定的行权价格为 0 元，即乙可以按照 0 元拿到股权，并承担后续的出资义务，这是合理合法的。但从 A 公司的净资产看，假设在股权转让日，公司的每股净资产增值了 2 元，即 50 万股对应的净资产增值了 100 万元，显然，0 元定价明显低于股权自身的价值，有失公允。

《中华人民共和国税收征收管理法》第三十五条规定，纳税人申报的计税依据明显偏低，又无正当理由的，税务机关有权核定其应纳税额。另根据《股权转让所得个人所得税管理办法（试行）》（国家税务总局公告 2014 年第 67 号）的规定，股权转让收入明显偏低且无正当理由的，主管税务机关可以核定股权转让收入。换言之，征税基础并非完全依赖于买卖双方议定的价格，如果价格明显偏低，税务机关可以自主核定股权的转让价格，并据此征税。

那么在何种情况下的股权转让收入为明显偏低呢？《股权转让所得个人所得税管理办法（试行）》第十二条列举了下列情形，只要符合其中之一，就视为股权转让收入明显偏低。

①申报的股权转让收入低于股权对应的净资产份额的。其中，被投资企业拥有土地使用权、房屋、房地产企业未销售房产、知识产权、探矿权、采矿权、股权等资产的，申报的股权转让收入低于股权对应的净资产公允价值份额的。

②申报的股权转让收入低于初始投资成本或低于取得该股权所支付的价款及相关税费的。

③申报的股权转让收入低于相同或类似条件下同一企业同一股东或其他股东股权转让收入的。

④申报的股权转让收入低于相同或类似条件下同类行业的企业股权转让收入的。

⑤不具合理性的无偿让渡股权或股份。

⑥主管税务机关认定的其他情形。

可见，第六条是兜底条款，赋予了税务机关更多的自由裁量权。

就本例而言，税务机关可以按照净资产对应的股权价值作为计税基础，即以 100 万元作为股权转让增值额，要求转让方甲按照 20% 的税率缴纳个人所得税 20 万元（100 万元 ×20%）。但这又引发出了两个问题：谁来承担税金？如何承担？这些还需要股东内部协商。因此，税负问题也是股权动态调整前需要一并考虑的。

4.3.5.2　法律问题

股东约定好的规则和结果，需要通过合规程序和法律文件确定下来。例如，股东议定的动态调整方案应通过股东会决议的方式予以明确，并保证股东会的召集程序和表决内容均符合法律规定；股权二次分配时应履行规定的决议程序，股东之间要签署股权转让协议，行权完成后应按照规定办理工商变更登记等。

在股权转让协议中，除对交易内容进行约定外，还应对认缴资本的后续出资问题、转让款收取问题、税负承担问题等进行约定，避免理解歧义和执行偏差，必要时还应约定未履行上述事项的违约责任。

另外，要关注程序的合规性。《公司法》（2018 年修正）第二十二条规定，股东会或者股东大会、董事会的会议召集程序、表决方式违反法律、行政法规或者公司章程，或者决议内容违反公司章程的，股东可以自决议作出之日起六十日内，请求人民法院撤销。可见，如果上述事项未按程序召开股东会议，或者股东会议未对上述事项进行表决，或者表决结果未达到《公司法》（2018 年修正）或者公司章程规定的通过比例的，股权调整就存在法律瑕疵，持有不同意见的股东可以申请撤销。且一旦已经实施的股权分配被撤销，无论对股东还是对公司，都会造成不利后果。

4.3.6　股权动态调整带来的影响和作用

股权动态调整除具备上述优势外，还能有效提升企业的核心竞争能力。

4.3.6.1 发现能人，留住能人

股权动态调整的本意是识别股东的人力资本贡献，通过股权二次分配更好平衡股东利益，推动公司持续健康发展。而股权动态的评估过程，也正是公司发现能人的最好机会。

马云和任正非都是优秀的企业家，但如果把两个人的位置调换一下，他们的企业是否还会取得如此大的成就？估计不会。所谓的优秀是在特定场景下个人与企业的最佳匹配，适合才是最好的。因此，在多个股东持股的场景下，有的股东因为有成功创业的经历，或者拥有更好的工作履历，抑或拥有更高的学历职称，好像理所应当就更加重要，更能为公司创造价值。而股权动态调整提倡的是以结果说话，公司更依赖谁，谁就更重要，谁为公司创造的价值越多，谁的贡献值就越高，分到的股权就越多，这恰恰是真实的公平。

也只有在这样的公平环境下，有能力的股东才有积极工作的动力，才愿意留下来发挥更大的作用。而作为大股东，需要对这些股东格外重视，甚至要适度"偏袒"，为他们的工作开展扫除障碍，保驾护航，而不能纠结于大股东一言堂的地位，或者陷入心理落差，不愿意放权，这是舍本逐末的，因为这并不能为大股东和企业带来价值。

从长远看，尊重人才、善用人才，会为公司带来更多的人才。当人力资本成为公司的核心竞争优势之一时，无论是产品和服务的实力、管理能力、配合效率还是决策能力，都会持续提高，公司也必然会在市场中获得更多的回报。

4.3.6.2 稀释贡献值低的股东的股比，降低其话语权

没有创业激情、无法持续为公司创造价值的股东，得到的贡献值必然低，哪怕平时表现得再努力，伪装得再周密，在结果面前都会暴露无遗。由此可以延伸到，对于一些看似有实力，但贡献值低的股东，应适度降低他们在相关领域的话语权。这是实务中的经验总结。

在笔者服务的企业中，遭受的重大损失往往是由决策失误造成的，尤其是当大家对一项重大决策缺乏清晰认知和准确判断时，某个股东的意见就发挥了重要作用。之所以能得到大家的认可，在一定程度上就是

基于对这个股东能力的信任。即便决策失误，大家也习惯从其他地方找原因，淡化这个股东的责任，而后果则由全体股东承担。如此下去，公司为了识别出该股东真实能力的高低，还要支付更多的学费。

而引入股权动态调整机制后，就可以通过股东的贡献结果进行比较和判断，多听取高绩效股东的意见，谨慎对待低绩效股东的意见，会让公司少走弯路，少一些损失。

4.3.6.3　建立并强化目标导向的绩效考核机制

如果股东需要对公司的里程碑承担 KPI 指标，相信公司各部门、各关键岗位人员也必然要承担 KPI 指标。这些 KPI 串联到一起，就是公司整体的 KPI。

有的企业尽管也有 KPI 考核，但效果不佳，或者流于形式，或者偏离公司当前的价值目标。究其原因，主要是决策层只是把 KPI 当作考核工具，却没有打通公司总体目标与各部门 KPI 的内在关系，以及各部门 KPI 之间的联动关系。看似都在追求价值，实际上是在各自为战。而股东层面的 KPI 和贡献点，一头要和公司目标紧密绑定，另一头要深入到各个业务单元和关键岗位人员身上，相互关联，形成合力，这恰恰是不少企业的绩效体系中普遍欠缺的。

4.3.6.4　聚焦企业整体利益，把蛋糕做大

股权二次分配在实务推广中之所以受到一定的阻碍，很大程度上是因为二次分配会导致一些股东名下的股权变少，认为自己的利益受到了侵害。这种想法更多是基于存量博弈，即别的股东的股权多了，自己的股权就少了，这对提升公司整体价值并无益处。

良好的股权二次分配，目的是做大蛋糕，从而带动各股东名下股权的增值。如果蛋糕做不大，个人名下拥有再多股权，也不能带来真正的价值回报。但在实务操作上，也需注意方式方法，少做减法多做加法，即尽量不要调整股东的股权存量，而是调整股东的股权增量。预留期权池的方法就是做加法，在保持原有股权比例不变的情况下，谁干得好，谁就能多拿，干得不好，就少拿或者不拿，从而实现股权的二次调整。

4.4 股权激励的组织与实施

随着股权激励在实务中的普及，很多企业在遇到如何凝聚团队、如何留住关键人才的问题时，自然会想到股权激励。但笔者也发现，不少采用了股权激励的企业，并没有达到预期效果，甚至与激励初衷背道而驰。这也说明，股权激励与留住人才、发挥团队潜能并无必然的因果关系，换言之，股权激励是一个工具，如果脱离了适合的环境，工具可能就是无效的。

4.4.1 股权激励是一个工具

4.4.1.1 股权激励的内涵与对象

首先，股权激励一般是指以授予股权的方式，让激励对象持有股权而成为公司的股东，通过双方利益的深度绑定，激发激励对象的工作动力和工作输出，为公司创造更高收益，实现公司与个人的双赢。其中，授予股权分为有条件授予和无条件授予。无条件授予可以理解为股权奖励，肯定的是激励对象的历史成绩，看重的是过去；而有条件授予看重的是未来，即只有激励对象达成了预期目标之后才能真正拿到股权。在实务中，有条件授予运用较多的方式是激励期权和限制性股权。此刻，股权激励就是企业股权资本与员工人力资本的交换。

其次，如同股权动态调整一样，股权激励也是以股权为工具，其目的都是推动企业价值与个人回报的双向提升。但不同的是，股权激励的对象侧重于公司员工，股东一般不参与。在实务中，也有少数公司将股东纳入股权激励的范围，其考虑是股东在公司任职，应该与员工一样进行激励，但容易给员工带来误解，认为在存量分配中，股东可能会利用其身份挤压员工应得的股权，公平性难以保障，降低员工参与的积极性。

再次，并非所有员工都适合作为股权激励对象。有的企业推行全员股权激励，看似公平，但实际上并不利于营造争先创优的竞争文化，甚至会形成吃大锅饭的不良氛围。因为从价值创造本身看，支付给员工的薪酬就是对员工付出劳动的价值补偿，双方是等价交换。而股权激励是对企业价值发挥重要作用员工的额外激励，持有的股权不仅可以参与企业剩余价值的分配，获得分红，还存在巨大溢价的可能。因此，股权回报只适用于特定的、预期贡献高的员工，例如核心技术人员、核心管理层等。换言之，只有这些员工的利益得到了保证，他们的积极性被调动了起来，才能为企业创造更大的价值，而其他员工也会随着企业的发展而受益。

最后，对兼职人员、外部顾问、外部的资源提供方等，一般不建议作为股权激励的对象。

4.4.1.2　股权激励的应用场景

股权激励是以稀释原有股东股权为前提进行的股权分配，股东拿出股权进行激励，期待员工能创造更高回报。但员工是否认可和接受这一激励方式，直接决定了激励效果。换言之，如果股东给的和员工想要的根本不同，股权激励更多是股东的一厢情愿，效果无法保证。

为什么员工愿意接受股权激励呢？根本原因是，员工可能会在预期时间内获得更大程度的股权价值回报，或者是丰厚的分红，或者是股权增值与变现带来的资本溢价。对绝大多数公司而言，分红往往很少甚至没有，即便有，分配给员工的也非常有限。因此，员工普遍更期待的是后者，即股权增值与变现带来的回报。而要达到这个目的，需要公司已经有明确的上市计划，进入上市进程之中，或者未来可能会被溢价收购。

因此，股权激励的常见场景是，员工从内心已经认可公司股权在未来可以溢价变现。此时，授予股权才能实现企业价值与员工个人预期的深度绑定，员工才会愿意按照公司意图进行超额付出。

实务中，有的股东认为这个场景是将员工一律界定为利益短视化，即只有短期内有利可图，员工才愿意多付出，却忽略了公司文化和价值观对员工的正面影响，以及员工对公司的忠诚和认可。当然，不排除在一些优秀公司中，员工已经形成追求卓越的工作态度和自发自觉的工作习惯，但这与员工追求短期利益并不矛盾。如果能让员工在付出的同时，还可以在更短时间内获得更多回报，这本身就是公司对员工的肯定和鼓励，不仅有利于彼此的双赢，也有利于营造积极的激励导向，引导更多员工主动为公司事业做出贡献。

4.4.1.3 不能忽视现金激励的效果

股权激励是方式，激励效果是目的。如果达不到预期目标，激励方式就是无效的。

在帮助企业开展股权激励之前，笔者团队都会对企业的核心员工进行访谈，了解他们对企业发展的预期，以及对个人回报的看法。不少企业的员工表示，相比股权激励，现金奖励才是他们需要的。因为即便公司进入到上市进程，也不必然就会上市成功，而拿到现金是实打实的，更何况很多打算做股权激励的企业并没有上市计划，或短期内没有资本化意图。

反观企业股东，他们做股权激励的目的，是希望核心团队与自己一起分担经营压力，共同分享回报，而股权激励更多是作为利益分配的依据。例如员工张三和李四，因为股权激励拿到的股权比例不同，在日后发奖金时可以此为标准，甚至有的公司希望以股权替代奖金，或者变相集资，这都背离了股权激励的初衷。这在稀释股权和增加股权风险的同时，也难以实现股东的预期目的。

因此，在多数情况下，现金激励发挥的作用更大，结果更直观，但激励效果往往是短期的。因为现金激励侧重即时性，达到了预期目标就应该奖励，导致员工难以站到公司长期发展的角度上平衡利害关系，这也是一些学者认为现金激励不够理想的主要原因。但在笔者看来，公司长短期利益的合理均衡本就不是员工的责任，而是以大股东为首的决策层的责任。换言之，公司为员工制定的考核指标就应了长短期利害关系考虑。理论上，只要员工完成考核指标，就可以实现公司价值的最大化。如果达不到，首先应检讨的是考核导向与考核指标设置的合理性。

此外，现金激励与股权激励并不矛盾。公司可以据实选择，也可以合并采用，但一定要尊重员工的个人意愿。即便只采用现金激励，也可以参考股权激励的授予标准，即通过对员工贡献的量化，形成分配标准，并据此发放奖金，鼓励大家追求高业绩，达到多劳多得、少劳少得、优胜劣汰的激励效果。

4.4.1.4　重视对员工的引导

引导员工并不是单纯给员工画饼，营造虚幻的未来，而是让员工客观看待股权激励，平衡好个人的长短期利益。公司推行股权激励的初衷，是通过利益绑定实现企业和个人的双赢，追求的也是长期回报。这一点要得到员工的理解和认同，以减少在执行过程中的误解和纠纷。

但在短期内，员工一样有利益回报的诉求。因为股权溢价变现往往是长期的，可能会让员工感觉到未来过于遥远，从而产生懈怠心理，弱化股权激励的效果。因此，在员工持股期间，应通过适度分红的方式，让员工得到回报，维持和提振员工信心。同时，也要让员工认识到，分红会减少企业净资产，从而降低股权溢价，长期来看对员工不利。最为理想的结果是，引导员工达成是否分红、分红多少的意愿，让员工自行平衡个人的长短期利益。这样既减少了员工与企业的沟通成本和可能的摩擦，也提高了员工作为股东的主动权和工作的积极性。

4.4.2　股权激励的七个关键点

股权激励本身并不复杂，但需要结合公司的实际情况，例如释放多少股权，怎么释放，被激励对象如何才能拿到股权，中途退出的股权怎么办等。

4.4.2.1　释放多少股权，怎么释放

释放多少股权应因地制宜，没有绝对的标准。

一般情况下，股权释放比例不超过 15%，即激励股权占全部股权的比例不超过 15%。但在依赖人力资本较多的企业中，可以适度提高激励股权的比重，到 30% 甚至 40%。

在实务中，可参考以下三个原则。

第一，不能动摇股东对公司的控制权。股权激励往往会导致原有股东的股权被稀释。如果稀释比例过大，且未作股权结构安排，就存在大股东失去控制权的风险。

假定大股东甲持有 A 公司的股权比例为 60%，若计划释放的激励股权为 20%，则甲的持股比例将会被同比例稀释到 48%，可能就会失去控制权。若要保持甲对公司的控制，即稀释之后甲的持股比例依然在 50% 以上，则最多应释放 15%，此时甲的持股比例由 60% 下降到 51%。当然，这并未考虑股权结构的特殊性安排。

第二，选择恰当的释放方式。激励股权可以采用原有股东转让和增资扩股两种方式。原有股东转让股权可能触发纳税义务，因此，在实务中运用较少，绝大多数企业都会选择增资扩股。

所谓的增资扩股，就是以新增股东的方式增加公司的注册资本。例如 A 公司的注册资本为 100 万元，计划释放 20% 的股权，则需要增加注册资本 25 万元，即完成增资后，公司的注册资本金提高到 125 万元，其中激励股权为 25 万元，占 125 万元注册资本的 20%。

第三，释放股权要对激励对象有足够的吸引力。在员工认可股权激励的前提下，要确保授予员工的股权符合员工的预期。

在笔者服务的企业中，有的企业拿出 5% 左右的股权进行激励，而确定的激励对象约 20 人，平均到每个人只有 0.25% 左右。如果按照净资产折算，每人持有的股权价值约为 1.25 万元（激励时公司净资产约为 500 万元），激励效果非常有限。但公司为此投入了大量的精力，且原有股东的股权也被稀释。

反之，股权释放得越多，对员工的吸引力越强，但可能会超过员工做出的价值贡献，侵害原有股东的利益，甚至会大幅改变股权结构，动摇大股东的控制权。因此，释放过多和过少都是不利的。

实践中，可以采用主观了解与客观测算相结合的方法确定释放股权的额度。

主观了解包括内外两个方面：内部了解主要通过访谈、调查问卷等方式掌握员工的需求，而员工往往会按照可能拿到的激励股权所对应的净资产值，折算出股权价值，判断与自己的预期是否相符；外部了解则是对比同行业的平均水平，判断激励股权的额度与比例是否适当。而客观测算则通常建立在实施股权激励后的价值增量上。假定公司当前的利润为 1000 万元，三年后的目标利润为 3000 万元，则增量为 2000 万元。在不考虑利润受外部环境影响和自然增长的前提下，按照利润的一定比例，假如为 30% 即 600 万元，确定拟实施激励的股权价值，再根据当前每股价值计算出拟激励股权的数量，在员工之间进行合理分配。这样做的好处是保证授予员工的股权建立在价值增量的基础上，构建业绩增量与员工激励的正向关系，也不会因为过度释放股权而侵害原有股东利益。业绩目标越高，授予员工的激励股权就越多，反之，如果未完成设定的目标，授予员工的激励股权则应适度缩减甚至取消。

4.4.2.2　激励股权的代持主体是谁

实务中，股权激励往往与员工未来的业绩结果挂钩，达到目标之后才予以兑现。因此，设立激励股权之后，一般先由其他主体代为持有，例如大股东代持，或者单独设立一个持股主体代持。

（1）大股东代持

目标公司有甲、乙、丙三个股东，如图 4-5 所示。其中，甲为大股东，由其代持激励股权。兑现激励股权时，再由甲将股权转让给员工。

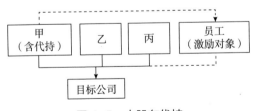

图 4-5　大股东代持

大股东代持的优势是，设立简单，只需要大股东单方面增资即可，增资部分属于代持的激励股权。不足是，第一，兑现激励时，大股东甲需要将代持股权转让给激励对象，可能会触发大股东的纳税义务，且产生的税金由谁来负担，会增加双方沟通的难度，也是实务中的争议点。

第二，兑现激励后，员工就变成了公司的直接股东，可以依法行使股东的各项权利，且涉及的人数往往较多，无论是履行股东会议程，还是形成股东会决议，都会大大增加协调难度。第三，股权激励的初衷是调动员工积极性，实现双方的利益绑定，显然，股权激励希望让渡给员工的是股权收益权而非股权背后的公司治理权和决策权。若员工直接持股，则赋予了员工过多的股东权利，而这些权利对公司几乎不产生增值。

因此，在实务中最为常用的方式是单独设立一个持股主体进行代持。一般分为两种形式，即有限公司代持和有限合伙企业代持。员工作为有限公司的股东或有限合伙企业的合伙人，不直接持有目标公司的股权，而是间接持股。这在保证其收益权的前提下，其他权利会被合理限制，就大大减少了大股东代持模式下的不足，也更符合股权激励的初衷。

（2）有限公司代持

在有限公司代持的股权结构（见图4-6）中，通过增资扩股的方式引入新股东，即A有限公司，并由自然人丁（或某股东）代持。在未来兑现激励股权时，再由丁等代持股东将股权转让给员工。

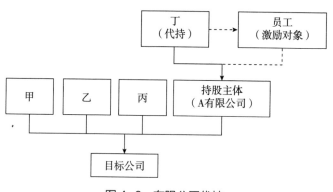

图4-6　有限公司代持

这样的好处是，兑现股权不会对目标公司的股权结构产生影响，且员工持有的是A公司的股权，其行使的股东权利也仅限于A公司层面。即便参与激励的员工数量众多，原则上也不直接影响目标公司的决策和治理。不足是，转让代持股权依然可能会触发纳税义务，且如果未做股权结构安排，员工可能会控制 A 公司，继而间接影响目标公司的决策。

（3）有限合伙企业代持

与有限公司代持一样，通过增资扩股的方式引入新股东 B 有限合伙企业，作为员工激励的持股平台，如图 4-7 所示。

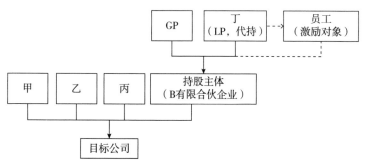

图 4-7　有限合伙企业代持

其中，以某股东或某股东名下的持股主体作为 GP，则该股东可以自然实现对 B 有限合伙企业的完全控制，而员工作为 LP，获得的仅为合伙收益，这就避免了因股权激励导致的控制权分散风险。与此同时，兑现激励也是在合伙人之间展开的，不对目标公司产生影响。不足是，转让代持合伙份额依然可能会触发纳税义务。

三者对比来看，有限合伙企业代持最能满足股权激励的要求，因此也是实务中运用最为广泛的持股主体。

4.4.2.3　激励对象是谁

股权是稀缺的，对公司发展有重要作用的员工也是稀缺的。只有将两者结合到一起，实现利益的深度绑定，才可能达到股权激励的目标。

对员工而言，一般可分为三类：高管、中层干部和普通员工，也有企业将其分为核心人才、骨干人才和普通员工三种。但无论如何分类，其目的都是识别出不同人才对公司发展的重要性和不可或缺程度，以确定其是否可以纳入激励范围，并设定不同的激励力度。

从实务上看，绝大多数企业将股权激励对象锁定在前两者之中，即重点关注员工所处岗位的重要性和能力贡献。与此同时，也需考虑以下三个方面。

第一，在公司的工作年限。

工作年限的要求意味着激励对象已经在公司中服务过一段时间，能融入到公司的运转体系中，并通过贡献验证了自身的价值。当然，工作年限并非红线要求，对于公司迫切需要的特殊人才可以适度放宽。

第二，认同公司前景，这是股权激励的红线要求。

即便在公司中身居高位或非常受重视的人才，可能也只是为了获得一个跳板或一份丰厚的薪酬，换言之，即便给了股权，其也不一定会重视，难以起到激励效果，这在企业中普遍存在。这也是为什么我们提倡在股权激励前要充分调研，提倡现金激励和股权激励要搭配进行，提倡股权激励要循序渐进、不搞短平快的原因。我们不能指望所有员工都能认同公司的前景，但可以通过提前了解员工诉求和拉长时间维度的方式，识别出哪些员工更适合其他的激励方式，而非股权激励，从而更好提高激励效果，同时也能有效减少因激励错位导致的公司与员工之间的内耗、误解甚至矛盾。

第三，培育符合企业发展方向的内部潜力股。

一般而言，高科技公司的激励对象侧重于研发人员，制造类公司的激励对象侧重于生产与管理人员，这跟企业所处的行业有关。而且，高科技公司在完成关键项目的研发后可能就会进入生产制造阶段，继而加大对管理人才的需求，而制造类企业也会在某个阶段加大对技术研发的投入，可见，企业对不同人才的需求是彼此转换的。因此，企业的持续发展，不仅需要对人才进行识别和激励，还需要源源不断的人才供给。就激励效果而言，对内部培育的人才实施股权激励的效果普遍好于外部招聘。对于工作劲头足、有想法敢负责的员工，即便现在尚不符合激励条件，也应该作为潜力股重点关注，为其创造机会和平台，培育和储备优秀人才。

4.4.2.4 激励对象如何才能拿到股权

激励对象拿到股权的前提一般有两个：一是，公司达成了预期目标；二是，激励对象完成了个人目标。前者可理解为公司层面的里程碑，后者为激励对象的个人 KPI，这与股东之间进行动态股权分配的逻辑是相同的。

对于激励对象而言，KPI 该如何设定呢？

首先，个人的 KPI 要服务于公司整体目标和部门目标，换言之，个人 KPI 的完成要有助于整体目标的实现。否则，原则上就不能纳入股权激励的考核范围。

其次，KPI 指标应突出量化结果，弱化主观判断。公开、透明、公正是股权激励顺利实施的重要基础，每个参与股权激励的人员都希望自己的贡献能得到公平对待。因此，任何主观判断对 KPI 结果的影响，都可能会受到激励对象的质疑，甚至破坏股权激励的效果。但在实务中，KPI 指标不可能完全由量化指标组成，例如价值观指标、职业道德指标、学习能力指标等，这些指标也非常重要。如何将量化指标和非量化指标组合到一起呢？采用较多的方法是将量化指标作为正向考核项，即根据量化结果计算得分，例如完成了目标的 90%，则该项目的得分就为 90分；而将主观指标作为扣分项或一票否决项，即如果出现了违反职业道德或不符合公司价值观的行为，则扣减相应的分数。两项综合之后的得分，就是员工的 KPI 结果。

最后，员工 KPI 指标的设定与公司的考核导向要保持强相关。管理人员的 KPI 指标往往较为综合，不仅要承担业绩类指标，还要承担管理类指标。而对于专业人员，KPI 指标应聚焦在个人能力的发挥上，例如，研发人员的 KPI 指标侧重于技术成果，销售人员的 KPI 指标侧重于业绩达成等。此外，纳入 KPI 考核的指标要适度聚焦，突出公司的考核导向，否则，可能会给员工带来困扰，不利于集中精力完成对公司最有利的事情。

实务中，还会出现公司目标未达成，而部分激励对象完成 KPI 指标的情况，此时该不该兑现激励呢？首先应明确的是，个人利益的实现建立在公司利益的基础上，两者是一体的，即利益共享、风险共担。如果不考虑公司目标的实现结果，只关注激励对象的个人利益，就意味着公司和现有股东完全承担了风险，显然是不公平的。其次，应区分公司未达标的原因，分别处理。如果是客观因素导致的，例如市场环境的不利影响，与员工的努力并无直接关系，则应酌情兑现部分股权，而不能将不利结果完全转嫁到员工身上，否则会大大影响股权激励的效果。如果是主观原因造成的，例如公司的重大决策失误导致目标未达成，建议全部兑现激励股权，但需要由相关决策者承担责任。

4.4.2.5　激励股权是否需要花钱买，以什么价格买

激励股权在兑现时，员工拿到了股权或合伙份额，成为股东或合伙人，自然需要支付相应的对价，这是毋庸置疑的。

但有的企业认为，激励是为了让员工更好工作，并非让员工出资购买股权，也避免员工产生误解。不出钱的股权激励，是单方面的利益让渡，即员工只享有权利却不承担责任，是否继续努力工作的选择权完全在员工，这既不合理，也难以达到长期激励的目的。这也是实务中为什么都在强调激励股权需要花钱购买的原因。

此外，有的员工说没有钱买。这一般有两种情况：一是真的没钱买，员工的收入都用来养家糊口；二是有钱但不愿意买。如果真的没钱买，公司可以考虑借钱给员工，但需要签借款协议并加收利息，看员工是否同意。如果员工不同意，往往意味着员工并不看好公司的未来，或者不想在公司长期发展，这与有钱但不愿意买股权的员工是相似的。在这种情况下，公司需要慎重选择对该类员工的激励方式，而非强行推行股权激励。

至于员工该用什么价格买，实务中有不同的处理方式。具体来说，主要包括以下三种。

一是按照净资产买。假设公司当前的净资产是100万元，某员工拿到了2%的激励股权，对应的净资产价值为2万元，购买价格应为2万元，这是较为合理的计价方式。因为公司形成的净资产来自现有股东的前期出资和累计利润留存，尤其企业在发展初期，股东承担了大量的风险，才有今天的积累。而后期加入的激励对象享有了与原股东一样的净资产收益权，表明现有股东已经向员工让渡了部分利益，因此按照净资产购买是比较合理的。

二是按照净资产折价购买。员工的人力资本属性，决定了其不同于

外部投资人的物力资本出资，且经过股权设计后，员工的一些股东权利会受到限制，因此，实务中往往会采用折价购买的方式。例如，按照净资产的 7 折购买，即员工只需要支付 1.4 万元（2 万元 × 70%）即可。

三是参照估值价格折价购买。进入资本化进程的公司，可能已经拿到了股权融资，假设外部投资人按照每股 10 元定价，那么员工的购买价格就可以此为参照。实务中，股权融资的每股定价往往大幅高于每股净资产，且投资人为了控制投资风险和保护自身利益，几乎都会对股东和公司的行为作出限制性要求，作为投资溢价的风险保护。而员工并没有这些权利，且即便折价，也往往会超过员工的承受能力。因此，这种定价方法在实务中运用较少，即便有了股权融资的定价，企业也会重点参考前两种方法，即净资产定价。

4.4.2.6　员工离职了怎么办

股权激励的出发点是看中了员工的人力资本贡献，期待员工在股权的激励下为公司创造出更大的价值回报。因此，人在股在，人走股留是基本原则。

实务中需要注意以下两点：

第一，一旦员工成为公司的股东或合伙人之后，即便员工行为不符合公司预期，或者员工离职，大股东或 GP 是没有权利单方面要求员工退出的。换言之，除非员工愿意自行退出，否则任何人不能强制要求员工退股。这就需要在设计股权激励时，提前在协议中与员工约定清楚，一旦员工离职或者不再符合股权激励的条件，员工自然失去股东身份或合伙人身份，且员工应无条件配合公司完成相关退出手续，并承担配合不力引发的违约责任。

第二，员工的退出价格需要提前约定，避免争议甚至激化矛盾。有的企业为了防止拿到激励股权的员工离职，就有意压低退出价格，甚至低于员工的购买价格。这看似保护了公司利益，限制了员工离职的随意性，但也会让员工心有顾虑，担心是一个圈套，这对股权激励的效果是非常不利的。为了减少负面影响，实务中可以根据不同情况约定不同的退出价格。例如，因个人原因离职的，建议按照合理价格退出；因触犯法律或公司规章制度而被除名的，应按照较低价格退出。如此约定，既容易得到员工的理解和支持，也能有效降低员工出于报复而对公司造成损害的动机和风险。

4.4.2.7 股权激励是公开的还是秘密的

有的企业开展股权激励，担心未被激励的员工心存不满带来不利影响，或担心公司的核心机密外泄，因此不愿意宣传，希望低调进行。这在多数情况下是错误的。

首先，给谁股权，给多少股权，主要基于员工的贡献，而员工的贡献是不同的，也难以准确量化。因此，股权激励既不可能做到平均分配，也做不到绝对公平。如果有人不满，最好的办法是迎头赶上，而不是抱怨或抵触。当然，这需要企业加以积极引导。

其次，纳入股权激励的对象是有限的，但面向全体员工传递出的价值导向和号召力是广泛的。让担当重任、做出贡献的核心员工得到公司的肯定，成为大家的学习对象，是营造良好企业文化的重要方式。从这个意义上讲，股权激励不但不应该隐瞒，还应该积极宣传，树立标杆，鼓励大家学习。

再次，要注意宣传的方式方法。在宣传时要注意，应多宣传股权激励的价值导向，而不宜过多宣传股权激励的细节，避免泄密；应多宣传激励对象的历史业绩、专业水平和职业素养，而不宜宣传公司授予激励对象多少股权，避免相互攀比；应多宣传公司确定股权激励对象的原则和导向，鼓励其他员工对标先进，而不宜过度夸大股权激励对员工财富的提升作用。

最后，要加入保密条款。对于股权激励对象，要求签署保密协议，即便离职，在一定时间内依然负有保密义务，避免机密外泄。

4.4.3 股权激励方案的设计和实施

股权激励关系重大，一旦实施，不仅面临股权稀释和成本投入的问题，还可能会因效果不佳而功亏一篑。因此，设计与实施同样重要，设计要做到系统全面，不能出现重大错误或遗漏；实施要做到有条不紊，步骤清晰，过程可控。

具体步骤上，一般包括调研诊断、组织安排、方案设计、宣讲造势和具体实施等环节。

4.4.3.1　调研和访谈，审慎评估股权激励的预期效果

在决策层作出实施股权激励为可选项的判断之后，调研和访谈是第一步工作。

调研主要以查阅资料和发放调查问卷的方式开展，优势是可以较为全面掌握股权激励的实施环境。例如，企业所处的行业与当前的竞争状况，员工对公司前景的判断与期待的激励方式，竞争对手是否开展股权激励与实施效果等。而访谈侧重核实和沟通，核实员工的核心诉求，是否对股权激励感兴趣，并重点就股权激励的作用、运行模式、优劣势等进行沟通，帮助员工客观看待，消除专业盲区和误解等。

通过内外部情况摸底，可以初步勾勒出股权激励的预期结果。如果结果不理想，往往意味着激励时机不成熟，员工不认为能为自己带来合理的回报，甚至怀疑公司在画大饼。此时，决策层要对员工的顾虑点进行逐一的分析和评估，尤其是共性问题和拟激励员工关心的问题。如果这些顾虑并非理解歧义而是客观存在的，建议适度放缓股权激励的节奏，短期内可通过其他方式进行激励。

4.4.3.2　成立领导小组，统筹全局

成立领导小组是组织保障的首要工作。领导小组一般由核心股东与公司高管组成，主要负责以下三个方面的事务。

第一，核心股东牵头完成股东会层面的相关决议和审批。由于股权激励涉及股权结构的调整，无论是转让老股还是增资扩股，是设立持股平台还是由自然人代持股权，都需要得到其他股东的认同并通过股东会决议。但在实务中，股东内部的意见往往并不一致，有的股东或不愿稀释自己的股权，或不认同股权激励的效果，或不认可股权调整方案，导致股东会无法通过决议，这就需要核心股东进行沟通和协调。

第二，落实股东会决议。股东会确定的是能否实施股权激励，其决议更多是框架性的，至于下一步如何落实，有哪些原则和标准，可能会遇到哪些阻力等，还需要细致研究，形成方案，并再次提交股东会决议或经股东会授权的领导小组批准。

第三，协调解决落地过程中的争议或纠纷。股权激励连接的是企业、股东和员工三方的利益，只有各方利益都得到了合理满足，才可能发挥预期效果。但在股权激励的时点上，三方的利益不可能完全一致。这也决定了沟通、协调甚至妥协是股权激励设计过程中的常态，尤其在一些关键争议问题上，需要领导小组出面协调沟通，拍板决策。

4.4.3.3　组建项目组，牵头设计与实施股权激励方案

项目组负责股权激励方案的设计与实施，汇集了股权、法律、税务等专业人员，向上对领导小组负责，向下协调各方关系，其工作质量在很大程度上决定着股权激励的效果。

项目组多为临时组建，一般由内外部人员共同组成。内部人员包括了公司核心股东或高管，以及财务部、法务部、人力资源部等负责人，外部人员则为股权激励的专业团队，由股权架构师、律师、税务师等组成。

项目组的核心任务是两个，设计方案与牵头实施方案。

设计方案包括了股权结构安排、框定激励对象和激励方式、激励额度与激励周期、考核机制与股权定价等，涉及法律合规、税务安排、财务处理等。尽管看似内容很多，但整体设计难度不大，难点在于如何结合公司实际选择最优路线，并在方案中考虑到各种不利的可能，以提前防范。方案设计的质量越高，实施阻力就越小，达到预期效果的可能性就越大。

在设计与实施过程中，应注意以下四点：

第一，不能危及股东的控制权。

股权激励不是简单地授予股权，而是在控制权稳定的基础上进行的股权安排，激励对象可以享有股权收益，但不能动摇股东对公司的控制，这需要提前规划。否则，激励的股权越多，控制权越不稳定，内部争夺

的风险就越大，这就背离了股权激励的初衷。

第二，明确给期权还是给限制性股权。

直观来讲，期权是先干后给，达到要求了，激励对象才有权利按照事先约定好的价格购买一定数量的股权。限制性股权是先给后干，先把股权给到激励对象，如果工作达到要求了，之前给的股权才是激励对象的，如果达不到要求，之前给的股权需要退回来。

可见，这两种激励方式给的都是股权，也都跟激励对象的个人贡献挂钩，但给的方式不同，带给激励对象的感受也不同。限制性股权类似对赌，先给，但必须完成任务目标，这就抓住了人们的普遍心理，即拿到手的东西就不愿意再还回去，所以会更加努力工作，激励效果可能会更好，反之，退回来的股权不仅会增加工作量，还会传递负面信息，并触发纳税义务。而期权不存在上述问题，完成了再给，一样能起到激励效果，但省去了很多麻烦，因此在实务中运用得最为广泛。

第三，分步分批释放股权。

股权激励追求的是中长期效果，不能一次性激励完毕，但时间也不宜过长。

实务中的经验是，一般以 3 年为宜，最短不低于 2 年，最长不超过 5 年。过长会让员工产生懈怠甚至疑惑心理，过短则不利于激励效果的实现。从释放策略上，一般按照平均分配的方法，在激励期间内均衡释放股权；也有的企业选择先多后少，或先少后多的方式，这都是为了更好实现激励效果。

需要注意的是，建议根据不同类型的员工匹配不同的股权释放进度。例如，针对管理人员和销售人员，贡献多少与股权激励应保持同步，平均释放。即便适度延迟，例如前期少释放后期多释放，或延长激励的兑现时间，但也不宜过度。对于研发人员则不建议平均释放，而应根据研发项目的完成进度匹配释放。这也体现了个人贡献与股权激励的强关联关系，实现员工与企业双方利益的均衡。

第四，逐步导入股权激励。

从价值创造上看，股权激励更适合前景广阔、技术独特、商业模式新颖的新业务，这也是提升企业价值的关键。但新业务的不确定性往往很大，除非有足够的把握，否则直接导入股权激励难以做到心中有数。因此，摸着石头过河，试点一块，成熟一块，再考虑全面铺开，是效果最好、风险最小的方法。

最初的股权激励建议从成熟业务导入。尽管企业是多个业务的综合体，但从管理上可以切分出不同的条线。例如，已经运转成熟的产品线，从前端销售，到中端的生产和采购，再到后端的管理，可以视同一个独立事业部进行股权激励。好处是，产销模式较为稳定，资本类投入已经完成，不确定因素较少，接下来的重点就是提高团队的责任心和积极性，创造更高回报；不足是，大家更愿意将精力投入到有股权激励的产品线上，而忽略其他产品线，这对公司不利。因此，选择成熟业务导入股权激励，其作用之一是作为先头部队，在实战中发现激励的问题，为后期推广总结经验，少走弯路。

再者，股权激励的对象应优先选择对公司重要且忠诚度高的人员，这也是摸着石头过河的内容。这些人员更愿意与公司同甘共苦，即便在实施过程中遇到问题，试错成本和协调成本也更低。而且，第一批试点成功，会起到很好的示范作用，继而带动其他人员的认同和参与。

4.4.3.4　方案内容

从方案内容上看，起码应包括五个维度和三个配套。五个维度分别为激励对象、激励数量、激励时间、激励价格和兑现条件，三个配套包括顶层设计、法律协议和税务安排，这些都是核心，缺一不可。只有将上述要素全部融合到股权激励方案中，形成一体，方案才是合格的。此外，如此分类也有利于在设计方案和复盘激励效果时逐一对照，总结经验，避免在实施中遗漏关键内容，造成风险或损失。

在实务中，由于企业情况不同，要考虑的维度可能会更多。例如，激励对象没有钱，要不要赠送股权；如果要花钱买，钱由谁来出，怎么出；如果是股东垫付的借款，日后该怎么还等，这都需要结合实际一并考虑。

4.4.3.5　宣讲造势

激励需要宣传，一是借助股权激励，在公司内部营造积极争先的文化氛围；二是公开宣讲会赋予激励对象更多的荣誉感和使命感，促使其自发自觉地追求业绩目标。

在确定激励方案后实施激励前，应组织召开专题会议，向广大员工宣讲公司的股权激励政策与考核导向，引导大家对标先进，积极进取，早日加入到激励对象行列；宣讲股权激励的知识，帮助员工客观认识，减少误解或抵触；由激励对象现身说法，分享心得，引起共鸣等。

此外，可考虑在现场由公司核心股东与激励对象签署《激励股权授予协议》，表示期待，提振信心。最后由股东代表总结发言，强调有付出就有收获，个人与公司共同成长，鼓励员工对标先进，实现双赢。

4.4.3.6　具体实施与过程评估

根据既定方案，由项目小组牵头实施，并及时向领导小组汇报进展，协调解决过程中的困难。

在实施过程中，应注意定期复盘，总结经验，发现不足，及时改进。因为股权激励中涉及的要素很多，知识门类很广，应注意借助专业人员的力量，切忌凭感觉作决策。因为股权上的决策一旦失误，不但会带来直接的经济损失，而且补救的难度和成本往往很高。

第 5 章

公司治理与高质量决策

大股东通过控制权的设计和布局，在掌控企业的同时，也带来了一定的弊端。比较突出的是，控制权的集中容易导致大股东一言堂，在决策时缺少必要的制约和不同的声音，造成决策失误；小股东没有话语权，只能被动接受决策结果，逐步演变成了搭便车，出工不出力；职业经理人参与决策的积极性不高，甚至只关心如何执行，而不理会上层的决策是否合理和有效。尤其在今天，创一代面临退休，而创二代不愿接班或没有能力接班时，创一代股东就很难实现决策权利的顺利让渡，继而让自己和公司陷入进退两难的境地。说到底，这样的管理就是人治，难以长期维持下去。

如何打破这一壁垒？实践中已经给出了解决方案，即公司治理。

5.1 公司治理的内涵与理论基础

5.1.1 公司治理的产生背景与含义

关于公司治理的研究由来已久。真正将公司治理作为独立概念提出来的是 20 世纪 70 年代威廉·汤姆森的著作《现代公司的治理》，他对公司治理的内涵进行了初步的界定，并在全世界得到不断推广和发展。引入公司治理理念的初衷是为了保护小股东的利益。由于大股东可借助其控制地位，代表小股东实施对公司的掌控和决策，在此过程中，就为大股东借机侵害小股东的利益带来了可能。而建立公司治理机制，就是利用股东会和董事会之间的权利划分，制约大股东利用控制地位，牺牲小股东利益，为自己谋私利的行为。

随着企业的发展与扩张，出现了委托人与代理人的分离，即拥有企业的股东与经营企业的职业经理人形成了被代理人与代理人的关系。股东作为委托人或被代理人，为了防范代理人利用信息不对称和手中的权力侵害自身和企业的利益，建立了一套约束和监督机制，这是当下公司治理的由来。显然，若将公司治理仅仅定位于对代理人的约束和监督是片面的，因为股东选择代理人的核心目的是提高企业价值和股东财富，而约束和监督只是防范风险的手段，两者有本质区别。

此外，企业是多个利益相关者的共同载体。例如，税务部门，以及以银行为代表的外部债权人、风险投资人等，其利益也需同步关注。他们可以从法律合规、风险控制、经营质量等不同角度对企业提出要求，对企业的决策层和管理层进行外部监督，这对提高企业价值也有重大意义。

因此，当前公司治理的内涵较概念提出之初已经发生了较大变化，即由保护小股东利益变成了实现全体股东财富的最大化，由股东对职业经理人的监督变成了激励与监督并存，由内部治理延伸到外部治理，并通过外部监督的反馈，影响并优化内部治理，从而形成一个有机整体，共同提升公司价值。

5.1.1.1 内部治理

内部治理的核心是三会一层，即股东（大）会、董事会、监事会和管理层，规范的是股东与股东之间、股东（大）会与董事会之间、董事会和管理层之间，以及监事会与股东（大）会之间、董事会和管理层之间的关系，形成相互促进、相互制衡的决策运转机制，并由此可延伸到企业的组织架构设置、内部控制体系构建、绩效目标落地等执行层面。

可见，内部治理落脚在公司内部，通过对各权力主体之间责权利的合理划分，使公司的决策机制、激励与约束机制、风险控制机制更加科学合理，有利于推动公司上下步调一致，衔接顺畅，实现股东财富和企业价值的最大化。

5.1.1.2 外部治理

外部治理侧重制约和监督。企业作为市场经营的组成单元，不仅要实现股东目标和维护股东利益，还要平衡好员工、客户、债权人，以及政府部门、行业监管部门等多方的利益。因此，是否遵守税法规定，是否充分履行合同约定，是否承担社会责任等，都属于外部治理的范畴。显然，如果一个公司的外部治理存在重大纰漏，就可以合理推断该公司的内部治理一定存在重大问题，而作为公司的决策层应引起足够重视，有针对性地提升内部治理水平，加以改善。

可见，内外部治理的侧重点不同，发挥的作用也不同。从实务角度上看，本书以内部治理作为主要的分析研究对象。

5.1.2　公司治理的理论基础

公司治理的产生既是企业发展的必然要求，也需要站在理论高度上对其产生的内在原因进行剖析。掌握这些理论基础，对决策者从根源上了解公司治理，并结合自身实际优化当前公司治理模式有着重要的参考意义。

5.1.2.1　不完全契约论

不完全契约论的核心思想是，企业尽管是由各种契约组成的，但这些契约并不能对所有行为和各主体的责权利进行全面约定，尤其对于变化中的企业更是如此。因此，谁拥有对尚未明确约定事项的决定权，谁就会对企业产生最终影响。

从表现结果上看，体现为剩余控制权和剩余索取权。前者代表了对企业的最终决定权，往往为大股东或企业的实际控制人，而后者代表了股东在企业完成必要分配后可获得的盈余。只有两者一致时，决策者才能充分发挥自身潜力，创造更多的价值回报。

但在实际工作中，两者并不完全一致，突出体现在以职业经理人为代表的管理层与以股东为代表的所有者之间出现脱节。职业经理人掌握了一定的决策权，却没有获得与之相匹配的剩余索取权，也不承担决策失败带来的损失，就可能产生或盲目激进，或消极怠工，或中饱私囊等损害公司利益的情况。

5.1.2.2　委托代理理论

在企业的发展过程中，竞争加剧是大概率事件，这对决策者的专业水平和管理能力提出了更高的要求。为了实现企业利益最大化，股东往往会聘用职业经理人主导或参与管理，这就导致了企业所有权与经营权的分离。此外，小股东由于影响力有限，不能或不愿参与管理，也会导致所有权和经营权的分离。此刻，对大股东而言，职业经理人就是代理人，而对于小股东而言，大股东就是代理人。这就是委托代理理论产生的根源。

在理性经济人假设的前提下，任何主体或个人都会以自身利益最大化作为目标。当代理人的利益与被代理人的利益无法实现一致时，代理人为达到自身目标就可能会损害被代理人的利益，这个代价就是代理成本。

实务中，产生代理成本的主要原因是委托代理双方信息的不对称。代理人掌握了比委托人更多的企业经营管理信息，而委托人无法完全监督代理人的行为是否侵害了自身利益。与此同时，市场竞争的多变也赋予了代理人更多的灵活决策空间，即便委托人通过设定目标的方式对代理人的履职结果进行考核，也无法将其与代理人是否忠诚与勤勉尽职完全对应。

5.1.2.3 利益相关人理论

企业是股东的，但也与其他主体的利益密切相关，例如员工、债权人、客户、供应商，以及政府部门、社会居民等。换言之，利益相关人理论的核心是将股东利益最大化，扩大到了与企业经营管理活动有关的各个主体，追求利益相关人的整体利益最大化。

从公司治理的角度上，这就要求对上述主体的利害关系进行合理平衡。例如，诚信经营，为客户提供优质的产品和服务；善待员工，凝聚力量共同发展；照章纳税，保护环境，履行企业的社会责任等。在维护各方利益的同时，推动企业持续发展。

5.2 用好"三会一层"，提升内部治理水平和企业价值

上市公司的公司治理水平往往较非上市公司更为完善和有效。例如，上市公司有明确的三会一层架构，有独立董事机制和信息披露机制，受到市场更多的关注与监督等，这在降低委托代理成本、提高决策质量、管控经营风险，以及保护以投资人为代表的中小股东利益上，都有明显且积极的作用。

但市场经营主体更多的是非上市公司，其中民企占到绝对比例。民企的公司治理水平普遍不高，尤其在关系到公司发展能力的内部治理水

平上相对落后，导致决策质量不高，甚至决策失误。这在阻碍企业健康发展的同时，也造成了股东财富的损失和社会资源的浪费。因此，如何提升非上市公司的公司治理水平，显得尤为迫切和重要。

5.2.1 "三会一层" 是内部治理的核心

5.2.1.1　三会一层对公司治理的意义和作用

三会一层协调的是公司股东、董事、监事与经理层之间的关系，这是内部治理的核心。

在企业规模较小时，股东人数较少且基本没有外部股东，此时的内部治理更多是以大股东为代表的决策者来承担。随着企业的不断发展，往往会带来股东数量的增加和股权结构的复杂，如何满足各方股东的利益诉求，如何降低代理成本，如何提高决策能力和水平，就对只依赖大股东决策的治理模式提出了挑战。

此时，建立三会一层的治理模式，通过一系列制度机制的设计和安排，维护各方利益，实现科学决策，提高决策质量，继而推动公司持续健康发展，就成了一个必然选择。

《公司法》（2018 年修正）对三会一层的权责划分有明确表述，包括哪些属于股东会的权力范畴，哪些属于董事会的权力范畴，监事会要对哪些主体和事项履行监管责任等。但在实务中还需要注意以下两点。

第一，《公司法》无法也无须对所有事项的责权范围进行清晰和明确的约定。

企业的情况不同，发展阶段和面临的痛点不同，股东的诉求不同，作出的选择也会不同。而《公司法》是以法律的形式对企业中的共性行为作出的基本规范，即便还有行政法规、部门规章、司法解释等作为补充，但依然存在大量未明确约定的内容，需要股东自行约定。当然，法律也无须面面俱到，那样反而会脱离企业实际，阻碍企业的正常发展。

第二，强制性规定与意思自治并存。

《公司法》等法律法规具有一定的强制性，以维护当事各方的基本权益。同时，《公司法》又属于私法体系，充分尊重当事各方的意思自治。显然，意思自治在公司治理中发挥的作用更具有针对性，也更符合企业的实际和股东的诉求。

实务中，股东要恰当运用强制性规定的刚性和意思自治的柔性，即任何违反和限制股东法定权益的约定或行为都是无效的；而在法律刚性要求之外的事项，应最大限度地加以鼓励和运用，这既有助于达到股东预期和治理效果，还能更好保护企业与各方的利益。

5.2.1.2　股东会的权责划分

根据《公司法》（2018 年修正）的相关规定，有限责任公司的股东会是公司的权力机构，由全体股东组成，可以决定涉及股东利益和企业的重大事项。具体包括：

①决定公司的经营方针和投资计划；

②选举和更换非由职工代表担任的董事、监事，决定有关董事、监事的报酬事项；

③审议批准董事会的报告；

④审议批准监事会或者监事的报告；

⑤审议批准公司的年度财务预算方案、决算方案；

⑥审议批准公司的利润分配方案和弥补亏损方案；

⑦对公司增加或者减少注册资本作出决议；

⑧对发行公司债券作出决议；

⑨对公司合并、分立、变更公司形式、解散和清算等事项作出决议；

⑩修改公司章程；

⑪公司章程规定的其他职权。

可见，股东会可以决定公司的整体战略和经营方针，并通过预算审批权决定公司的任务目标、实现路径和资源配置；也可以确定董事，并通过董事会贯彻股东会决议和大股东意图；还可以决定是否引入新的股东，是否减少注册资本，是否修改公司章程等。这些事项无不关系到股东和公司的核心利益，重大且关键。

5.2.1.3　董事会的权责划分

董事会由董事组成，由股东提名或指定董事人选并经股东会选举后获得董事身份。董事会在股东会的授权范围内开展工作，对股东会负责，也受到股东会和监事会的监督。

有限公司的董事会由 3 ～ 13 人组成 [《公司法》（2023 年修订）未规定有限公司董事人数的上限，只保留了 3 人的下限]，表决时按照一人一票的方式进行，因此董事会人数一般都会选择单数。需要注意的是，董事不一定是股东，股东也不必然是董事，但董事身份的取得，必须先经过股东提名，这是委托代理理论的又一体现。

《公司法》（2018 年修正）规定的有限公司董事会职权范围包括：

①召集股东会会议，并向股东会报告工作；

②执行股东会的决议；

③决定公司的经营计划和投资方案；

④制订公司的年度财务预算方案、决算方案；

⑤制订公司的利润分配方案和弥补亏损方案；

⑥制订公司增加或者减少注册资本以及发行公司债券的方案；

⑦制订公司合并、分立、变更公司形式，以及解散的方案；

⑧决定公司内部管理机构的设置；

⑨决定聘任或者解聘公司经理及其报酬事项，并根据经理的提名决定聘任或者解聘公司副经理、财务负责人及其报酬事项；

⑩制定公司的基本管理制度；

⑪公司章程规定的其他职权。

可见，董事会的职权聚焦在落实股东会决议，为股东会提供建议，以及决策企业运营管理的重大事项上。换言之，在法律法规和公司章程等规定的应由股东会行使的少数权力之外，其他大量的企业决策均由董事会行使。因此在实务中，董事会往往是公司的最高决策机构，这也决定了董事会必须足够专业、忠诚和勤勉，才可能达到股东会的授权目的，这也是内部治理的重要体现。

也正基于此，《公司法》（2018 年修正）对董事的任职资格作了明确约定。其中第一百四十六条明确规定，出现下列行为之一的，不得担任公司董事。

①无民事行为能力或者限制民事行为能力；

②因贪污、贿赂、侵占财产、挪用财产或者破坏社会主义市场经济秩序，被判处刑罚，执行期满未逾五年，或者因犯罪被剥夺政治权利，执行期满未逾五年；

③担任破产清算的公司、企业的董事或者厂长、经理，对该公司、企业的破产负有个人责任的，自该公司、企业破产清算完结之日起未逾三年；

④担任因违法被吊销营业执照、责令关闭的公司、企业的法定代表人，并负有个人责任的，自该公司、企业被吊销营业执照之日起未逾三年；

⑤个人所负数额较大的债务到期未清偿。

同样，公司的监事和高级管理人员也应符合上述任职资格要求。

当然，并非所有公司都需要设立董事会。《公司法》（2018 年修正）第五十条规定，股东人数较少或者规模较小的有限责任公司，可以设一名执行董事［《公司法》（2023 年修订）未体现执行董事的称谓，而称其为董事］，不设董事会。换言之，尽管执行董事是个人，但承担的是董事会的职责。

在实务中，不少公司的执行董事和总经理由一人担任。于是有的企业咨询执行董事与总经理有什么区别，谁的权力更大。显然，执行董事代表了决策层，总经理代表了管理层或执行层，总经理应向执行董事负责，因此执行董事的权力更大。

5.2.1.4 监事会的权责划分

顾名思义，监事会只负责监督，不承担决策功能，这与股东会、董事会的职权有明显区别。

监事会向股东会负责，其监督对象包括董事、高级管理人员等，监督他们是否勤勉履职，是否合法合规经营，是否存在滥用职权侵害公司和股东利益的情况，其核心目的是保护公司利益，促进公司健康稳健发展。

也正因如此，董事、高级管理人员不能兼任监事。《公司法》（2018年修正）第五十一条规定，监事会应当包括股东代表和适当比例的公司职工代表，其中职工代表的比例不得低于三分之一，具体比例由公司章程规定。可见，股东可以担任监事，但不能同时担任董事或高管。此外，《公司法》（2018年修正）第五十一条还规定，有限责任公司设监事会，其成员不得少于三人。股东人数较少或者规模较小的有限责任公司，可以设一名至二名监事，不设监事会。

另根据《公司法》（2023年修订）的相关规定，有限公司可以不设监事会，甚至不用设立监事。根据第六十九条的规定，有限责任公司可以按照公司章程的规定在董事会中设置由董事组成的审计委员会，行使本法规定的监事会的职权，不设监事会或者监事。公司董事会成员中的职工代表可以成为审计委员会成员。根据第八十三条规定，规模较小或者股东人数较少的有限责任公司，可以不设监事会，设一名监事，行使本法规定的监事会的职权；经全体股东一致同意，也可以不设监事。需要注意的是，有限公司若未设审计委员会且决定不设监事的，需要全体股东一致同意，而非适用于资本多数决。

就监事的职权范围来看，《公司法》（2018年修正）明确了以下七个方面。

①检查公司财务；

②对董事、高级管理人员执行公司职务的行为进行监督，对违反法律、行政法规、公司章程或者股东会决议的董事和高级管理人员提出罢免的建议；

③当董事、高级管理人员的行为损害公司的利益时，要求董事、高级管理人员予以纠正；

④提议召开临时股东会会议，在董事会不履行《公司法》规定的召集和主持股东会会议职责时召集和主持股东会会议；

⑤向股东会会议提出提案；

⑥依照《公司法》第一百五十一条的规定，对董事、高级管理人员提起诉讼；

⑦公司章程规定的其他职权。

5.2.1.5　经理层的权责划分

经理层指的是以总经理为首的高管团队，由董事会聘任或解聘，并向董事会负责。

《公司法》（2018 年修正）规定的经理层职权范围包括：

①主持公司的生产经营管理工作，组织实施董事会决议；

②组织实施公司年度经营计划和投资方案；

③拟订公司内部管理机构设置方案；

④拟订公司的基本管理制度；

⑤制定公司的具体规章；

⑥提请聘任或者解聘公司副经理、财务负责人；

⑦决定聘任或者解聘除应由董事会决定聘任或者解聘以外的负责管理人员；

⑧董事会授予的其他职权。

可见，经理层负责设置公司的组织架构，拟订各项制度流程，并组织实施经营管理工作，以落实董事会的决议，达到公司的预期目标。

综上，三会一层是通过分级授权、内部监督的方式，在遵守法律法规强制性规定的前提下，充分运用意思自治，实现公司各权力主体的职权划分和灵活约定，既能保护股东和公司的利益，还能发挥各参与方的优势和积极性，从而实现公司的战略目标。因此，三会一层作为公司内部治理的核心，发挥了非常重要的作用。

5.2.2　形式的存在，并不必然发挥作用

5.2.2.1　三会一层形同虚设

当前，大多数企业都是以有限公司的形式存在，并建立了股东会、

董事会（或执行董事）、监事会（或监事）和经理层。从形式上看，公司内部治理的结构已经搭建完毕，但实际上仍处于放羊状态，即大股东一言堂，股东会和董事会形同虚设，不敢提出不同意见，或提出了不同意见也没有反馈，所有主体都变成了大股东意志的执行机构，而监事会无法监督或没有能力监督。

实务中，这样的情形非常普遍。公司治理的优势没有得到发挥，科学的决策机制没有形成，公司的经营结果和决策风险完全寄托在大股东或个别决策人身上。

5.2.2.2　董事会未发挥应有的决策作用

董事会作为公司的最高决策机构，在很多企业往往由股东和公司高管组成，很少有外部董事。这当然无可厚非，但也决定了董事会的决策质量完全取决于内部人员的能力和水平。

在实务中，多数股东通过创业获得了股东身份，领导或参与企业的决策和管理。但创业是个持续的过程，面临激烈且多变的内外部环境，如何识别机会和风险，如何高效管理企业，如何合理配置资源等，依赖专业的知识体系和丰富的实操经验。很多大股东只是在某个专业领域非常擅长，而管理水平普遍偏低，甚至连财务报表都无法独立阅读，这就大大制约了决策的效率和质量。此外，多数企业的高管团队侧重执行，只愿意把自己领域的事情做好，不愿或没有能力参与公司层面的决策。在这样的董事组成下，董事会实质上还是公司层面的总经理办公会，只是转变了个名称，董事会研究的依然是各部门的具体经营事务。这就偏离了设立董事会的初衷，即围绕关系公司重大利益的事项进行科学决策，提高决策质量。董事会徒有其名，没有发挥应有作用，既是公司治理的重大缺陷，也容易导致决策失误，损害股东和公司利益。

5.2.2.3　公司组织结构设置不合理，各部门责权利不清晰

根据公司发展需要，合理设置和灵活调整组织结构，建立并优化内部控制，高效配置资源和防范风险等，这是经理层的职责，也是承接董事会下达任务的重要保证。

实务中，每个公司的经理层可能都做了上述工作，但效果差异很大。

如果自身存在明显缺陷，就会降低内部治理的效果，自然也会导致整体组织效能下降。

例如，脱离公司实际设置过多的管理层级，无论是信息的上下传递，还是跨部门的横向信息沟通，效率都会大大降低；同时可能导致机构臃肿，一个职责由多个人分别负责，看似都在管，实则没有责任人，工作质量不升反降。

又如，各部门之间的责权利边界不清晰。几乎所有企业都有自己的组织结构图，但不一定有清晰、详细的组织结构说明书。组织结构说明书的意义是界定企业内部是怎样运行的，各部门是如何衔接的，以及各部门的责权利边界是什么，这需要经理层花时间去研究、分析和设计，否则就容易出现边界职责的重叠或遗漏。同一个事情，这个部门在管，那个部门也在管，出现重叠，或者发生了问题但没人负责，相互推诿扯皮，又或者效率低下，本应该短平快的事项，中间却增加了大量不增值的审批和传阅环节，浪费了时间，甚至错失了最佳的决策时机。

5.2.2.4 对经理层缺乏有效的激励和必要的包容

委托代理成本的存在，使股东在公司治理模式下，有意愿通过董事会和监事会加强对经理层的监督和考核，例如重大事项必须经过股东会或董事会的审批；为经理层制定预算和 KPI 指标，进行过程监督和结果考核；委托监事和外部机构审查公司的运营管理情况等。但是，过度的监督在降低代理成本的同时，也可能偏离了聘任经理层的初衷。

良好的公司治理结果一定服务于短期提升企业规模和盈利贡献，长期提升企业价值和股东财富，而经理层作为直接创造价值的执行团队，光有监督是不够的，还需要充分调动他们的积极性和创造力，促使其忠实勤勉地履行本职工作。因此，激励同样重要。提前约定好目标，论功行赏，奖罚分明，实现经理层利益与公司利益的绑定，经理层才会愿意干，才会把公司的事情当成自己的事情做。

实务工作中，有的股东抱怨，为什么给了高薪却留不住人才，可见激励并不是全部。首先，要检讨企业能不能为人才创造出干事的平台。不少企业的内部管理状况混乱，山头林立，各自为政，越是想干事的人越难以留下来。说到底，这是企业文化出了问题。可能有的老板已经有所察觉，但无法体会到不良文化对企业价值的破坏后果。其次，是否给了外部人才必要的包容和理解。不少股东认为，越是高薪的人才，越应该马上做出成绩，立竿见影地帮助企业，在多数情况下这是一个误解。做企业不是做数学题，条件和公式都是现成的，直接能算出来标准答案。做企业没有标准答案，而是在变动中权衡利弊，多方对比，选择最优解，甚至昨天的最优解，在今天就不适用了。最后，人才始终是稀缺的，甚至某些人才对企业的价值贡献难以衡量。把这些人才留下来，创造的就是企业的竞争力和股东的财富，如果流失了，可能就成了企业的竞争压力。

因此，决策者应从价值创造的长远角度上识别人才，信任人才，在成就人才的同时，也为企业创造更大回报。

5.2.3　实践中的一些重大问题

5.2.3.1　股东会和董事会的授权边界和授权策略

《公司法》对股东会和董事会的责权范围进行了原则性规定，但在实务中，两者之间存在一些模糊地带。

例如，股东会可以决定公司的经营方针和投资计划，而董事会可以决定公司的经营计划和投资方案。从字面意义上看，经营方针要高于经营计划，投资计划也先于投资方案，但什么是经营方针，什么是经营计划，法律没有作出明确规定。又如，股东会负责审议批准董事会的报告，同时规定董事会负责执行股东会的决议。但哪些事项是需要董事会提交股东会审批的，法律也没有作出明确规定。

这就意味着，在遵从法律规定的前提下，股东会可以对董事会进行合理授权，这也属于当事各方的意思自治，受到法律保护。一般而言，授权边界从以下三个方面考虑。

第一，拟授权事项的边界。哪些事项是重大的，需要股东会作决策，哪些事项可以授权给董事会作决策，需要划分出来，例如超过多大金额的贷款和担保，超过多大金额的对外投资等。对于日常经营管理范围内的事项，原则上可以全部授权给董事会，但董事会需要就股东会关注的事项及时汇报沟通。

第二，董事会的决策能力和经理层的执行能力。显然，一个成熟且胜任的董事会可以独立负责更多的决策事项，一个执行力强的管理团队可以在更宽泛的范围内推动企业高效稳健地运转；反之，组建不久的董事会，或尚未形成合力的管理团队，授权范围要小，且在授权过程中，上级授权主体要加强过程监控和指导，防范出现不必要的风险。

第三，例外事项的单独授权。在实务中，本属于股东会的决议事项，可以作为例外项目单独授权给董事会，并约定一旦触发了某些条件，就必须提交股东会决议。这是股东会对董事会扩大授权的常见方式，既是对董事会决策能力的锻炼和验证，又能把控例外事项的重大风险。

因此，在授权策略上，往往采用抓住重点、适度授权与例外授权相结合的方式，边授权边考核边验证，不断判断被授权主体的履职能力和履职态度是否达到了授权预期，并适时调整授权范围。

5.2.3.2　借助外部专业力量，提升决策质量

《公司法》（2018 年修正）规定，上市公司应设独立董事。证监会发布的《上市公司独立董事管理办法》（以下简称《独董办法》）明确规定，独立董事是指不在公司担任除董事外的其他职务，并与其所受聘的上市公司及其主要股东不存在可能妨碍其进行独立客观判断的关系的董事。可见，独立董事必须具有独立性，与上市公司和控股股东不存在明显的利害关系，才能保证独立董事能基于公司和全体股东的利益提供更客观的意见。

此外，《独董办法》还规定，上市公司中独立董事人员应占到董事会成员的三分之一以上，且独立董事不仅需要具备上市公司运作的基本知识，熟悉相关法律、行政法规、规章及规则，还需具备五年以上法律、经济或者其他履行独立董事职责所必需的工作经验。为了充分发挥独立董事的作用，《独董办法》还赋予其除董事正常职权外的特别职权，包括

上市公司的重大关联交易必须先经独立董事认可方能提交董事会讨论，独立董事可以单独聘请外部审计机构和咨询机构等，并有权对公司的一些重大事项发表独立意见。这都说明，上市公司建立独立董事机制的核心考量，其一是利用独立董事的专业和经验，为董事会决策提供高质量的建议，提升公司价值；其二是发挥独立董事的监督作用，有效发现可能存在侵害公司和中小股东利益的情形，继而行使独立董事的特别职权，或独立发表意见，保护公司和股东利益。

对应到非上市公司，我们可以将独立董事机制中的一些精华加以借鉴。

（1）丰富董事会构成，提高董事会的决策质量

董事会是公司最高的决策机构，一旦出现重大决策失误，无论是对企业造成的直接经济损失、声誉损失，还是后期的补救成本和错失的发展机会，破坏力都是巨大的。而上市公司股东大会选举的独立董事往往是某个领域的专家，他们可以站到相对客观的立场上对公司的决策提出专业意见和不同见解，这对丰富决策维度，提高决策质量，减少决策失误有非常重要的作用。

同样地，非上市公司也可以借鉴这一思路，检讨当前董事会中是否存在某些专业领域的决策短板，以及这些短板是否制约了企业的发展，甚至是否曾给企业造成过损失。企业是一个整体，要主动修复木桶理论中的决策短板，通过引入专业人士，针对性补强。这看似会增加一定的成本，但相比决策失误造成的损失，或因为正确决策而带来的回报，这个投入是必要且有价值的。

在实务中，引入的专业人士并非一定要在公司担任董事，也未必要发挥监督作用，但一定要具备企业所需要的专业能力和实务经验，能对决策提供实实在在的帮助。同样地，这一点对未设立董事会的企业同样适用。企业要为股东创造更多财富，在面对激烈的竞争时，只有作对决策、少走弯路、不走错路，才能实现持续和健康发展。

（2）提升财务领域的专业技能水平

《独董办法》规定，上市公司的独立董事中起码有一名会计专业人士，实务中一般要求具有高级会计师职称或注册会计师资格。换言之，在上市公司只有一名独立董事的情况下，应为会计专业人士。这说明财务数据的质量、财务信息的披露等直接关系到各方利益，会计人士不仅可以起到监督作用，还能为公司决策提供专业意见支持。

对非上市公司而言，利用好财务这个大数据库和专业的财务分析工具，可以在盈利管理、现金流管理、投资决策等涉及企业价值创造和风险管控的多个领域，挖掘问题并分析原因，加以改善或提前防范。但在实务中，多数企业对财务数据的运用都不充分，对业绩结果不研究不复盘，看不到问题，也感受不到异常的风险信号，企业在承担浪费或损失的同时，也加大了运营风险。

因此，从财务管理角度上看，财务承担的是价值保护和价值创造的职能。存在不一定就是合理的，过去的成功也不代表未来能继续成功，决策者要着力提升财务的价值创造能力，审视经营结果中的不足和风险，提前布局未来，这对公司来说是非常有益的。

（3）保持不同的声音非常重要

为什么《独董办法》赋予了独立董事有别于其他董事的特别职权和独立发表意见的权利？就是为了让专业人士在董事会中拥有发言权，让不同的声音在决策中表达出来，这一点在非上市公司中同样重要。

在股权较为集中的企业中，大股东一言堂比较常见。形成的原因很多：或者大股东足够自信，其他人只需执行即可；或者其他人不发表意见或意见质量不高，久而久之大股东放弃征求他人意见，自己直接决定；又或者大股东与其他人的意见经常不一致，而大股东坚持己见，最后大家不再提不同意见。但无论如何，一言堂带来的危害是巨大的。我们提倡大股东行使最终的决策权，但良好的公司治理一定是先民主后集中，没有民主直接集中，就容易把其他股东和整个公司的利益绑定到大股东的个人决策能力上。

但民主也是有前提的。

其一，参与人需要提供高质量的决策意见，这个意见是切合实际的，也是经过深思熟虑的，而非泛泛而谈的走过场。任何企业或股东都不会把一个对公司发展不上心的人的意见作为决策的重要参考。

其二，决策参与人要努力保持独立性，重公司大利而非个人小利。实务中的决策参与人多为企业的职业经理人，不敢或不愿提出不同意见，这看似与大股东保持了一致，实际上却是不作为。如果大股东的决策存在问题却不及时提醒，导致企业过度承担风险或遭受损失，这侵害的本就是股东和公司的利益。当然，做到这一点不能仅靠职业经理人的职业素养和尽责态度，还与大股东是否营造了开放平等、简单和谐的企业文化有直接关系。

5.2.3.3　董监高应履行忠诚和勤勉的义务

董监高是公司的高层管理者，他们的履职结果在很大程度上决定了企业的成败和股东的利益。在委托代理理论中，代理人是否勤勉履职，是否存在滥用职权侵害公司和股东利益的可能，这都是被委托人十分关心的问题。

从法律上看，《公司法》（2018 年修正）对董监高的规定很少，基本体现在董监高应承担忠诚和勤勉义务，否则股东会或董事会有权进行罢免和追责等。但这些规定的实操性都不强，因此，在实务中有必要在此基础上进行明确和细化。

第一，应明确董监高服务的对象是公司而非股东。实务中有的大股东把自己的利益和公司的利益直接画等号，这是错误的。公司属于股东，但利益相关人并不都是股东。换言之，公司好了，股东会成为最大的受益者；反之，股东受益了，公司和利益相关人未必受益。

第二，应在章程或公司制度中对董监高的勤勉义务进行适度细化，例如董事和高管应承担什么职责，完成什么工作目标，怎么考核，怎么奖惩等，类似高管的岗位责任书。当然，此类约定不宜过细，只需抓住重点，以免对董监高正常履职带来过多掣肘甚至障碍。

第三，若侵害被代理人利益，应承担责任。《公司法》（2018 年修正）第一百四十七条规定，董事、监事、高级管理人员不得利用职权收受贿赂或者其他非法收入，不得侵占公司的财产。第一百四十八条规定，董事、高级管理人员不得有下列行为，否则所得的收入应当归公司所有。

①挪用公司资金；

②将公司资金以其个人名义或者以其他个人名义开立账户存储；

③违反公司章程的规定，未经股东会、股东大会或者董事会同意，将公司资金借贷给他人或者以公司财产为他人提供担保；

④违反公司章程的规定或者未经股东会、股东大会同意，与本公司订立合同或者进行交易；

⑤未经股东会或者股东大会同意，利用职务便利为自己或者他人谋取属于公司的商业机会，自营或者为他人经营与所任职公司同类的业务；

⑥接受他人与公司交易的佣金归为己有；

⑦擅自披露公司秘密；

⑧违反对公司忠实义务的其他行为。

若出现上述行为，则说明董监高已经达不到忠诚和勤勉的基本要求，企业不仅可以罢免其董事或监事的身份，或解聘职业经理人，还可以要求其承担违约责任和赔偿责任。

但在实务中，决策失误、经营失败等导致企业遭受损失的情况很常见。然而，董监高有没有勤勉尽责履职，是故意为之还是存在重大过失，或是市场非预期变化导致的损失？被代理人要根据情况予以判别。原则上，如果代理人在公司授权的范围内履职，且决策判断和经营行为是善意的，也履行了必要的注意义务，就不能轻易判定其违反了忠诚和勤勉义务，因为企业经营本身就是存在风险的；反之，若有明显证据证明代理人存在重大过失，就应当对损失承担赔偿责任，并接受公司的相关处罚。

5.2.3.4　引入高质量投资人，提升公司治理水平

做过股权融资的企业可能都有体会，不少股东对投资人又爱又恨。爱的是投资人给企业带来了发展所需要的资金，恨的是投资人把投资风险大量转嫁到股东和企业身上。但从公司治理的角度上看，高质量的投资人对提高企业管理水平和抗风险能力，建立适合公司的内部治理体系发挥了非常重要的作用。

由于投资人往往是财务投资人，一般不会深度参与到企业的日常经营管理活动中，但投资的风险还需要控制，因此，投资人都会要求企业发挥三会一层的治理机制，或要求企业加强内部管理。在此过程中，投资人往往会在股东会权利、董事会席位等方面与创始股东展开博弈，争取更多的表决权，甚至要求在一些关键事项上获得一票否决权。这就意味着，要拿到融资，创始股东必须从根本上提升公司的治理水平，并要面临投资人在一些表决事项上的疑问、反对甚至否决。反过来看，这是通过外力倒逼企业做出的改变，而且这个改变在限制创始股东权利的同时，也推动了公司的决策更加科学和严谨，管理更加系统和规范，从而让企业拥有更强的竞争能力。这无论对企业，还是对创始股东和投资人都是有价值的。

5.3 发挥公司层面的治理效应

董事会和经理层的核心任务是提高企业经营业绩，实现企业价值和股东财富的最大化。因此，企业干得好不好，能否达到股东要求，这是股东会最为关注的。但要保证董事会和经理层认真履职，最大限度为企业创造价值，而非滥用职权或应付了事，只靠激励和监督是不够的，一定要依赖公司合理的组织结构、有效的内部控制和良好的管理体系等，相互支撑，才能发挥预期作用。

5.3.1 构建合理的内部组织结构

在经营管理层面，组织结构是支撑企业运转的根基，其核心目的是通过明确分工和高效协作，实现业绩结果，推动达到战略目标。在表现形式上，组织结构多以总经理为首的多部门组合的方式呈现，如

图 5-1 所示。

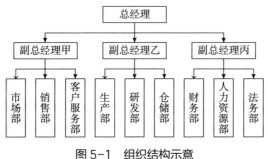

图 5-1　组织结构示意

　　每个企业都有自己的组织结构，但当前的组织结构是否符合企业的实际，执行过程中是否存在明显的堵点，这都是决策者需要关注的。

5.3.1.1　部门目标与公司目标是否高度相关

　　各部门和分子公司的目标应服务于公司整体目标，但实际上是否真的如此？在公司价值创造的链条中，每个部门所占的比重有多大，贡献又是多大，是否存在与价值创造无关或关系不大的部门？各个部门的人员规模和资源投入是否合理？

　　一般而言，对于非常重要但能力不足的部门，要通过引入职业经理人，或内部人才培养加外部顾问指导的方式，快速补强。而对于与价值创造无关或关系不大的部门，应及时优化和调整，提高投入产出比，或者适度外包，减少对公司管理精力的占用。这有利于企业聚焦核心，优化资源配置，追求价值最大化。

5.3.1.2　管理层级是否恰当

　　验证组织结构是否合理的衡量指标之一，就是内部沟通配合是否高效顺畅，是否能做到步调一致，行动迅速。这就要求管理层级必须适度。

　　过长的管理层级会导致信息传递速度慢、效率低，决策不及时，行动迟缓；而过短会导致职能的过度叠加，例如一个主管负责几十个人，看似沟通链条短了，但主管疲于应付，导致差错率高，质量无法保证。因此，对于工作内容相对单一、管理难度适中的部门而言，一般应采用扁平化模式，增加管理幅度，缩减管理层级，减少管理人员。而对于工作内容较为复杂，或工作职能较为专业独立的部门而言，则应缩减管理幅度，加强对下属的管理和指导，并适度增加管理层级，加强过程的跟踪和结果的验证，以提高工作质量。

当然，随着团队专业技能和职业素养的提升，以及信息化水平的提高，应及时评估并优化管理层级，在保证工作输出质量与关键风险可控的前提下，对公司内部的部门实现扁平化管理。而对于相对成熟独立的分子公司，可考虑开展业绩导向的授权管理。

5.3.1.3　各责任主体的责权利是否清晰，管理是否形成闭环

在组织结构下，每个部门和每个负责人都有自己的任务目标，但公司是一个整体，不但需要部门内部的合作，还需要跨部门的高效配合。从实务上看，很多企业的内部治理出现问题，往往都不在部门内部，而是在跨部门沟通上存在堵点，原因则多为部门之间的责权利边界不清晰。

以应收账款管理为例。在笔者服务的企业中，曾经出现过应收账款长期逾期却无人问津的情况。究其原因，业务部门认为自己只负责开拓市场、完成销售和维护客户，后面的催款和结算应由财务部门负责；而财务部门认为自己不熟悉客户，联系沟通难度大，催款效果不好，因此把自己的职责确定为对账和催要发票。这就出现了有人卖货但没人收钱的现象。

类似的事情在企业中并不少见，这也导致部门之间推诿扯皮，争功诿过，最后把损失都甩给了公司。显然，在组织结构的设计和复盘中，要重点关注流程在各部门之间是如何衔接的，责任是如何界定的。

此外，有目标就一定要有考核和奖惩，哪怕考核和奖惩未必完全合理，也需要进行。因为公司下达的目标是严肃的，也是各责任主体对公司的承诺，不考核不奖惩或者只考核不奖惩会大大削弱其严肃性，也会助长责任人消极怠工或者借口推脱的不良风气。换言之，没有考核和奖惩，自然无法形成有效的管理闭环。

5.3.1.4　把握原则性与灵活性的边界

去过餐厅的人应该都知道，大堂经理拥有一定的免单权。换言之，在遇到突发不利事件时，大堂经理可以直接作出决定，而无须先请示餐

厅老板，这就是灵活性。原则性和灵活性在企业中是并存的。一般而言，职能部门的原则性要大于灵活性，业务部门的灵活性要大于原则性。

对应到公司的组织结构中，也需要根据外部竞争环境、公司战略目标和管理水平进行灵活调整。一些公司的组织结构从建立之后，或者基本保持不变，逐渐与公司实际脱节；或者跟随公司的发展而不断扩大，造成机构林立，人员臃肿，大企业病明显。这都是未对组织结构的效能进行评估和优化调整的结果，从而制约了企业的健康发展。

5.3.2 强化内控质量，提升管理效果

制度流程是内部控制的核心组成部分，但制度流程又常常被视为僵化刻板的象征，认为制约了大家的行为，增加了管理成本，还没有创造新的价值。这是一个误解。

如果我们把企业当成一个行进中的汽车，如何能让各个部件协调工作，既能快速行驶，还能保证行车安全呢？靠的是汽车内部各种电气油路系统的配合。从汽车开始启动，各个系统就开始按照既定程序工作，带动各部件发挥作用。这套系统在企业中就是内部控制系统。

如何保证内控流程符合公司实际，发挥预期效果呢？可从以下三个方面入手。

（1）流程的顺畅性测试

流程设计之后，一定要先测试。一是评估流程的落地难度和效果，是否存在与现状脱节的情况；二是评估流程执行成本的高低和对工作效率的影响，以针对性调整。例如，有的公司规定每个月对公司资产进行全面盘点，从资产安全上看是必要的。但对于资产种类多且流转频繁的公司而言，需要投入大量的精力和时间，甚至为了配合盘点需要暂停生产，这并不符合公司的管理预期。取而代之的办法是，可将资产进行分类，每月对重要的静态资产进行全面盘点，而对于处于生产之中的原料、半成品等资产可以采用推算的方式合理估计，待季度末再全面盘点。

从实务操作上看，一个流程制度在正式出台前应在小范围内试运行，收集结果并分析不足，做出适当调整后再行发布，这既能保证流程的实施效果，也维护了流程发布的严肃性，避免陷入因落地障碍而不得不临时调整的被动局面。

（2）建立流程操作手册

一套合格的流程操作手册可以清晰表明整个流程的实施过程和关键节点，以及流程中每个岗位的工作标准、输出结果、限定时间和上下环节的衔接。换言之，在该手册下，只要对岗位人员进行适当培训，就可以完成标准化的工作输出，从而保证全流程的工作质量和工作效率。这已经在实践中得到了充分的验证。

（3）流程关键节点的控制

首先，流程设计中的关键节点需要综合评估。例如，采购部门确定采购流程时，最好由生产、财务和法务等部门共同参与讨论，包括生产部门需要提前多久提出采购需求，采购周期多久，以及如何保证采购部门获得的采购指令是具体和准确的，确保采购部门和生产部门的顺畅衔接；财务部门要根据预算对采购价格进行事先审核，是否在合理范围内，资金如何结算，发票何时收取；法务部门要重点审核采购合同中是否存在理解歧义、法律瑕疵或重大漏洞等。各部门各司其职，又相互补充，最大限度地减少采购中的风险承担，保护公司利益。

其次，严格按照流程执行。有的企业花费不少力气制定了一套制度流程，实际执行却是两层皮，这对企业毫无益处。较为常见的是，执行人员以流程设计不合理为借口，选择抄近道走捷径，私自简化流程甚至按照自己的想法行事，这是绝对不允许的，也是要给予严厉处罚的。因为这不仅对公司价值和文化导向有很强的破坏性，还可能会误导决策。例如，流程规定财务部要在每月底对库存进行全面盘点，以保证资产的安全完整。但财务人员为了省事选择不盘点，只是按照账面数据做了一个盘点表报上去，让决策者误以为库存是安全且账实相符的。一旦库存真的出现了账实不符，甚至出现了亏空或者毁损，需要查找原因和追究责任时就会陷入被动，资产是什么时候损失的，安全漏洞是什么时候形成的，都无从查起。因此，内部控制设计得再好，如果不严格执行，作用就无法发挥出来，由此形成的漏洞和风险都会直接侵害企业和股东的利益。

最后，需要注意的是，内部控制是公司顺畅运转的基本规则，而内部控制的主导者自然是决策者。其一，多数企业的内部控制制度高度相似，但又有所不同。而这些不同恰恰是内部控制个性化的关键所在，即符合企业实际，更好助力企业发展。这当然要得到决策者的认可。其二，决策者要抓好关键的内控环节，亲力亲为。何为关键？就是一旦失控，对公司造成的打击或损失是重大的。其三，决策者要牵头抓好各部门之间的沟通与协调工作。一个流程在公司中执行不理想的重要原因就是部门之间的配合不力，形成了人为堵点，继而带来扯皮和推卸责任。但说到底，还是流程设计上出了问题，依然需要决策者从中协调、纠偏和优化。

此外，有的决策者认为小企业建立内部控制是不经济的，不仅会增加成本，还会降低工作效率，甚至会制约公司的灵活发展。在当前的竞争环境下，只看到效率却忽视风险的管理思路并不妥当。小企业应该建立内部控制，但要区分重点，分清轻重缓急。

实务中，多数小企业在市场上都处于乙方位置，需要根据甲方需求及时做出应对，这时的内部控制应突出客户导向，但不能忽略关键内控环节。例如，与客户的合作必须签署协议，并就重要的协议条款进行审核，这直接关系到自身的利益回报和风险承担；又如，对外采购可以适当简化审批手续，但不能忽略对采购物品的型号、质量等的验收把关，避免未来难以进行责任认定和违约追责。

5.3.3 建立业绩导向的管理体系

实现业绩目标是经理层的责任，也是内部治理的重要输出结果。但目标的达成依赖公司各责任主体任务明确，责任清晰，才能各司其职，团结协作。

5.3.3.1　择机推行预算管理

预算的本质是将企业有限的资源，通过高效配置以达到预期目标的系统性工具，不仅反映了企业未来一年内的业绩目标，也是经理层管理企业的重要抓手。

全面预算包括了经营预算、资本预算和财务预算。其中，财务预算是经营预算和资本预算的汇总，并将年度业绩目标分解到季度或者月度，分解到各个分子公司、各业务条线主要负责人等责任主体，作为日后监控和绩效考评的依据。

在预算实施中，要注意以下三点。

（1）**有预算但无法落地**

不少企业都意识到预算对达成业绩目标和提升管理水平的作用，也编制了预算，但预算的实施结果并不理想。可能的原因包括：预算编制不合理，预算目标大幅偏离公司实际，无法落地；员工对预算抱有错误认知，积极性未被充分调动，应付了事等。

实务中，预算偏离实际是最为常见的原因。首先，决策者要树立正确的预算观念，即预算不是简单的压任务，而是统筹可用资源对未来目标的评估和模拟。其次，预算结果一定要通过推导得出，要有实现业绩目标的条件作为支撑，这里面不仅要有决策者的期待，也要有执行部门的实际能力，是两者博弈或者中和之后的结果。最后，预算要征得员工的普遍认同，这一点在很多企业都不被重视。预算是靠人完成的，如果员工不理解预算，不清楚预算与个人的利害关系，自然就不会上心，也没有动力实施。

（2）**不同发展阶段的企业，预算管理的重点也不同**

对于初创期的企业，由于规模较小，业务较为简单，不建议编制全面预算。决策者只要抓住几个核心指标即可，例如收入、利润、现金流等，由此制定预算目标，并分解到产品和团队上，让公司聚焦精力在市场上迅速立足，并为后期扩张积累条件。

进入发展期，公司的商业模式比较成熟，业务规模迅速增长，团队人数明显增加，管理难度也随之加大。此刻就需要考虑有重点地引入全面预算。由于开展全面预算会占用公司大量的精力，从实用角度上看，建议采用"二八"原则，即通过预算抓住核心问题，适当放弃非核心问题。例如，抓好全面预算中的销售预算、成本预算和现金流预算，也就是抓好收入、成本和资金，这样既能保证公司将精力集中在拓展市场、控制成本和提升盈利上，也能防范快速扩张或激进经营带来的资金流安全风险。

从发展期进入成熟期后，公司已经具备一定规模，管理也已成熟，推行全面预算管理的条件已经具备。过去帮助公司快速占领市场的手段，必然会导致投入的大幅增加，包括团队人数的扩充、办公场地及设备的增加、库存和应收的大量占用等，这些都会构成公司的成本，并随着产品成长性和盈利空间的下降而侵蚀公司的利润表现。与此同时，公司规模的增加也必然伴随风险的快速增加，包括资金风险、税务风险和市场需求变动风险等，稍有不慎，就会给企业带来重大损失。此时，公司的核心职能要落脚在稳健经营和精打细算上，也是引入全面预算管理的最佳时机。

（3）缺乏内部协调机制，奖惩不力

在预算实施过程中，经常会出现因为各部门衔接和配合不畅而带来的纠纷，导致预算整体工作推进不力，这本无可厚非。因为各部门都是预算的责任主体，也都需要完成既定的预算目标，自然会导致大家各自为政，很难站到公司整体利益的角度去思考和解决问题。此时，在公司层面建立协调机制非常必要，不仅能平衡各方利益，还能调动更多资源加以解决。

此外，奖惩不力也是导致预算执行效果不佳的原因。预算是量化的，执行结果也应与奖惩对应，只有论功行赏，赏罚分明，预算管理才能形成闭环。尽管在执行预算的过程中可能会遇到各种非预期变化，但不能不考核不奖惩，更不能搞平均主义或者和稀泥。这样只会降低预算的执行效果，甚至对预算管理造成误导。

5.3.3.2 利用分析评价，提升预算的管理效果

预算执行中的偏差是什么原因造成的，是客观因素还是主观因素，对预算目标的影响有多大，如何改善，这些问题都是分析评价的工作内容。

所谓分析评价，就是在对历史业绩进行分析的基础上，总结经验、

发现异常、深挖原因、针对性纠偏。在实务中，分析评价与预算管理是密切相关的，预算是目标和标尺，分析评价则是改善和提高。在分析评价中，有以下三个常见的误区需要避免。

第一，数据展示并不是分析评价。

一些企业的分析只是简单地陈列财务数据，计算出数据的同比或环比变化，但这只是展示，并不是分析，更不是评价。所谓分析，一定要分析数据变动背后的原因，识别出问题的根源，是什么原因导致了今天的结果。而评价则是判断这个变化对企业的影响是好是坏，影响有多大，继而提出保持、提升或纠偏的建议。

第二，不要将分析评价职能完全放在财务部或某个部门的身上。

有的企业习惯将与财务数据有关的事情交给财务部处理，例如分析评价。实际上，财务部门更多只是业绩结果的呈现部门，而非一线操作部门。换言之，销售收入为什么下滑，成本为什么上升，这都不在财务部的日常工作范围内。退一步讲，即便销售收入下降，也并非是销售部门可以独立负责的，例如，是否存在产品质量瑕疵导致的订单取消或口碑下滑，是否存在产品成本上升带来的竞争力下降。显然，分析评价是一个综合性问题，可以由某个部门牵头，组织相关部门共同研究，提出改善建议。

第三，不能只分析问题，还要分析成绩。

分析问题并纠偏改进，可以提升企业价值；而总结经验，复制推广也能提升企业价值。在实务中，很多企业往往忽视后者，认为只要完成任务就无须分析，甚至有人认为，分析成绩有作秀之嫌，这显然陷入了认识误区。

公司为什么能在竞争中成长起来，一定是做到了扬长避短，而扬长是认识优势、发挥优势、固化优势、推广优势，这是正确的，也是值得肯定的。当然，分析成绩要坚持实事求是和客观中立，在总结经验的同时，也要判断这些经验是否可以形成可复制的规则或机制，还要分析成绩中的运气成分。反之，要坚决杜绝分析变味，变成了对一些人的吹捧，这不利于树立健康良好的企业文化，也会破坏内部的竞争环境。

5.3.3.3 夯实财务基础，提升财务专业水平

财务数据是预算的呈现结果，也是预算编制、调整和考核的量化支撑。同时，财务数据源于企业的运营管理行为，是否能恰当处理和正确反映，关系到财务数据的质量。而决策者往往不懂财务，难以发现财务工作中的不足，也难以对财务呈现的结果进行评判。

财务基础好不好，更多体现在财务账做得对不对。把账做对包括了三层意思：

第一，账务处理要与业务实质相吻合，不能生搬硬套，这要求财务人员既要熟悉会计准则规定的各种账务处理情形，也要熟悉业务，了解公司的运营管理活动，只有这样才能进行恰当的账务处理。第二，原始单据要充分合理，财务数据要及时准确。原始单据是账务处理的必备附件，也是会计准则的要求，没有原始单据直接进行账务处理的被称为白条入账。但原始单据该怎么要求？如果要求的单据过多，过量的单据不仅不产出任何价值，还会增加相关部门的工作量，降低公司内部的工作效率；如果单据要求过少，尤其是核心单据缺失，账务处理就失去了依据，从而引发财税风险。这个度就是充分合理，恰如其分。这不仅考验财务人员的专业能力，也考验其实务操作能力。第三，财务人员的责任心。业务数据能否及时入账、财务专业判断是否合理、计提和摊销是否齐备等，需要财务人员的敬业和勤勉。

5.4 家族企业的公司治理

俗话说，富不过三代，这在今天的家族企业中体现得尤为明显。多数的家族企业，要不长不大，要不就是传承不顺利。在如今的竞争环境下，做企业如逆水行舟，不进则退。市场倒逼着家族企业引入公司治理，从不想引入，到不得不引入。

5.4.1　家族企业面临的治理困境

家族企业比较突出的问题是，创一代能力突出，凝聚力强，能做到审时度势，抓住发展机会。但这些智慧和能力并不能顺利移植到创二代身上。再者，创二代愿不愿接班，能不能接班，尤其在多子家庭中，谁来接班，其他子女的利益怎么办，会不会出现家族内部的争权夺利，这都是非常现实的问题。此外，创一代退休后，其他创业元老和中小股东是否能继续支持创二代的工作，企业能否在创二代的带领下正常运转，也存在很大的不确定性。

但现实是，多数家族企业并未认真考虑过这个问题。尽管有限公司已经成为家族企业的主要法律组织形式，但并没有改变内部人治的家族特征。

当然，家族治理并非没有优势，它强调的是家族成员在治理中的核心地位，维护的是本家族的利益，因此决策更加灵活，反应速度更快。而现代化企业的公司治理突出的是以三会一层为基础建立的分级授权和交叉监督机制，追求的是科学决策和稳健执行，而非依赖亲情关系。因此，从家族企业的发展态势看，人治必然会被削弱或淡化，而三会一层的治理模式会更加普及。

此外，有的股东为了顺利传承，也曾考虑大力引进职业经理人，适度授权，以提高决策质量和执行能力，为后期退休做准备。但目前我国的信用制度较为薄弱，职业经理人市场也不完善，股东也担心由此而给企业带来不可控的风险。

5.4.2　树立公司治理理念，有序传承企业

既然公司治理是现代企业发展的趋势，不仅能保证决策质量，还能减少对人治的依赖，这就在很大程度上解决了创一代退休带来的顺利传

承问题。退一步讲，如果公司治理能发挥作用，即便创二代不愿或不能接班，公司一样可以正常运转。而对于有资本化意图的家族企业则更是如此，家族治理模式下决策权基本集中在家族内部，换言之，企业的发展和风险全系于大股东一人，这是投资人不愿看到的。没有合理的权力制衡，就很难有科学的决策机制，企业也就难以走得长远。

而公司治理要发挥作用并非一蹴而就，最好从现在就开始有意识地引入和尝试。例如，适时引入高素质的职业经理人，增加其在重大决策中的意见比重；向职业经理人适度授权，大股东通过过程的指导和监督，成熟一项授权一项。此时，大股东则从操盘者慢慢向盯盘者演变，逐步淡出一线管理，重点把握企业的发展方向和战略布局。若企业已经具备了一定规模，应考虑对管理层级进行划分，例如，取消执行董事，设立董事会，由个人决策变成一人一票的集体决策；加强分子公司内部治理建设，适度突出分子公司在经营管理上的独立权，并将相对成熟的分子公司完全推向市场，激发其应变能力和创造能力，从而提升集团整体竞争力和股东回报。

同时，大股东应加强对人才的甄选和考察，储备优秀人才。一方面，对于不称职的董事、CEO 等高级管理人员应及时调整；另一方面，要把后备人才队伍建设提升到公司战略的高度，从专业技能、管理水平和文化认同等方面对后备人才进行系统培养，为公司源源不断地输出人才。

5.4.3　股权信托有助于提升家族企业的治理水平

在公司治理的角度上，股权信托实现了所有权与经营权的分离，即家族企业的股权不属于家族中的任何人，家族成员只享有股权信托的受益权。同时，股权信托的合理设计也可以让家族成员继续掌握家族企业的决策权和经营权。

既然家族成员不拥有股权，自然就不涉及因股权继承带来的家族内部争权夺利的风险，也从根本上杜绝了中小股东或职业经理人伺机夺权、侵害大股东核心利益的可能。此时，大家的利益来源都是公司创造的超额回报，公司干好了，大家一起受益，正向激励的基础也就具备了。换言之，在股权信托的模式下，家族成员往往会更加信任以职业经理人为代表的代理人，并愿意为其创造更好的工作环境和工作条件，职业经理人也有动力为企业投入更多的努力，以换取更大的个人回报。

但需要注意的是，在个人利益的驱使下，职业经理人很可能会侧重追求企业的短期利益，放弃或损害企业的长期利益。因此，家族成员要始终掌握企业战略层面的决策权，对长短期利益进行合理平衡。此外，随着职业经理人权力的扩大，职业道德问题、同业竞争问题等都会成为高风险领域，家族成员应通过独立董事、监事、外部审计、第三方顾问等加以监督和指导，在努力消除信息盲区的同时，也能达到保护职业经理人、维护企业和股东利益的目的。

第 6 章

股权税收与筹划

在股权架构的设计中，税收是非常重要的组成部分。无论是在搭建股权架构时的股东出资，还是持股过程中的股东分红，以及股东退出时的股权变现，抑或利用股权进行的资产交换和并购重组，都可能触发纳税义务，而税负成本往往都由股东承担。同时，设计了何种股权结构，选择了什么样的持股主体，发生了何种应税行为，会触发不同的纳税义务，适用于不同的税收政策。换言之，税负的高低与股权架构的设计直接相关。因此，合理安排股权结构，在实现股东目标的同时，降低税收风险与股东的税收负担，是股权架构设计中的重要环节。

6.1 税法要素与不同股权结构下的应税行为

6.1.1 税法要素的基本构成

税法要素包括了征税对象、纳税义务人、税目、税率、纳税期限，以及减免税政策（如有）、罚则等，这也是单行税法共同具备的。换言之，任何一种应税行为，在税法中都有明确的对应关系，便于纳税人（或扣缴义务人）自行申报缴纳和税务机关的征收征管。

例如，个人股东从企业获得分红，需缴纳 20% 的个人所得税。拆解来看，分红就是征税对象，股东为纳税义务人，税目为股息红利所得，税率为 20%，纳税期限为取得分红的次月 15 日内，等等。

同时，根据《关于上市公司股息红利差别化个人所得税政策有关问题的通知》（财税〔2015〕101 号）的规定，个人从公开发行和转让市场取得的上市公司股票，持股期限超过 1 年的，股息红利所得暂免征收个人所得税；持股时间超过 1 个月但不足 1 年的，暂减按 50% 计入应纳税所得额征收个人所得税。这就属于个人分红应税行为的减免税政策。

从征管要求上看，如果纳税人或扣缴义务人没有按期申报纳税的，税务机关有权责令限期申报或缴纳税款，并酌情处以罚款、加收滞纳金等处罚。这就属于罚则。

可见，税法要素涵盖了纳税行为的方方面面，不仅包括了税收实体，也包括了税收程序。相应地，股东和企业发生的股权应税行为，自然也要符合税法要素的相关规定。

6.1.2 应税行为与股权结构的内在逻辑

实务中，股权上触发的应税行为主要分为三种：非货币性财产出资的应税行为、股东获得分红的应税行为，以及股东转让股权的应税行为。不同的应税行为对应不同的税法要素。而从持股主体上看，实务中最为常见的为法人股东、非法人股东和自然人股东三种。

如果把不同的应税行为与不同的持股主体组合到一起，就构成了不同股权结构下的应税行为。

例如，自然人甲和乙通过 A 合伙企业持有 B 公司的股权，B 公司再持有 D 公司的股权，而自然人丙通过 C 公司也持有 D 公司的股权，全部呈现出来就形成了如图 6-1 所示的股权结构。

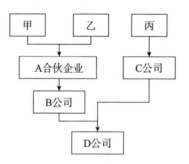

图 6-1　D 公司的股权结构

6.1.2.1　拆分股权结构

从股权结构上看，D 公司的股东是 B 公司和 C 公司，均为法人持股；B 公司的股东是 A 合伙企业，为非法人持股；A 合伙企业的合伙人为甲、乙两个自然人股东，而 C 公司的股东为自然人丙。

拆解开来，D 公司基本的持股结构依然是，法人持股（本例为有限公司持股）、非法人持股（本例为合伙企业持股）和自然人持股这三个模式。这也说明，尽管每个企业的股权结构不尽相同，甚至有些企业的股权结构更为复杂，但拆解之后，其基本结构多为这三种。

从税法上讲，即便同样的应税行为，在不同持股结构下触发的税法要素也并不完全相同，尤其体现在税率和税收优惠政策上，这也是实务中进行股权税收筹划的关键点。

6.1.2.2 不同股权结构下的应税行为

以分红为例。假设 D 公司要向甲、乙、丙三个自然股东分红，就会触发不同层级股东的纳税义务。

例如 D 公司要向自然人甲分红，要先向 B 公司分红，增加 B 公司的所得收益，应交税。但根据《中华人民共和国企业所得税法》（以下简称《企业所得税法》）第二十六条规定，符合条件的居民企业之间的股息、红利等权益性投资收益，为免税收入，因此 B 公司拿到分红无须交税。

然后 B 公司再向 A 合伙企业分红。根据《财政部 国家税务总局关于合伙企业合伙人所得税问题的通知》（财税〔2008〕159 号）第二条规定，合伙企业以每一个合伙人为纳税义务人。合伙企业的合伙人是自然人的，缴纳个人所得税；合伙人是法人和其他组织的，缴纳企业所得税。换言之，A 合伙企业获得分红无须交税，而应该由合伙人缴纳。甲作为 A 合伙企业的合伙人，应对分红交税。

根据《中华人民共和国个人所得税法》（以下简称《个人所得税法》）的规定，个人获得分红应当按照利息、股息、红利所得适用 20% 的税率交税。且对照上述个人股东分红的税收优惠政策，甲并不符合。因此，甲应该按照 20% 的税率计征个人所得税，并在分红的次月 15 日内完成缴纳。

同理，若 D 公司向自然人丙分红，也应先向 C 公司分红，再由 C 公司向股东丙分红。丙应按照 20% 的股息红利所得缴纳个人所得税。

可见，同样是分红，但在不同股权结构下会触发各层级股东不同的纳税义务，对应不同的税法要素。同时，还要叠加相应的税收优惠政策，最终形成纳税人的实际税负。由此可以延伸到，非货币财产出资、股权转让等应税行为，在不同场景下触发的纳税义务也不尽相同，都需要逐一分析和确定。

6.1.2.3 不同应税行为对应的税种和税率

在非货币性财产出资、股东分红和股权转让这三种常见应税行为中，分红涉及的税种是最为单一的，即企业所得税和个人所得税。其次是股权转让，除涉及企业所得税和个人所得税外，还会涉及印花税；如果转让的股权为有价证券，如上市公司股票，还会涉及增值税。而非货币性财产出资是涉及税种最多的，除了企业所得税、个人所得税、印花税和增值税，还可能涉及土地增值税、契税等税种。

此外，即便同一个税种，对应的税率也不尽相同。例如股东以非货币财产出资，会触发增值税纳税义务。若股东为一般纳税人，对应的增值税税率为 13%；若股东为小规模纳税人，对应的增值税征收率为 3%（2023 年 8 月至 2027 年底减按 1% 征收）。

综上，设计不同的股权结构，选择不同的持股主体，发生不同的应税行为，会触发不同的纳税义务，从而构成股东和企业的实际税负。换言之，股权结构一旦确定了，对应的税负也就基本确定了。实务中，有的股东认为股权上的税负过高，通过打擦边球或者违法违规的方式偷逃税款，这是不明智的。如果股东希望降低税负，首先要考虑的是能否调整当前的股权结构，实现长期合法降税。然而，调整结构通常又会触发新的纳税义务，这就形成了一个税负困境，即不调整股权结构则税负偏高；调整股权结构后税负虽然会降低，但要承担调整过程中新增的税负。这就需要对调整前后的方案进行量化对比，如果调整之后的税负明显下降，且在可预期的时间内创造的税收利益高于调整时新增的税务成本，原则上就是经济的，反之则是不经济的。

但从根本上讲，要在最大限度上降低税负，最好的办法是在设计股权架构时同步考虑税务问题，判断不同方案需要承担的税负成本，并对未来可能发生的应税行为提前设计好通道，将税负控制在预期范围内。这是降低税负并合理控制税务风险的关键。

6.2 出资环节的股权税收

法律允许的出资方式很多，例如出钱、出物、出技术。《公司法》

（2018 年修正）第二十七条规定，股东可以用货币出资，也可以用实物、知识产权、土地使用权等可以用货币估价并可以依法转让的非货币财产作价出资；但是，法律、行政法规规定不得作为出资的财产除外。

实务中，通常把货币出资称为出钱，主要指的是以现金和银行存款出资；而将出物、出技术，以及用其他可评估作价的资产出资，包括股权、土地使用权等，一并称为非货币性财产出资。

6.2.1 货币出资

股东以货币出资，除印花税外，基本不涉税。

根据《中华人民共和国印花税法》（以下简称《印花税法》）的相关规定，股东与被投资企业都是印花税的纳税义务人。以被投资企业为例，其应按照营业账簿记载的实收资本（股本）与资本公积合计金额的万分之二点五缴纳印花税。例如，股东出资 1 亿元，被投资企业需要缴纳 2.5 万元的印花税。当然，被投资企业无论接受货币投资还是非货币性财产投资，都需要缴纳印花税，且印花税的计税依据都是一致的。

6.2.2 非货币性财产出资

《公司法》（2018 年修正）规定，股东可以使用非货币性财产出资。但需要注意的是，并非所有非货币性财产都可以用来出资。

首先，要判断其产权是否清晰，即拟出资资产的所有权是否完全归属出资人，是否存在争议或瑕疵，避免后期产生纠纷，影响企业的运营安全。其次，非货币资产的价值能否进行评估作价，如果不能量化，就不能用于出资，例如以商誉、信用、智慧等出资就无法评估，不符合出资条件。最后，非货币性资产是否能依法转让，即伴随出资的动作，应将非货币资产的所有权转入被投资企业名下，方能完成出资。

在出资的过程中，资产的所有权发生了变更，于是在税法上就分解为了两步：第一步，转让资产所有权，形成评估价，可理解为股东按照评估价出售资产，收回现金；第二步，用现金出资。因此，第一步就会触发纳税义务，包括所得税、增值税、印花税等。如果转让的是土地使用权、房屋建筑等不动产，还可能会触发土地增值税、契税等。

6.2.2.1 非货币财产出资的所得税处理

非货币性财产的价值评估结果有三种，折价、平价和溢价。实务中，平价和溢价最为常见。所谓平价，就是资产的评估值与资产当前的价值持平，而溢价为资产的评估价值高于资产的当前价值。

从所得税上看，只有当资产的评估价高于资产价值时，才会产生"所得"。因此，评估溢价是触发所得税纳税义务的前提。

对法人股东而言，根据《财政部 国家税务总局关于非货币性资产投资企业所得税政策问题的通知》（财税〔2014〕116号）的相关规定，企业以非货币性资产对外投资，应对非货币性资产进行评估并按评估后的公允价值扣除计税基础后的余额，计算确认非货币性资产转让所得。例如，法人股东A用机器设备向B公司投资，设备的计税价格为10万元，评估值为50万元，则B公司收到注资资产的入账价值就是50万元。此时，投资增值的40万元（50万元–10万元）就视同股东A公司变卖设备用于投资而产生的所得，应按照25%的税率缴纳企业所得税，即25%×40万元=10万元。

可见，所得税的高低不仅与资产的评估价值有关，也与其计税价格有关。需要注意的是，这里的计税价格并非财务账上体现的资产价值，而是以税法要求形成的资产价值，两者并不完全相同。例如，股东A公司用于投资的设备，最初的购买价格为20万元，折旧期为4年，使用2年之后向B公司投资。在不考虑残值的情况下，按照税法规定A公司每年计提的折旧为5万元（20万元/4年），使用2年后的计税价格为10万元（20万元–5万元–5万元）。但财务选择的折旧方法是加速折旧法，即第一年的折旧为10万元，第二年的折旧为5万元，使用2年后的账面净值为5万元（20万元–10万元–5万元）。此时，以该设备对外投资，在计算所得额时应扣除的设备投资成本为税法口径的计税基础 10 万元，而非财务口径的资产净值 5 万元。

若投资人为自然人的，根据《财政部　国家税务总局关于个人非货币性资产投资有关个人所得税政策的通知》（财税〔2015〕41 号）的相关规定，个人以非货币性资产投资，应按评估后的公允价值确认非货币性资产的转让收入，非货币性资产转让收入减除该资产原值及合理税费后的余额为应纳税所得额。承接上例，如果投资人为个人股东的，需要按照 20% 的税率对投资溢价部分缴纳个人所得税，即 20% × 40 万元 = 8 万元。

可见，无论是企业出资还是个人出资，所得额的计算原理是一致的。

从所得税的税率上看，法人股东一般适用于 25% 的企业所得税税率，自然人股东适用于 20% 的个人所得税税率，合伙企业股东则根据合伙人性质确定相应的所得税率。纳税人以所得溢价乘以所得税率计算应缴纳的所得税金额，并在规定期限内完成缴纳。

需要注意的是，在此过程中，非货币性出资并未产生现金，却需要用现金交税，这会增加投资人的资金压力，甚至会在一定程度上制约投资活动的发生。对此，国家出台了递延纳税的优惠政策。

对于法人股东而言，根据《国家税务总局关于非货币性资产投资企业所得税有关征管问题的公告》（国家税务总局公告 2015 年第 33 号）第一条的规定，实行查账征收的居民企业以非货币性资产对外投资确认的非货币性资产转让所得，可自确认非货币性资产转让收入年度起不超过连续 5 个纳税年度的期间内，分期均匀计入相应年度的应纳税所得额，按规定计算缴纳企业所得税。换言之，股东并不需要一次性缴纳所得税，可以在 5 年内平均缴纳，这是递延纳税的优惠政策。相较于先变卖资产再投资而言，法人股东直接以非货币性资产投资入股可以降低自身的交税压力。但同时也规定，如果在投资 5 年内转让上述股权或投资收回的，应停止执行递延纳税政策，并就递延期内尚未确认的非货币性资产转让所得，在转让股权或投资收回当年的企业所得税年度汇算清缴时，一次性计算缴纳企业所得税。

对于自然人股东而言，根据《财政部　国家税务总局关于个人非货币性资产投资有关个人所得税政策的通知》（财税〔2015〕41号）第三条的相关规定，纳税人一次性缴纳有困难的，可合理确定分期缴纳计划并报主管税务机关备案后，自发生上述应税行为之日起不超过5个公历年度内（含）分期缴纳个人所得税。需要注意的是，该规定中并未明确是否按年平均缴纳，因此，自然人股东可以提前与税务机关沟通，争取对自己有利的分期交税条件。

在递延纳税的优惠政策中，还有一个例外情况。根据《财政部　国家税务总局关于完善股权激励和技术入股有关所得税政策的通知》（财税〔2016〕101号）第三条的规定，企业或个人以技术成果投资入股到境内居民企业，被投资企业支付的对价全部为股票（权）的，企业或个人可选择继续按现行有关税收政策执行，也可选择适用递延纳税优惠政策。选择技术成果投资入股递延纳税政策的，经向主管税务机关备案，投资入股当期可暂不纳税，允许递延至转让股权时，按股权转让收入减去技术成果原值和合理税费后的差额计算缴纳所得税。换言之，若以专利等技术成果投资入股的，股东既可以选择五年分期交税，也可以选择暂时不交税，待持有的股权变卖时再行缴纳。

6.2.2.2　非货币性资产出资的增值税处理

非货币性资产出资会触发增值税的纳税义务。

非货币性资产出资尽管不是真正意义上的销售行为，但会伴随着资产所有权的转移，因此在税法上被称为视同销售。根据《中华人民共和国增值税暂行条例实施细则》的相关规定，将货物、土地所有权、专利技术等非货币性资产作为投资，提供给其他单位或个体工商户的，视同销售，属于增值税的纳税范围。

税法将非货币性资产出资视同销售的主要考虑是，保证增值税链条的完整，堵塞相应的税收征管漏洞。增值税的特点是链条抵扣，即投资者或股东作为"销售方"，只有向被投资企业开具增值税专用发票，被投资企业才能作为进项予以抵扣；同时，被投资企业只有获得了增值税发票，才能在所得税前进行列支。相反，如果不能获得增值税发票，增值税链条就断了，被投资企业就缺少资产入账的关键依据，更无法进行相关税务处理，导致自身的实际税负增加，而转让方也可以通过不开发票、少开发票等方式偷逃税款，损害税收公平和国家的税收利益。

需要注意的是，并非所有非货币性资产的转移都需要缴纳增值税。根据《营业税改征增值税试点过渡政策的规定》的相关规定，纳税人提供技术转让、技术开发和与之相关的技术咨询、技术服务，免征增值税。可见，无论是企业投资人还是自然人投资人，使用专利等技术成果对外投资的，均不缴纳增值税。此外，根据《国家税务总局关于纳税人资产重组有关增值税问题的公告》（国家税务总局公告 2011 年第 13 号）的规定，纳税人在资产重组过程中，通过合并、分立、出售、置换等方式，将全部或者部分实物资产以及与其相关联的债权、负债和劳动力一并转让给其他单位和个人，不属于增值税的征税范围，其中涉及的货物转让，不征收增值税。换言之，这种重组行为的实质是股东变卖公司，而货物作为公司资产的组成部分一并转让，因此，这种资产所有权的转移行为并不需要缴纳增值税。

6.2.2.3 非货币性资产出资的土地增值税

土地增值税是伴随着国有土地所有权的转让而触发的纳税义务，包括直接转让土地使用权，或连同地上建筑物和其他附着物一并转让。转让方为土地增值税的纳税人，受让方或被投资企业无须缴纳。

土地增值税为四级超额累进税率，最低税率为30%，最高税率为60%。增值额越高，适用的税率就越高，需缴纳的土地增值税就越多。

从税收政策上看，使用土地（房地产）作价投资的，是否需要征收土地增值税要区分不同情况。根据《财政部 国家税务总局关于土地增值税一些具体问题规定的通知》（财税〔1995〕48 号）第一条规定，对于以房地产进行投资、联营的，投资、联营的一方以土地（房地产）作价入股进行投资或作为联营条件，将房地产转让到所投资、联营的企业中时，暂免征收土地增值税。另根据《财政部 国家税务总局关于土地增值税若干问题的通知》（财税〔2006〕21 号）第五条的规定，对于以土地（房地产）作价入股进行投资或联营的，凡所投资、联营的企业从事房地产开发的，或者房地产开发企业以其建造的商品房进行投资和联营的，均不适用《财政部　国家税务总局关于土地增值税一些具体问题规定的通知》（财税字〔1995〕48号）第一条暂免征收土地增值税的规定。显然，财税〔2006〕21号文对财税字〔1995〕48号中享受暂免征税的范围做了限制性规定，即在投资企业和被投资企业中，只要任何一方属于房地产企业的，就不符合暂免范围，需要缴纳土地增值税；但若双方均不属于房地产企业，或个人使用土地使用权（房产）投资于非房地产企业的，依然属于暂免征税的范围。

6.2.2.4　非货币性资产出资的契税处理

契税是以土地和房产的产权转移为征税对象，其与土地增值税密切相关，但又存在较大不同。

第一，土地增值税仅对土地产权的转让征税，而对产权的出让不征税。但契税则不区分转让和出让，只要产权转移，都属于契税的征税范围。第二，纳税主体不同。土地增值税以转让方为纳税人，谁转让谁交税，而契税则以产权承受人为纳税人，即谁买谁交税。第三，税率和税基不同。契税实行3%～5%的幅度税率，明显低于土地增值税的税率。第四，从税基上看，契税是按照土地和房产的成交价格计算，而土地增值税是按照转让的增值额计算。

从税收政策上看，根据《财政部　税务总局关于继续执行企业、事业单位改制重组有关契税政策的公告》（财政部　税务总局公告2021年第17号）第六条规定，同一投资主体内部所属企业之间土地、房屋权属的划转，包括母公司与其全资子公司之间，同一公司所属全资子公司之间，同一自然人与其设立的个人独资企业、一人有限公司之间土地、房屋权属的划转，免征契税。母公司以土地、房屋权属向其全资子公司增资，视同划转，免征契税。需要注意的是，在公司层面，优惠政策仅限于集团与其100%控股的公司之间，以及集团100%控股的各子公司之间的土地与房屋权属划转，方为免税范围。如果子公司虽由集团控股但并非100%，彼此之间划转土地和房屋权属，则不属于契税的免征范围。

6.2.2.5　非货币性资产出资的印花税处理

非货币性出资的资产不同，适用的印花税目和税基不同，对应的税率也不同。

对于被投资企业而言，需按照接受投资对应增加的实收资本（股本）与资本公积合计金额进行交税，税率为万分之二点五。

但对于投资者或股东而言，则应按照不同的应税行为确定税目和税率。例如，股东以货物、设备等动产进行出资的，应以买卖合同的税目，按照转让价款（不含增值税额）的万分之三缴纳印花税；又如，以土地使用权、房屋等建筑物，或以持有的其他企业股权出资的，应以产权转移书据的税目，按照价款（不含增值税额）的万分之五缴纳印花税；若股东以专利权或专有技术使用权出资的，应按产权转移书据的税目，按照价款（不含增值税额）的万分之三缴纳印花税。

6.2.3　留存收益转增资本

与货币与非货币性财产出资对应的是，股东将属于全体股东的留存收益转增资本，提高股东出资和公司的实收资本。从这个意义上，留存收益转增资本也属于股东出资。

什么是留存收益呢？

财务报表中的净资产中包括了 4 项内容：实收资本、资本公积、盈余公积和未分配利润，其中后两者的合计被称为留存收益。无论是盈余公积还是未分配利润，都来自公司税后利润的累计创造，也是公司净资产的核心来源之一。

一般而言，未分配利润可以用于股东分红，当然也能用于转增资本。盈余公积同样可以转增资本。《公司法》（2018 年修正）第一百六十八条规定，公司的公积金可用于弥补公司的亏损、扩大公司生产经营或者转为增加公司资本。但法定公积金转为资本时，所留存的该项公积金不得少于转增前公司注册资本的百分之二十五。可见，盈余公积可视同先分红，再转增资本。

因此，留存收益转增资本，在税法上可以理解为两步，视同分红和增资，而分红会触发股东的纳税义务。《企业所得税法》第二十六条规定，符合条件的居民企业之间的股息、红利等权益性投资收益，为免税收入。换言之，法人股东从直接投资的法人企业获得的分红无须缴纳企业所得税。而对于个人股东而言，根据《个人所得税法》的相关规定，需要缴纳20%的个人所得税，这在一定程度上降低了个人股东的分红意愿。但若公司计划上市，必然要进行股份制改造，对有限公司的净资产折股，其留存收益要先视同分红再转增资本，仍会触发个人股东的个人所得税纳税义务。

从税收优惠政策上看，根据《财政部　国家税务总局关于将国家自主创新示范区有关税收试点政策推广到全国范围实施的通知》(财税〔2015〕116号)的规定，自2016年1月1日起，全国范围内的中小高新技术企业以未分配利润、盈余公积、资本公积向个人股东转增股本时，个人股东一次缴纳个人所得税确有困难的，可根据实际情况自行制订分期缴税计划，在不超过5个公历年度内（含）分期缴纳，并将有关资料报主管税务机关备案。需要注意的是，这里的优惠政策仅限于中小高新技术企业，即经认定取得高新技术企业资格，且年销售额和资产总额均不超过2亿元、从业人数不超过500人的企业，而非适用于所有企业；而且个人股东在分期缴税前应先到税务机关备案，否则也无法享受该政策。

6.2.4　资本公积转增资本

资本公积是净资产的内容之一。

资本公积主要核算的是，企业收到股东或投资人的实际投资超出了其在企业注册资本中所占份额的部分，以及其他计入净资产的利得和损失等。前者在财务处理上被称为资本公积—资本溢价，后者往往会根据不同属性分别归类到资本公积—外币资本折算差额、资本公积—接受捐赠非现金资产准备、资本公积—其他资本公积等项目中。资本公积归入所有者权益项下，为全体股东所有。

资本公积转增资本的核心逻辑是，首先将资本公积内的相关项目转入实收资本，实现所有者权益内部之间的调整，而所有者权益总额不变；其次，对应调增各股东持有股权的绝对值份额。在实务中，资本公积转增资本时，通常只发生在资本公积—资本溢价与资本公积—其他资本公积这两个会计科目中。

一般而言，资本公积转增资本不属于经营利润分配，因此，其税法遵从不同于留存收益转增资本。根据《国家税务总局关于贯彻落实企业所得税法若干税收问题的通知》（国税函〔2010〕79号）第四条的相关规定，被投资企业将股权（票）溢价所形成的资本公积转为股本的，不作为投资方企业的股息、红利收入，投资方企业也不得增加该项长期投资的计税基础。换言之，以资本溢价部分的资本公积转增资本，对法人股东而言无须缴纳企业所得税，但对应的计税基础也不能相应增加，仍以未转增前的实收资本作为未来计算股权转让所得的基础。这不同于留存收益转增股本时可以增加长期投资计税基础的规定，主要考虑是两者权益来源的属性完全不同。同理，若以其他资本公积转增资本的，法人股东无须缴纳企业所得税，但长期投资的计税基础也不能相应调增。

而对于个人股东而言，在实务中税务机关一般会按照先分红再投资的逻辑分解计税，即个人股东先缴纳20%的个人所得税，再完成投资，并增加个人的股权计税基础。当然，符合条件的自然人股东可以依法享受分期交税的优惠政策。

6.3　持有环节的股权税收

持有环节发生的股权应税行为为股东分红。

从持股主体上看，分为法人股东、非法人股东和自然人股东三种，其中法人股东直接从被投资居民企业中获得的分红免税，自然人股东按照 20% 的税率缴纳个人所得税，而非法人股东要区分不同情况以确定分红的税收政策。

6.3.1 法人股东的分红税收

《企业所得税法》第二十六条规定，符合条件的居民企业之间的股息、红利等权益性投资收益，为免税收入。

需要注意的是，第一，居民企业从直接投资的其他居民企业中获得的分红才能免税，例如 A 公司投资 B 公司，从 B 公司获得的分红为免税收入；但若 A 公司先投资 C 合伙企业，再通过 C 合伙企业投资 B 公司，同样实现了 A 公司对 B 公司的控制，但两者之间并非直接投资，而是间接投资，因此，A 公司从 B 公司获得的间接分红就不属于免税收入，需要缴纳企业所得税。第二，个人独资企业和合伙企业不缴纳企业所得税，自然不适用《企业所得税法》，因此，居民企业从独资企业或合伙企业获得的分红，不符合免税政策，例如 A 公司从 C 合伙企业获得的分红并不免税，依然需要缴纳企业所得税。

6.3.2 自然人股东的分红税收

一般情况下，自然人股东从被投资企业获得分红，都需要按照股息红利所得缴纳 20% 的个人所得税。但如果被投资企业为上市公司，自然人股东从公开发行和转让市场取得上市公司股票的，或自然人股东持有新三板挂牌公司股票的，可根据持股时间长短享受分红减免的优惠政策。同样地，该政策仅限于自然人股东直接持有上市公司或新三板公司的股票，若自然人股东通过有限公司或有限合伙企业间接持股，则不符合政策要求，自然不能享受分红的优惠政策。

6.3.3　合伙企业股东的分红税收

合伙企业在税法上是一个特殊主体，有两个突出特点：第一，税收透明体；第二，先分后税。

所谓的税收透明体，是由于合伙企业为非法人企业，其经营所得、投资所得和其他所得，本身并不需要缴纳所得税，而应穿透到各合伙人，构成合伙人的纳税义务。《财政部　国家税务总局关于合伙企业合伙人所得税问题的通知》（财税〔2008〕159 号）第二条规定，合伙企业以每一个合伙人为纳税义务人。合伙企业合伙人是自然人的，缴纳个人所得税；合伙人是法人和其他组织的，缴纳企业所得税。换言之，合伙企业只是一个架构或者通道，合伙人才是所得税的纳税主体，这是实务中将合伙企业称为税收透明体的原因。

先分后税指的是，合伙企业在形成利润或所得之后，无论该利润是否向合伙人分配，合伙人都应该视同已经分配，按照各自的合伙份额申报纳税。需要注意的是，先分并非指先分红，而是按照合伙份额计算出各合伙人的所得，先将纳税义务分配给纳税人。这种方式主要考虑到，合伙企业并非纳税主体，合伙人才是实际纳税主体和民事责任承担者，因此，应将纳税义务先分配给各合伙人，从而保证税款的及时申报和缴纳。

在实务中，合伙企业的所得一般分为两种：经营所得和投资所得。经营所得可理解为合伙企业在纳税年度内形成的经营利润，属于全体合伙人，法人合伙人将其作为投资收益缴纳企业所得税，自然人合伙人则按照个体工商户生产经营所得的应税项目，适用 5%～35% 的五级超额累进税率缴纳个人所得税。

分红属于合伙企业的投资所得，法人合伙人需缴纳企业所得税，自然人股东需缴纳 20% 的个人所得税。

此外，合伙人如果是个体工商户或个人独资企业的，其从合伙企业获得的分红，并不并入个体工商户或个人独资企业的收入，而应单独作为投资者个人取得的利息、股息、红利所得，缴纳个人所得税。换言之，分红不经过个体工商户或个人独资企业，视同直接向投资人的分红，投资人应按照 20% 缴纳个人所得税，这是需要注意的。

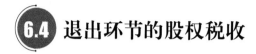

6.4 退出环节的股权税收

退出意味着股东或出售股权，或退还代持他人的股权，或合并、分立、企业重组等引发股权所有权变更的情形。

6.4.1 出售股权的税务处理

实务中，股东退出的最常见情形就是出售股权，继而触发所得税、增值税、印花税等纳税义务，其中所得税是核心税种。

6.4.1.1 所得税处理

根据《国家税务总局关于贯彻落实企业所得税法若干税收问题的通知》（国税函〔2010〕79 号）的规定，企业转让股权收入扣除为取得该股权所发生的成本后，为股权转让所得。例如，A 公司投资 B 公司的股权成本是 1000 万元，出售价格为 1500 万元，则增值额 500 万元为转让所得。假设 A 公司的企业所得税税率为 25%，则需缴纳 125 万元（500 万元 ×25%）的企业所得税。这是一般性的税务处理，即根据股权变卖的所得额计算缴纳企业所得税。

在实务中可能存在另一种情形。在 A 公司出售 B 公司股权时，B 公司中存在属于 A 公司但尚未分红的未分配利润，假设为 200 万元。此刻，A 公司转让价格 1500 万元中就包括了这 200 万元的未分配利润，且根据税法规定，该 200 万元属于投资所得，直接转让需缴纳 25% 的企业所得税，即 50 万元。但同时，A 公司和 B 公司同属居民企业，根据税法规定，B 公司向 A 公司的分红为免税收入，即 200 万元的分红无须交税。因此，在转让股权时，应考虑先将属于法人股东的未分配利润进行分配，再对外转让。这样就会降低转让价格和转让方的所得额，继而降低企业所得税，这属于税务筹划的内容。

同理，非法人股东和自然人股东转让股权也应按照转让溢价计征所得税。但不同的是，先分红再转让的税务筹划方法并不适用于这两类股东。例如，合伙企业作为非法人股东，需要由合伙人自行纳税，即便合伙人为法人企业，也不符合直接持股的分红免税政策，其取得分红依然要缴纳企业所得税，这与转让股权承担的企业所得税率并无不同，因此，先分红后转让并不能降低其所得税负担，该筹划方式不适用。又如，自然人股东无论获得分红，还是转让股权获得增值，都需要缴纳个人所得税，尽管分别适用于股息红利所得与财产转让所得两个不同的税种，但税率均为 20%，因此，先分红后转让也不会减少自然人股东的税收负担。

实务中，还可能存在股权买卖双方为了少交税而人为降低股权转让价格的情况。例如，股权价值 1500 万元，但双方协商将股权价格降低到 200 万元甚至 1 元、0 元，并据此签署股权转让协议，进行税务申报，其目的是通过人为降低交易价格而减轻或免除纳税义务。根据《股权转让所得个人所得税管理办法（试行）》（国家税务总局公告 2014 年第 67 号）的相关规定，如果纳税人发生应税销售行为的价格明显偏低并无正当理由的，由主管税务机关核定其销售额；如果纳税人申报的计税依据明显偏低，又无正当理由的，税务机关有权核定其应纳税额。

规定中明确的核定股权转让收入的方法包括三种。第一，净资产核定法。股权转让收入按照每股净资产或股权对应的净资产份额核定。若被投资企业的土地使用权、房屋、房地产企业未销售房产、知识产权、探矿权、采矿权、股权等资产占企业总资产比例超过 20% 的，主管税务机关可参照纳税人提供的具有法定资质的中介机构出具的资产评估报告核定其股权转让收入。6 个月内再次发生股权转让且被投资企业净资产未发生重大变化的，主管税务机关可参照上一次股权转让时被投资企业的资产评估报告核定此次股权转让收入。第二，类比法。包括参照相同或类似条件下同一企业同一股东或其他股东股权转让收入核定，也包括参照相同或类似条件下同类行业企业股权转让收入核定。第三，其他合理方法。即主管税务机关采用以上方法核定股权转让收入存在困难的，可以采取其他合理方法进行核定。

换言之，交易双方可以按照200万元或1元作为股权的交割价格，但不能作为计税价格，税务机关可以核定股权的公允价值，例如1500万元，并据此征税。

6.4.1.2 增值税处理

从增值税上看，非上市公司的股权转让无须缴纳增值税。根据《财政部 国家税务总局关于全面推开营业税改征增值税试点的通知》（财税〔2016〕36号）的规定，金融商品转让属于增值税的征税范围，包括转让外汇、有价证券、非货物期货和其他金融商品所有权等。其中，有价证券对企业而言，包括上市公司股票、已发行的公司债券及商业票据等，但不包括非上市公司的股权。因此，非上市公司的股权转让并不属于增值税的征税范围，不缴纳增值税。但若转让的是上市公司股票，企业应按照金融商品转让税目征收增值税。

另外，根据财税〔2016〕36号文的规定，个人转让上市公司股票尽管属于金融商品转让业务，但免征增值税。

6.4.1.3 印花税处理

根据《印花税法》的相关规定，股权交易双方应按照产权转移书据的税目缴纳印花税，适用税率为万分之五。

需要注意的是，实务中不少转让的股权并未完成出资，例如认缴出资为100万元，实际出资为0元，而股权的转让价格为10万元，该按哪个价格交印花税呢？根据《财政部 税务总局关于印花税若干事项政策执行口径的公告》（财政部 税务总局公告2022年第22号）的规定，纳税人转让股权的印花税计税依据，按照产权转移书据所列的金额（不包括列明的认缴后尚未实际出资权益部分）确定。换言之，印花税并非按照40万元的认缴额或者0元的实际出资额计算，而应该按照股权转让价款10万元作为计税基础。

此外，解除代持股权，在税法上也属于出售股权，触发的纳税义务与上述相同。

6.4.2　股权收购的税务处理

所谓的股权收购，是通过收购另一家企业的股权，实现对其控制。收购方可以是个人，但更多的是企业。

接上述案例并延伸，A 公司投资 B 公司的股权成本是 1000 万元，持股比例为 100%；C 公司为了拓展自己的业务链条，补强能力短板，计划全资收购 B 公司，价格为 1500 万元。

6.4.2.1　一般性税务处理

一般而言，A 公司需要就股权溢价部分缴纳 125 万元的企业所得税，这属于一般性税务处理。但如果 C 公司支付给 A 公司的对价不是现金，而是自己公司或者控股的其他公司股权，就意味着 A 公司在没有新增现金的情况下，却背负了纳税资金流出的压力。尤其在股权并购金额较大的情况下，会在很大程度上制约并购活动的发生，降低市场资源的合理流动和有效配置。

6.4.2.2　特殊性税务处理

针对该情况国家出台了特殊性税务处理政策，即符合条件的股权收购行为，若交易双方都按照要求进行税务处理，则针对股权支付的部分，A 公司可暂不确认资产转让的所得或损失，暂不缴纳企业所得税，待后期处置股权时，再一并缴纳。显然，这并非豁免了股权转让的纳税义务，而是将纳税行为延后，但却大幅减轻在股权并购时点上企业的顾虑和资金压力，甚至会在市场上促生更多股权重组活动的发生。

在特殊性税务处理中，计税基础是核心之一，包括收购方的股权计税基础，以及被收购企业股东取得收购企业股权的计税基础。根据相关税收政策规定，这两者均以被收购股权的原有计税基础确定。从税收实现上看，尽管 A 公司在交易当期暂不缴纳所得税，但未来 A 公司在处置其获得的置换股权时，该计税基础依然是 B 公司股权的计税基础，处置的所得额和缴纳的所得税并不会减少，只是达到了递延的效果，即将本应在出售 B 公司股权时缴纳的所得税，递延到处置置换股权时才予以缴纳。

在 C 公司收购 B 公司的案例中，假设 C 公司以定向增发的方式，向 A 公司支付 C 公司股权为对价收购 B 公司的股权，则 C 公司持有 B 公司股权，以及 A 公司持有 C 公司股权的计税基础均为 1000 万元，即最初 A 公司向 B 公司的投资成本。换言之，股权收购的特殊性税务处理中并未出现股权的溢价增值。

而对于 B 公司而言，其只是股权收购中的标的企业，无论适用于一般性税务处理还是特殊性税务处理，都是双方股东的事情，并不对其本身的财税活动产生影响，其资产和负债也无须进行所得税处理。

但是，要适用特殊性税务处理政策，必须满足相关条件，否则，只能适用于一般性税务处理政策，即正常纳税。根据《财政部　国家税务总局关于企业重组业务企业所得税处理若干问题的通知》（财税〔2009〕59 号）与《财政部　国家税务总局关于促进企业重组有关企业所得税处理问题的通知》（财税〔2014〕109 号）的相关规定，股权收购在符合五个条件的情况下可以享受特殊性税务处理政策，实现递延纳税。

（1）具有合理的商业目的，且不以减少、免除或者推迟缴纳税款为主要目的

什么是合理的商业目的呢？实务中往往从两个方面进行检查。第一，企业是否获得了远超过正常的税收利益。例如企业正常的税负率为 5%，采取了某个税收安排后，税负率达到了 2%，下降明显，则可能存在以套取税收利益为主要考虑的商业安排，这会被纳入税务机关的重点评估对象中，即以异常结果作为判断税务风险的切入点。第二，对当前商业安排调整的出发点是基于商业考虑还是更多为了降低税负，例如公司在税收洼地设立分支机构，并将利润转移到该分支机构以享受税收优惠政策，就可能构成对合理商业目的的挑战，即以企业的商业行为作为判断税务风险的切入点。

一旦税务机关认为企业的相关行为不具有合理的商业目的，就可

能被纳入反避税的范围，前期少缴纳的税金就会面临补税等后果。显然，是否具有合理商业目的，既是区分税务安排是否违规的分水岭，也决定了企业能否合法享有前期创造的税收利益。这是企业务必需要注意的。

　　什么是反避税呢？所谓的反避税，指的是纳税人实施的避税行为尽管不直接违反税收法律法规，但违背了税法的立法精神，税务机关可就纳税人的避税行为进行调整，以避免国家税收流失。换言之，纳税人的某些避税行为在形式上并不违法，而是脱法，即以合法手段规避了法律的直接规定，实质上造成了国家税源的流失，税务机关就可以介入调整。与反避税对应的是避税，避税是合理合法利用税收政策，获得税收利益，自然也受到法律的保护。

　　对于 C 公司而言，其收购 B 公司的目的是拓展自己的业务链条，补强能力短板，在形式上具有合理的商业目的，由此发生的股权收购也并非仅仅为了避税，自然也不以减少、免除或者推迟缴纳税款为主要目的。但需要注意的是，是否具有合理的商业目的，需要按照要求进行申报，予以证明。根据《国家税务总局关于企业重组业务企业所得税征收管理若干问题的公告》（国家税务总局公告 2015 年第 48 号）第五条规定，企业重组业务适用特殊性税务处理的，申报时，应从以下方面逐条说明企业重组具有合理的商业目的：第一，重组交易的方式；第二，重组交易的实质结果；第三，重组各方涉及的税务状况变化；第四，重组各方涉及的财务状况变化；第五，非居民企业参与重组活动的情况。这是格式化要求，在实务中必须予以遵守。

　　假设 C 公司能证明该收购行为具有合理的商业目的，则这个条件是满足的。

（2）被收购的股权比例不低于50%

　　根据《公司法》（2018 年修正）和《企业会计准则》的相关规定，股东拥有企业超过半数的表决权时，就实现了对企业的控制，并可将其纳入合并报表的范围。在实务中，表决权往往通过股东持有的股权比例实现。

财税〔2014〕109号文设定的被收购的股权比例不低于50%，意味着收购完成后，被收购企业的控股股东或实际控制人发生了变更，这也将优惠政策的适用范围缩小到股权并购的活动中，即国家鼓励企业通过收购控制的方式实现企业间的资源配置和整合，这区别于一般性的股权转让行为。

在财税〔2014〕109号文出台之前，财政部和国家税务总局曾在2009年发布了财税〔2009〕59号文，规定适用于特殊税务处理的政策为被收购企业的股权比例不低于75%。显然，之前的政策门槛更高，也导致在实务中很多企业因无法达到条件而不得不适用于一般性税务处理，这就极大加重了企业的纳税负担。于是，在2014年出台的财税〔2014〕109号文中，对收购的股权比例进行了大幅下调。

就本例而言，C公司全资收购B公司的股权，大于50%，符合要求。

（3）企业重组后的连续12个月内不改变重组资产原来的实质性经营活动

这体现了经营连续性原则，即重组行为对被收购企业的经营活动不产生重大影响，且重组的目的是更好盘活原有资产，提升资产效能和收益，否则就背离了出台该税务政策的初衷，自然也不符合享受政策的条件。退一步讲，即便在并购时享受了该政策，一旦后期条件不再满足，就需要在发生变化的30日内报告税务机关，并进行补税处理。

本例中，C公司对B公司的收购，显然并非为了改变B公司现有的经营活动，而是为了拓展业务链条，补齐经营短板，更无意在12个月内改变资产原来的实质性经营活动，因此，符合条件要求。

（4）收购企业在该股权收购发生时的股权支付金额不低于其交易支付总额的85%

股权收购支付的对价中，既可以是股权，也可以是股权和现金的组合，但股权占比不低于85%。

本例中，C公司收购B公司的对价为1500万元。要满足该条件，可使用C公司自身股权支付给B公司的股东，但股权价值不低于1275万元（1500万元×85%），而现金支付不超过225万元。

第一种情况，100% 股权支付。

本例以自己公司的股权作为支付对价，即股权支付比例为100%，符合要求。

第二种情况，股权支付＋现金支付。

采用股权＋现金的混合支付方式在实务中运用得更为普遍。由于转让方普遍期待获得部分现金补偿，在谈判时，更愿意接受混合支付的方式。为了符合特殊性税务重组的要求，现金支付部分不得高于交易总额的 15%，而对应的现金部分不再适用于特殊性税务重组，按照一般性税务重组确认股权转让的所得或损失；若产生溢价，则由转让方缴纳相应的所得税。

（5）企业重组中取得股权支付的原主要股东，在重组后连续 12 个月内，不得转让所取得的股权

该条件体现了权益连续性原则。即企业重组后，原股东尽管不再持有目标公司的股权，但依然与目标公司存在利益关系，因此，原股东应在重组后的一定时期内保持稳定。

本例中，C 公司通过增发方式置换 A 公司持有的 B 公司股权，则 A 公司成为 C 公司的股东，C 公司控制 B 公司，而 A 公司对 B 公司也由直接持股变成了间接持股，但两者之间依然存在投资利益关系。按照特殊性税务处理的要求，重组完成后的 12 个月内，A 公司不能转让其持有的 C 公司股权，否则应在变化后及时向税务机关报告，并调整税务适用政策，申报纳税。

综上，本例中 C 公司收购 B 公司的股权，符合特殊性税务处理的要求。A 公司无须缴纳企业所得税，同时 A 公司取得 C 公司股权的计税基础，以及 C 公司取得 B 公司的计税基础，均为 1000 万元。

需要说明的是，即便股权收购活动均满足上述五个条件，交易双方既可以选择适用特殊性税务处理，也可以选择适用一般性税务处理，反之，则不可行，即如果不满足特殊性税务处理的条件，则只能适用于一般性税务处理。

此外，企业若采用特殊性税务处理，必须按照规定及时向税务机关

进行备案，这是非常关键的。实务中需要注意以下两点。

第一，备案主体与备案时间。

根据《国家税务总局关于企业重组业务企业所得税征收管理若干问题的公告》（国家税务总局公告2015年第48号）第四条的相关规定，重组各方应在该重组业务完成当年，在办理企业所得税年度申报时，分别向各自主管税务机关报送《企业重组所得税特殊性税务处理报告表及附表》和申报资料。实务中，有的企业误认为只有收购方需向税务机关备案，被收购企业的股东则无须备案，这很可能导致因未履行必要程序，而不得适用特殊性税务处理政策。根据《财政部 国家税务总局关于企业重组业务企业所得税处理若干问题的通知》（财税〔2009〕59号）第十一条的相关规定，企业未按规定书面备案的，一律不得按特殊重组业务进行税务处理。即只能按照一般性税务处理产生重组所得的，应按照规定及时缴纳所得税。如果已经按照特殊性税务处理完成重组的，应税各方应按照一般性税务处理补缴税款。

第二，备案内容。

根据《国家税务总局关于企业重组业务企业所得税征收管理若干问题的公告》（国家税务总局公告2015年第48号）的相关规定，企业重组业务适用特殊性税务处理的，申报时应从几个方面逐条说明企业重组具有合理的商业目的。

①重组交易的方式。

②重组交易的实质结果。

③重组各方涉及的税务状况变化。

④重组各方涉及的财务状况变化。

⑤非居民企业参与重组活动的情况。

另规定，企业重组业务适用特殊性税务处理的，申报时，当事各方还应向主管税务机关提交重组前连续12个月内有无与该重组相关的其他股权、资产交易情况的说明，并说明这些交易与该重组是否构成分步交易，是否作为一项企业重组业务进行处理。

当然，上述内容不必然涵盖当地税务机关的全部要求。实务中要注意与当地税务机关就备案内容事先沟通，了解特殊性税务处理的政策尺度和备案的具体要求，减少信息误差，确保在方案设计与实施落地过程中的有序与高效。

 # 6.5 股权激励的税务处理

股权激励的常见方式包括了期权、股票增值权、限制性股权、股权奖励等。其中，上市公司采取的股权激励方式一般为股票期权、限制性股票、股票增值权等，而非上市公司采用较多的为股权期权、限制性股权、股权奖励等。尽管上市公司与非上市公司就股权激励方式的称谓不同，但内容差异不大，在税收政策的适用上也存在很多共通性。

6.5.1 股权激励的征税基础与纳税节点

一般而言，股权激励就是企业以低价或零对价的方式向员工授予公司的股权或股票，实现企业与员工利益的深度绑定，促使员工努力工作以实现双赢。在这个过程中，员工往往以完成既定目标为条件获得股权，并通过持有、转让获得股权收益。显然，受益者是员工个人，自然也是股权激励的纳税主体。

6.5.1.1 股权激励的征税基础

根据《个人所得税法》第二条的相关规定，工资薪金、劳务报酬、财产转让等个人所得，都需要依法缴纳个人所得税。另根据《中华人民共和国个人所得税法实施条例（修订草案征求意见稿）》第六条规定，工资、薪金所得，是指个人因任职或者受雇取得的工资、薪金、奖金、年终加薪、劳动分红、津贴、补贴以及与任职或者受雇有关的其他所得。可见，员工从任职单位获得的股权激励属于工资薪金的征税范围，且员工多以低价或零对价获得股权，由此产生的所得自然也需要缴纳个人所得税。

另外，员工未来可能会出售股权。此时股权作为员工名下的资产，变卖产生的收益依然会触发个人所得税的纳税义务。但显然，这并不属于工资薪金所得，而应属于财产转让所得，适用的计税基础和税率与工资薪金所得也是不同的。

6.5.1.2　不同时点触发的纳税义务

以较为常见的期权激励为例，通常将整个授予过程划分为 4 个时间节点和 3 个实施环节。

4 个时间节点包括授予日、可行权日、行权日和出售日，3 个实施环节包括等待期、行权有效期和禁售期。其中，从授予日到可行权日为等待期，在这段时间内员工不得行权，在实务中往往表现为公司对员工的考核期，即只有达到预期目标的员工，才拥有后续的行权资格。从可行权日到失效日之间为行权有效期，即员工在获得行权资格后，只有在这段时间内完成行权方为有效，过期作废。从行权日到可出售日之间为禁售期，即员工尽管名下拥有了股权或股票，但不得对外出售。

在 4 个时间节点中，行权日和出售日伴随着员工获得股权收益，从而触发员工的纳税义务，而授予日、可行权日更多是股权激励过程中的管理节点，员工并未获得实质收益，自然也不会触发员工的纳税义务。但有一个例外情况，如果上市公司授予员工的期权为可转让期权，就证明员工在授予日已经实际取得了有确定价值的财产，因此，应在授予日将该所得纳入员工的工资薪金，计算缴纳个人所得税。当然，一经缴纳，员工就无须在后续的行权中再行纳税。具体政策可参见《国家税务总局关于个人股票期权所得缴纳个人所得税有关问题的补充通知》（国税函〔2006〕902 号）第六条第一款的相关规定。

6.5.2　股权激励的税收政策

以期权激励为例，其纳税义务主要发生在行权日和股权出售日。

6.5.2.1 行权日的税收政策

根据《财政部 国家税务总局关于个人股票期权所得征收个人所得税问题的通知》（财税〔2005〕35 号）第二条的相关规定，员工行权时，其从企业取得股票的实际购买价（行权价）低于购买日公平市场价（非上市公司一般指的是当时公司的每股净资产价格，上市公司则指该股票当日的收盘价）的差额，是因员工在企业的表现和业绩情况而取得的与任职受雇有关的所得，应按工资薪金所得适用的规定计算缴纳个人所得税。

从税率上看，工资薪金对应的个人所得税率为 3% ~ 45% 的七级超额累进税率，所得额越高，适用的税率越高。

从征管要求上看，员工应在取得该所得的次月缴纳个人所得税，所在公司负有代扣代缴义务。这是一般性规定，不仅适用于期权激励，也适用于限制性股票（权）、股票增值权等激励方法。

为了降低员工的税收压力，国家出台了相应的税收优惠政策。

（1）期权激励所得单独计税

根据《财政部 税务总局关于个人所得税法修改后有关优惠政策衔接问题的通知》（财税〔2018〕164 号）的相关规定，居民个人取得股票期权、股票增值权、限制性股票、股权奖励等股权激励，符合规定条件的，不并入当年综合所得，全额单独适用综合所得税率表，计算纳税。这意味着，在七级超额累进税率下，这有助于降低被激励员工的税收负担和纳税的资金压力。另根据《财政部 税务总局关于延续实施上市公司股权激励有关个人所得税政策的公告》（财政部 税务总局公告 2023 年第 25 号）的相关规定，将该税收优惠政策延长至 2027 年 12 月 31 日。

（2）对上市公司与高新技术企业叠加延迟纳税的优惠政策

根据《财政部 税务总局关于上市公司股权激励有关个人所得税政策的公告》（财政部 税务总局公告 2024 年第 2 号）的相关规定，境内上市公司授予个人的股票期权、限制性股票和股权奖励，经向主管税务机关备案，个人可自股票期权行权、限制性股票解禁或取得股权奖励（以下简称行权）之日起，在不超过 36 个月的期限内缴纳个人所得税。

纳税人在此期间内离职的，应在离职前缴清全部税款。

另根据《财政部　国家税务总局关于将国家自主创新示范区有关税收试点政策推广到全国范围实施的通知》（财税〔2015〕116号）第四条的相关规定，高新技术企业转化科技成果，给予本企业相关技术人员的股权奖励，个人一次缴纳税款有困难的，可根据实际情况自行制定分期缴税计划，在不超过5个公历年度内（含）分期缴纳，并将有关资料报主管税务机关备案。需要注意的是，要享受该政策必须满足以下三个条件：第一，必须是实行查账征收、经省级高新技术企业认定管理机构认定的高新技术企业；第二，奖励的股权必须是企业无偿授予的；第三，授予的对象仅限于这些企业中的核心技术人员和核心经营管理人员，且必须事前经公司董事会和股东（大）会决议批准。三者缺一不可。

在此基础上，国家又进一步加大了对股权激励的税收优惠力度。

根据《财政部　国家税务总局关于完善股权激励和技术入股有关所得税政策的通知》（财税〔2016〕101号）第一条的相关规定，非上市公司授予本公司员工的股票期权、股权期权、限制性股票和股权奖励，符合规定条件的，经向主管税务机关备案，可实行递延纳税政策。即员工在取得股权激励时可暂不纳税，递延至转让该股权时纳税。换言之，符合条件的非上市公司员工在行权时无须交税，而是在变卖股权时才缴纳。

而规定中所指的条件，具体包括了以下七条。

①属于境内居民企业的股权激励计划。

②股权激励计划经公司董事会、股东（大）会审议通过。未设股东（大）会的国有单位，经上级主管部门审核批准。股权激励计划应列明激励目的、对象、标的、有效期、各类价格的确定方法、激励对象获取权益的条件、程序等。

③激励标的应为境内居民企业的本公司股权。股权奖励的标的可以是技术成果投资入股到其他境内居民企业所取得的股权。激励标的股票（权）包括通过增发、大股东直接让渡以及法律法规允许的其他合理方式授予激励对象的股票（权）。

④激励对象应为公司董事会或股东（大）会决定的技术骨干和高级

管理人员，激励对象人数累计不得超过本公司最近 6 个月在职职工平均人数的 30%。

⑤股票（权）期权自授予日起应持有满 3 年，且自行权日起持有满 1 年；限制性股票自授予日起应持有满 3 年，且解禁后持有满 1 年；股权奖励自获得奖励之日起应持有满 3 年。上述时间条件须在股权激励计划中列明。

⑥股票（权）期权自授予日至行权日的时间不得超过 10 年。

⑦实施股权奖励的公司及其奖励股权标的公司所属行业均不属于《股权奖励税收优惠政策限制性行业目录》范围。

显然，设置以上七个条件的主要目的是验证非上市公司开展股权激励的真实性，是否真的进行了组织和实施，是否真的用于激励员工等，并对享受政策的行业范围、被激励对象的数量进行了限制。实践证明，这些设定条件在很大程度上降低了一些企业假借股权激励之名，追求非法税收利益的可能。但需要注意的是，如果在递延纳税期间公司情况发生变化，不再符合上述第④、⑤、⑥条中任一条件的，则不得享受递延纳税政策，公司应于第一时间报告主管税务机关，并按规定计算扣缴个人所得税。

（3）应及时向主管税务机关报备

公司应当在决定实施股权激励的次月 15 日内，向主管税务机关报送《股权激励情况报告表》等相关资料；在员工行权、限制性股权解禁等行为发生次月的 15 日内，向主管税务机关报送递延纳税备案表、股东会决议、股权激励计划等必要资料；在政策享受期间的每个年度终了后及时报送递延纳税情况年度报告表等资料，以确保关键信息与税务机关保持同步，顺利享受政策。

6.5.2.2　出售日的税收政策

一般而言，员工转让行权后的上市公司股票，产生的所得无须缴纳个人所得税。

根据《财政部　国家税务总局关于个人股票期权所得征收个人所得税问题的通知》（财税〔2005〕35 号）第二条的相关规定，员工将行权后的股票再转让时获得的高于购买日公平市场价的差额，是因个人在证券二级市场上转让股票等有价证券而获得的所得，应按照财产转让所得适用的征免规定计算缴纳个人所得税。再根据第四条第二款的相关规定，个人将行权后的境内上市公司股票再行转让而取得的所得，暂不征收个人所得税。但如果转让的是境外上市公司的股票，则应依法计算缴纳税款。

对于非上市公司员工转让行权后的激励股权时，则应计算缴纳个人所得税。根据《关于完善股权激励和技术入股有关所得税政策的通知》（财税〔2016〕101号）第一条第一款的相关规定，非上市公司员工在转让激励股权时，应按照股权转让收入减除股权取得成本以及合理税费后的差额，适用财产转让所得项目，按照20%的税率计算缴纳个人所得税。需要注意的是，此时适用的税目为财产转让所得，而非适用行权日的工资薪金所得税目；适用20%的税率，而非3%~45%的七级超额累进税率。从这个意义上讲，符合条件的非上市公司对员工个人所得税的递延，大概率会给员工带来税负的降低。

6.6 IPO 环节的股权税收

企业在上市之前，需要进行股份制改造。所谓的股份制改造，就是将企业的组织形式转制为股份有限公司，以满足《公司法》对上市公司必须为股份公司的基本要求。实务中，最为常见的是将有限责任公司整体变更为股份有限公司。

需要注意的是，股份制改造只是改变了企业的组织形式，其股权结构、商业模式、资产与人员、债权与债务等方面并未发生任何变化，其法人主体资格也没有中断，仍维持同一公司主体。因此，股份制改造并非新公司的设立，而是对原有公司的承继。

因此，公司在经营管理层面的税法要素继续沿用，即日常运营该怎么交税就怎么交税。但在整体变更过程中，不仅会涉及改制重组的税务处理，还会涉及非货币性财产增资、债转股、资产评估增值、留存收益转增股本等行为，继而触发所得税、增值税等纳税义务。

6.6.1　资本公积与留存收益转增股本

股份公司的股本与有限公司的实收资本都反映了股东投入企业的资本，两者属性完全相同，只是会计准则规定的称谓不同，即股份公司称其为股本，而有限公司称其为实收资本。

股份制改造时，需要按照股改目标提前规划好股本额度，将改制前的资本公积与留存收益在额度内转增股本，以提高当前股东在股份公司的持股份额，为后期引入投资人进行增资扩股、上市融资留出空间。在此过程中，用资本公积与留存收益转增股本，就可能触发纳税义务。

对于法人股东而言，转增股本无须缴纳企业所得税，而个人股东须按照先视同分红后投资的逻辑，以转增股本金额的 20% 缴纳个人所得税。根据《财政部　国家税务总局关于将国家自主创新示范区有关税收试点政策推广到全国范围实施的通知》（财税〔2015〕116 号）第三条第二款的规定，个人股东获得转增的股本，应按照"利息、股息、红利所得"项目，适用 20% 税率征收个人所得税。另根据《国家税务总局关于进一步加强高收入者个人所得税征收管理的通知》（国税发〔2010〕54 号）第二条第二款的相关规定，加强企业转增注册资本和股本管理，对以未分配利润、盈余公积和除股票溢价发行外的其他资本公积转增注册资本和股本的，要按照"利息、股息、红利所得"项目，依据现行政策规定计征个人所得税。

实务中，个人部分是股改环节的税收征管重点。为了避免不必要的税务风险，建议关注两个方面：第一，个人股东应按照税法规定如实申报，照章纳税。第二，要强化代扣代缴义务。由于股份制改造中涉及个人股东的税额往往较大，还可能存在征管要求与优惠政策叠加的情况，无论在计算难度上还是申报缴纳上，个人股东都面临较大压力。因此，股份制改造企业需承担法定的代扣代缴义务，详细登记股东基本信息、股东投资、股本变动、股权成本资料及其转让对价等关键信息，并保持与税务机关的沟通，确保及时准确申报，税款足额入库。

6.6.2 债转股

传统意义上的债转股，是指在债务人遇到财务困境时，债权人以牺牲部分利益的方式，将其持有的到期债权，按照一定价格转化为对债务人的股权，实现由债权人到股东身份的变更，这是债务重组的常见方式。债转股的目的是通过减轻债务人负担，帮助债务人走出阶段性的经营困境，继而最大限度保护自己的利益。从结果上来看，债权人做出了妥协和让步；从动因上来看，这种债转股往往是被动和迂回的。

而在股份制改造时，债转股则被赋予了更多意义，包括去债务杠杆、降低债务成本、优化治理结构，以及推动企业转型等多重考虑，其目的是为企业顺利上市扫平道路，债权人也因为股东身份的转变，继而享受比债权人更多的股东回报。因此，这种债转股是主动和积极的，更多被理解为资本运营的一部分。

在税务处理上，根据《财政部 国家税务总局关于企业重组业务企业所得税处理若干问题的通知》（财税〔2009〕59号）的相关规定，发生债权转股权的，应当分解为债务清偿和股权投资两项业务，确认有关债务清偿所得或损失。除非债权转股权符合特殊性税务处理条件，可对债务清偿和股权投资两项业务暂不确认有关债务清偿所得或损失的规定外，在绝大多数情况下，债转股适用于一般性税务处理，确认清偿所得或损失。

分步来看，在投资时，债权人和债务人均不涉及所得税。而在债务清偿时，债务人应当按照支付的债务清偿额低于债务计税基础的差额，确认债务重组所得；债权人应当按照收到的债务清偿额低于债权计税基础的差额，确认债务重组损失。

在账务处理上，债务人应当将债权人放弃债权而享有股份的面值总额确认为股本，股份的公允价值总额与股本之间的差额确认为资本公积。重组债务的账面价值与股份的公允价值总额之间的差额，计入当期损益。同时，债权人应当将享有股份的公允价值确认为对债务人的投资，重组债权的账面余额与股份的公允价值之间的差额，按照债务重组会计处理的规定进行处理；如果债权人已对债权计提减值准备，应当先将该差额冲减减值准备，减值准备不足以冲减的部分，计入当期损益，如果减值准备多提的，则抵减当期资产减值损失。

6.6.3　溢价入股

在股份制改造前后，往往伴随着投资人的增资扩股行为，即投资人为了获得股东身份或为了维持股比，以高于注册资本份额而额外投入的资金，形成溢价增资。例如，投资人拿出 100 万元，获得了 10 万元的股本或实收资本，超过的部分会计入资本公积—资本溢价，归属全体股东所有。

显然，溢价入股的核心是投资，而投资并不属于所得税的应税行为，因此自然不会触发所得税的纳税义务。但如果投资人使用非货币资产进行溢价增资，则会涉及资产的所有权转让，就会触发所得税的纳税义务。该内容在本章已经做过介绍，此处不再赘述。

6.6.4　资产评估增值入股

在股份制改造中，存在两种资产评估增值的情况：一种是对公司现有资产进行评估增值，按照评估值重新计算资产价值，溢价部分计入资本公积；另一种是投资人以实物资产或无形资产对公司进行投资，并评估增值。显然，后者属于非货币资产出资的内容，前文已经做过陈述，此处重点分析前者。

根据《首次公开发行股票并上市管理办法》第九条的相关规定，有限责任公司按原账面净资产值折股整体变更为股份有限公司的，持续经营时间可以从有限责任公司成立之日起计算。换言之，有限责任公司整体变更为股份有限公司的，要以具有证券从业资格的审计机构出具的审计报告作为净资产折股的依据，延续原先账面价值，而不应按照评估值对资产、负债账面价值进行调整，企业仍然为同一持续经营的会计主体。否则，视同中断持续经营时间，公司业绩也应自评估之日的次年起重新开始计算。因此，在实务中为了业绩连续计算，股份制改造企业进行资产评估的情况并不常见。

仅就税法规定而言，如果企业对已有资产进行评估增值，例如对土地和房产等增值空间较大的资产进行评估，由于资产产权并未发生变更，不属于所得税的应税范围，不缴纳企业所得税。根据《企业所得税法实施条例》第五十六条的规定，企业的各项资产，包括固定资产、生物资产、无形资产、长期待摊费用、投资资产、存货等，以历史成本为计税基础。企业持有各项资产期间资产增值或者减值，除国务院财政、税务主管部门规定可以确认损益外，不得调整该资产的计税基础。即原有资产的计税基础不发生改变，自然无须缴纳所得税。

此外，资产评估增值并不属于增值税的应税范围，自然无须缴纳增值税。如果评估增值的是土地，由于未发生所有权变化，也无须缴纳土地增值税。

第7章

股权融资与估值管理

股权既是股东与企业之间的纽带，也代表了股东在企业中拥有的财富份额。在企业没有上市或者股权未被交易之前，股权自身的价值难以准确量化，股东获得财富的主要方式是分红。但随着企业的发展，单纯依赖自身资源难以迅速达到预期目标，于是引入外部投资人以获得必要的资金、人才等资源支持，甚至走向资本市场，从而提升企业价值和股东财富，就成了重要选择。

7.1 认识股权融资

7.1.1 股权融资是一笔交易

投资人一般被分为战略投资人和财务投资人。前者的投资目的是配合自身的战略安排，通过投资或收购目标企业，实现产业链的延伸或补强，或者涉足新的领域，因此，战略投资人往往会长期持有目标企业的股权，并深度参与到经营管理中。而后者的投资目的较为单一，就是追求投资增值和后续的顺利退出，因此，财务投资人追求的是投资的溢价变现。就股权融资来说，本章的投资人仅指财务投资人。

投资人为什么愿意投资你的企业？因为投资人需要借助你的企业实现投资的增值。企业为什么愿意接受投资人的投资？因为可以借助投资人提供的资源，实现企业价值的倍增，从而提升股东持有股权的价值。因此，从本质上讲，股权融资就是一笔交易。投融双方基于对企业未来的良好预期，通过资源的整合与优化配置，努力推动企业增值，实现投融双方的利益最大化。此时，双方追求的是企业预期的价值增量。

但是，交易也有失败的时候。因为股权融资的对象是企业，而企业的实际发展结果能否达成预期存在很大变数，自然也关系到融资交易的成败。投资人为了保护自身利益，往往会在投资协议中约定未达预期的风险保护条款，例如对赌条款、领售权条款等，将自身风险尽可能转嫁给企业和股东。因此，在融资这个时点上，投融双方做的是零和博弈，谁的话语权更大，谁就能在交易中占据更有利的位置。

7.1.2 股权融资离不开定价

股权融资的核心就是投资人通过购买融资企业的股权成为股东，享受企业的发展回报。因此，股权定价是实现股权融资的基础。换言之，没有定价就无法交易。

但股权值多少钱，怎么定价是合理且能被投融双方接受的，是股权融资中的突出难点。无论是评估企业当下的收入规模、利润水平或净资产，还是评估未来的竞争力和成长性，都难以准确回答。退一步讲，即便通过一些模型和方法对股权价格进行量化，但企业价值仍处于不断变动中，今天的价值与明天的价值可能并不相同。而从结果看，股权交易的价格越高，在吸纳等量资金的同时，可以最大限度减少对现有股东股权的稀释，这有利于融资企业的股东；反之，股权价格越低，投资人可以用更少的资金占有更大的股权比例，不仅能降低投资风险的承担，还能获得更大的股权溢价回报。

7.1.3 股权融资拷问的是企业的核心竞争力

企业为什么能拿到融资？除企业处于有利的政策环境与竞争赛道外，还要具备良好的发展前景和持续的成长能力。这种让企业在未来继续发展的能力，被称为核心竞争力。

投资人在接触一家融资企业时，往往会重点关注企业的历史业绩。客观而言，优秀历史业绩的取得能在很大程度上说明企业的商业模式、团队能力、资源配置等是相对合理的且得到了市场的验证，但是否就能自然推展出企业在未来依然会保持良好的发展势头，继续取得优秀业绩呢？不一定。例如，在移动互联网经济兴起之时，不少企业乘势推出

"互联网 +"的各种商业模式，一时间百花齐放，流量和曝光度快速攀升，前景一片光明，尤其在个别互联网企业成功上市的案例带动下，引得更多投资人为了不错过风口而疯狂投资，但最后在浪潮退下时才发现投资几乎都打了水漂。这说明，优秀的历史业绩有可能得益于整个行业的快速发展，而非证明其一定拥有了不同于他人的核心竞争能力。前者是外在和不可复制的；后者才是内在和长期可复制的，而后者也正是支撑投资人作出投资决定的根本考虑因素。

同理，如果企业只是把精力聚焦在如何扩大收入和提高利润、如何让业绩显得更有吸引力上，而忽略了业绩与核心竞争力的相互印证，以及核心竞争力在未来如何继续保持，就会出现本末倒置，导致融资不畅。因为核心竞争力是持续取得良好业绩的基础，没有内在竞争力的支撑，企业也难以走远。这是股权融资中的一个误区，需要加以注意和规避。

7.2 转换视角，投资人如何看股权投资

股权融资是一笔交易，投资人的最终目的是获利。因此，在众多融资企业中选择预期回报最大、风险最小的投资对象，追求更高的投资回报，是投资人的核心诉求。

7.2.1 风险投资的运作模式

投融资活动不同于传统的商业活动。它以货币作为交易对象，通过投资实现货币的增值，因此，投融资是一个货币的游戏。

从整体模式上看，投资人在选定被投企业后，会根据投资协议的约定投入资金并获得股权，成为一家人。之后，进行投后管理，包括参与

企业战略制定与关键资源安排，提供管理建议等，助力企业发展，从而保护投资安全，实现投资增值。最后，择机退出。退出的时机可以是公司上市，投资人的股权变成了可以自由交易的股票，也可以是股权被他人收购，收回现金。当然，还可能是企业破产清算的被动退出。纵观整个过程，表现为货币在不同主体之间的流动，这是个价值创造的过程，也是投资人实现投资增值并变现的过程。

7.2.2 风险投资的资金来源与风险承担

国内市场上的股权投资一般分为天使投资、风险投资和私募股权投资。其中，天使投资的对象往往是初创型公司或者具有良好发展前景的小型公司，投资金额较小，投资要求也相对简单；而风险投资与私募股权投资的投资对象分别是商业模式已经得到验证且正在快速增长的公司，以及商业模式较为成熟，基本符合上市条件的 Pre-IPO 公司，因此，投资金额普遍较大，审查评估的要求较高。在实务中，风险投资和私募股权投资的划分并非泾渭分明，风险投资也可能参与到 Pre-IPO 公司的融资计划中，而一些私募股权投资也将投资领域延伸到更为前端的快速成长型公司，因此经常把后两者统称为风险投资。如无特殊说明，本章也保持该口径，不再加以区分。

从资金来源上看，天使投资更多使用的是投资人的自有资金，独立承担风险的能力较强，也因为早期投资而可能享受更大的投资溢价。风险投资则是风险资本与智力资本的结合，其中风险资本负责出钱，包括富裕的个人，有实力的企业、银行或其他金融机构等；而智力资本负责运营，通过投资团队的专业运作实现投资增值，包括制定合理的投资策略、寻找并评估优质的投资标的、完成投资并顺利退出等。可见，风险资本承担了更多的投资风险，而投资团队的业绩结果也直接关系到其能否持续获得风险资本的认同，继而能否持续运转。

7.2.3 风险投资的主要步骤与注意事项

一般而言，风险投资都会提前确定自己熟悉且专业的投资领域，在其中寻找和筛选符合投资条件的意向企业。在此范围内的融资企业，首先要准备"自我介绍"，即商业计划书，包括企业的基本情况、历史业绩结果、核心竞争能力，以及对未来的计划等。之后向投资人展示并解答投资人的疑问，这个过程被称为路演。如果双方有合作意向，就需要签署投资意向书，包括预计投资额、投资方式、企业的初步估值、投资资金的用途，以及反稀释条款、回购权条款、优先清偿条款等。投资意向书的签署，相当于投融双方举行了订婚仪式。接下来，投资人一般都会对融资企业做详细的尽职调查，包括业务尽调、财务尽调和法律尽调，并就投资意向书中的条款与融资企业进行谈判。如果这个环节能顺利进行，就意味着投资结果基本确定，待投资人上会批准后，就可以签署投资协议，并安排双方律师就协议内容形成各种法律文本。最后，双方按照约定在限定期限内完成打款、交割股权，并办理工商变更等相关手续。此时，股权融资完成。

实务中，融资企业往往是被动的一方，如何在众多融资企业中脱颖而出，如何争取到对自己更有利的融资条件，维护企业和股东利益，除拥有良好的发展前景和核心竞争力外，还需要在每个融资步骤上加以重视，规避操作上的误区。

7.2.3.1 商业计划书，递给投资人的一张名片

商业计划书是公司的自我介绍，也是递给投资人的一张名片。它要告诉投资人，我是一个什么样的公司，未来我想成为一个什么样的公司，市场上有哪些需求，这些需求是否普遍、刚性和迫切，我是否能满足这些需求，我凭什么能满足这些需求，以及竞争对手是怎么做的，做得怎么样。在此基础上，通过历史业绩加以印证，并延伸到未来我想做到什么程度，以及需要什么支持。

一份层次分明、逻辑紧密的商业计划书，会在投资人脑海中勾勒出

企业的整体形象，使投资人有兴趣进一步了解和接触，这是启动融资工作的关键。反之，投资人会对融资企业留下定位模糊、布局思路不清晰、逻辑混乱等不良印象，不愿意做进一步的研究，甚至会直接停止接触。即便企业有很多优势，也很可能错失了融资机会。

为什么会出现这种情况？主要原因是融资企业忽略了商业计划书的宣介对象是投资人，而非自我的价值标榜。

例如，不少融资企业是高新技术企业，拥有一定的技术优势。为了吸引投资人，在商业计划书上使用了大量篇幅介绍技术水平和细节，但对市场环境、竞争对手、技术对业绩的支撑作用等这些关系到投资人核心利益的内容简化处理，或者不加分析，或者分析缺乏说服力。而在投资人眼中，企业的任何优势都需要转化为实实在在的投资回报，而回报离不开对竞争环境和竞争对手的分析判断，也离不开对自身竞争力的剖析和对未来结果的预判。

又如，商业计划书过于冗长，看似面面俱到，实则抓不到重点。从实务上看，一份 30 页左右的商业计划书足以把企业所处的环境、政策背景、竞争能力与未来打算说清楚。即便有的地方需要特别阐述，也应作为备注或者单独提供辅助资料加以说明，而不应全部体现在商业计划书中。过于冗长的商业计划书，会大大增加投资人理解的工作量，而投资人关注的重要信息还需要在庞杂的信息中自行收集和解读，这会降低投资人对融资企业的研究兴趣。

7.2.3.2　融资路演，展示自我的重要机会

融资路演，是融资企业面对面向投资人进行推介与交流，让对方迅速掌握重点，了解企业的竞争力和未来诉求。在有限的时间里，路演内容的呈现和讲述技巧也很重要。

首先，路演内容要尽量紧凑合理，突出干货，用图形和指标替代大量的文字堆砌；演讲语言尽量简单明了，避免大量使用专业术语，除非投资人与你处于相对一致的信息维度上。

其次，重点说数据，而非泛化谈概念。除业绩数据外，对市场需求分析、趋势分析、竞争对手分析等，都尽量量化。而文字内容更多是作

为观点和数据的支撑。

最后，充分展示发展的潜质。前景不够诱人的项目，即便现在很好，投资人也往往会选择放弃。但前景美好的项目，即便暂时还存在一些问题，投资人也会重点考虑和评估。可见，发展潜质是吸引投资人的关键因素之一。因此，在路演过程中要重点突出支撑未来发展的核心要素，例如政策环境、客户需求、技术水平、团队能力等。即便这些内容已经在其他部分中作了说明，但依然建议在路演结束之前进行汇总，再作强调，以加深投资人的印象，引发投资兴趣。

7.2.3.3　现场走访，实现投资人对企业的"亲密接触"

融资企业说了什么，投资人只能作出初步判断，而不能作为投资的依据。

一般而言，投资人会对一些符合投资方向的融资企业进行实地走访，并与企业的实际控制人和核心高管进行交流。例如，融资方为生产类企业的，投资人会到现场参观，了解公司的产品、运营团队、生产设备、客户结构等，形成感性认识和直观判断。显然，走访和实地验证是投资人将融资企业的商业计划书与路演表述具象化的过程。如果实地验证的结果与路演表述的内容基本相符，则会有效获得投资人的信任，也自然会推动投融双方的进一步接触。

7.2.3.4　签署投资意向书，进一步明确合作意向

在此基础上，投资人会与融资企业签署投资意向书，不仅对双方的保密义务、在限定期内的排他性融资合作等作出强制性要求，同时还会就未来的关键合作内容进行意向性谈判，包括企业估值、投资方式、股权数量与占比、业绩要求、投资退出等。

如果双方后期达成合作，在正式的投资协议中也会包括上述条款，并原则上与投资意向书保持整体一致。可见，投资意向书尽管不是最终的投资协议，却也关系到股东的核心利益，非常重要。

实务中，有的企业缺乏股权融资经验，认为投资意向书只是意向，就算对某些条款不满意，事后还可以修改，因此本着先推动融资的思路，草率签署。这种想法是错误的。如果双方在决定合作时，融资企业对意

向书约定的关键内容反悔，或提出重大修改意见，双方就需要重新谈判，甚至还会导致谈判破裂。这不仅可能让企业错失了重要的融资机会，还浪费了双方的时间和精力，而且这种反复的行为还可能会让其他投资人敬而远之。

7.2.3.5 开展尽职调查，直接关系到股权融资的成败

尽职调查一般由投资人委托专业机构开展，包括业务尽调、法律尽调和财务尽调，分别从不同维度上对企业现状进行调查和分析，并与商业计划书的相关内容进行比对印证。

其中，业务尽调侧重调查商业模式、团队、产品的供需与特点、客户的结构与黏性等；法律尽调则侧重分析企业的股权结构、治理模式、核心财产权属、外部重要合同等是否存在法律风险，并评估这些风险对股权投资的影响程度。而财务尽调是围绕财务数据以及背后的经营管理活动展开的，包括验证融资企业的财务处理是否正确、业绩呈现是否合理、账面资产是否真实存在，以及是否存在重大的财税风险等。因此，尽职调查的结果是风险投资决定是否继续开展融资接触，以及后续是否能达成融资合作的关键支撑。

实务中，有的企业为了拿到融资不惜财务造假，虚构收入、虚增利润，这是不明智的。因为财务数据反映的是企业的经营管理活动，无论是销售和客户，还是采购和供应商，抑或生产和成本结构等，都需要充分的资料支撑，才能经得起尽调的验证。而且，财务数据内部存在着强关联关系，例如，有销售就必然有现金或者应收账款，有销售也必须有足够的商品库存和合理的成本结构等，这些都需要相互印证。如果某一个环节核对不上，就很容易暴露出造假问题，继而会对融资活动造成致命性影响，投资人往往都会停止接触。

从尽调频次上，投资人可能只做一次详尽尽调，也可能做两次尽调，即初步尽调和明确投资意向后的详尽尽调。但无论如何，尽调都是为了努力消除投融双方的信息差，向投资人呈现项目的投资价值与主要风险，也是为后期的融资合作扫除障碍。

7.2.3.6 开展融资谈判，签署正式的投资协议

若投资人对尽调结果较为满意，下一步就会转入股权融资的深入谈判和投资协议的签署，这是一体的。

融资谈判主要针对投资协议中的具体条款，包括企业的估值、投资方式、权利分配、风险防范与投资人利益保护措施等。签署投资协议，则意味着彼此的责权利约定已经在法律上正式生效，投融双方必须遵守。但投资协议往往较为复杂，不仅包括各种商业条款，还有复杂的法律关系，尤其协议中包括了大量对投资人的保护性条款，例如反稀释条款、回购权条款等，并往往同步搭配对赌安排。这在保护投资人利益的同时，也会让融资企业和实际控制人承受更多的风险压力，甚至会让实际控制人因此背负巨额债务，或失去对公司的控制权，这是融资企业需要特别关注的。

实务中，融资企业对这些条款往往并不熟悉，也很难判断一旦某个条款启动可能对自身造成不利影响及其严重程度，因此建议在签署投资协议之前应寻求专业人士的帮助，尽量拉平双方的信息差，并在谈判环节积极争取有利条件，寻求投融双方利益的最大公约数。这对保护融资企业和实际控制人的利益至关重要。

7.2.3.7 资金到账与股权交割，成为一家人

投资协议签署后，投资人应按照协议约定支付资金，融资企业也应配合完成各项工作。显然，这个过程主要集中在融资企业内部，包括形成引入投资人的股东会决议、修改公司章程、变更营业执照，以及调整公司的董事会结构与成员等。

7.2.3.8 投后管理，保护投资安全，推动投资增值

投资完成后，投资人成为公司股东，并根据相关约定参与到企业的经营管理决策中。一般而言，投资人在公司占股比例较小，话语权有限，但为了确保投资安全和增值，投资人会时刻关注融资企业的运营结果变化，分析企业可能存在的重大风险，并随时与公司的实际控制人和核心团队交换意见，提供改善建议。同时，投资人也常常对融资企业的短板提供针对性的增值服务，如参与公司的战略制定，完善公司的治理结构，

规范财务管理系统，协助招募优秀人才等。在这个阶段上，投资人与融资企业追求的利益方向是一致的。只有企业经营得好，双方才能获得更多价值增量，投资也才能更加安全。

7.2.3.9　变现退出，标志着双方分手

投资人将持有的股权变卖，回收现金，意味着投资完成，形成闭环。此时，投资人不再是公司股东，投融双方在法律上正式分手。

常见的退出方式包括上市退出、被并购退出、股权回购退出，以及破产清算退出。很显然，前三种是主动退出，即退出的主动权掌握在投资人手中，且基本都会产生投资溢价。而破产清算退出则是被动退出，往往意味着融资企业已经陷入经营困境，且无法持续经营下去，此时，投资会出现亏损，甚至血本无归。

7.3 估值模型与估值方法

股权定价是开展股权融资的基础，没有价格就无法交易。但每个企业都是综合性和独特性兼具的主体，无法参照标准化产品定价。因此，解决好股权合理定价的问题，是很难回答且必须回答的问题。

一般而言，投资人计算企业估值有一套相对固定的流程。首先由融资企业在历史业绩的基础上，预测未来5年左右的财务业绩，包括收入、利润、现金流和资本开支等，提供给投资人。投资人结合尽职调查结果和自我判断，对企业提供的预测数据进行修正，形成投资人认可的预测数据。最后，将修正后的预测数据代入到估值模型中，计算出估值结果。

显然，预测数据存在大量的人为判断。融资企业的判断往往乐观，而投资人的判断往往谨慎。即便在投资人内部，不同的人对同一个企业作出的预判可能完全不同，由此计算出来的估值结果自然也不同，甚至差异巨大。因此，企业的估值结果并不唯一，但没有对错之分。原则上，只要预测数据和计算估值的逻辑能自圆其说，就是合理的。这也导致一

个企业有若干个估值，采纳任何一个估值结果都难以准确反映企业价值。而此时估值存在的意义，更多是作为股权融资的价格参考和交易基础，为投融双方建立谈判平台，推动交易的达成。

7.3.1 估值模型的分类

对股权进行合理定价，必须先对企业进行估值，而企业估值需要借助估值模型与估值方法。在持续经营的前提下，估值模型一般分为三类，即绝对估值模型、相对估值模型和其他估值模型。实务中运用最为频繁是前两个。

所谓的绝对估值模型，是以企业的历史财务业绩为出发点，预测未来的经营结果和现金流量，并预判未来风险结果，将上述预测数据代入到估值模型中。例如现金流折现模型，据此计算企业估值。而相对估值模型，则是寻找与企业可比的公司，例如同行业的上市公司、同类型的竞争对手等，用对标公司的价值匡算企业估值。例如市盈率估值法，就是以可比上市公司的市盈率为基础，进行适当调整，假设打 5 折，再乘以本企业的利润匡算出企业估值，即可比上市公司市盈率 × 50% × 企业利润 = 企业估值。

显然，绝对估值模型属于正算法，即从企业未来的现金流创造能力出发计算出估值结果；而相对估值模型属于倒算法，即根据可比公司的估值，推算出自身估值。两个办法的估值逻辑不同，也无优劣之分，关键看何种方法更切合企业实际。投融双方可以在多个估值结果之间进行对照和权衡，选择更为合理的企业估值。

7.3.2 绝对估值模型下的现金流折现法

绝对估值模型中最为典型的估值方法就是现金流折现法。它的基本逻辑是，企业价值来自未来预计的现金流净流量，将这些现金流按照一定的比率折现到投资的时点上，计算出投资回报的现值。如果回报现值大于投资额，意味着投资预计会带来溢价，经济上是可行的，反之，则意味着投资回报无法弥补投资支出，经济上是不可行的。

对应到股权融资上，投资人可以根据现金流折现法计算融资企业的估值，并据此作为股权定价的参考。如果估值结果不乐观，明显低于预期，那么投资人很可能因为不看好项目的经济前景而选择放弃投资。

7.3.2.1　未来现金流净流量

以生产类企业为例。现金流入是指企业在未来存续期内因销售产品带来的现金，而现金流出是指为了满足生产和运营而采购的原料、支付的各类费用与税金等现金支出，两者的差额就是现金净流量。如果预计的现金净流量大于 0，意味着现金净增加，反之，则现金净减少。

相应地，要对融资企业的股权进行定价，首先就需要对其未来的现金流进行预测。

（1）现金流的预测内容

预测的现金流，是在满足运营投资需求之后剩余的现金流量。换言之，是以主业现金流的净流量减去为了保障生产运营的必要资本性投入，包括扩大产能的投入、设备的维修保养投入，以及由此带来的其他费用投入等。显然，资本性投入不同于日常的费用性开支，前者往往以固定资产投资的方式提升企业的竞争能力，而后者更多是以费用化方式，配合产销活动的运营投入。此外，预测现金流理论上还需考虑到因外部贷款增加带来还本付息的现金流变动，以及股东分红等现金流出，但在本书中，这部分暂不予考虑。

需要注意的是，现金流预测的核心对象是主业的现金流，而非偶发性现金流或其他非主业现金流。例如企业预计会因为财政补贴得到一笔现金，尽管属于现金流入，但并不属于主业现金流的范围，应在计算估值时予以剔除。

（2）现金流的预测思路

严格上讲，较为稳妥的现金流预测办法就是编制现金流预算。即以年度为单位，分别编制业务预算、生产预算、库存预算、往来预算等，合并之后得出第一个预测年度的现金流预算。然后，以此为基础，预测第二个年度的现金流预算，逐年类推。最后把预测年度内的现金流预算全部整理完毕之后，就形成了估值模型需要的现金流数据。

显然，以预算为基础的现金流预测保持了各经营管理要素之间拥有较强的逻辑关系，但工作量巨大。更为重要的是，预算编制的过程中依然要依赖大量的人为判断，也必然会与实际结果出现偏差，甚至会直接影响由此计算出的估值结果的合理性。换言之，预算流程的强逻辑性并不能从根本上抵减人为判断偏差对估值结果的负面影响。因此，实务中会参考现金流预算的编制思路，但重点在于评估预测基础是否扎实，预测依据是否合理，能否自圆其说，同时还要平衡由此投入的工作量大小。

（3）分段预测不同年度的现金流

实务中比较有效的方法是分段预测，即把整个预测周期分为两段，第一段为详细预测，第二段为粗略预测。

详细预测一般会选择自估值日起的 5 年内，以融资企业的历史业绩为参考，结合战略定位、商业模式和预期竞争能力，估算出每一年的现金流流量。这个预测过程与编制经营预算类似，但不同的是，经营预算往往会落脚在利润表上，而现金流预测是在经营预算的基础上落脚到现金流量表的预算上，即不仅要考虑主业利润带来的现金流变动，还要考虑因为运营活动带来的经营现金流变动。

随着时间跨度的增加，对未来的把握程度也随之降低，就进入到粗略预测阶段。此时往往会在第一阶段预测的基础上，保守修正一些现金流参数，例如调低增长率或者维持零增长等，形成第二阶段的现金流预测结果。

两个阶段合并之后，就形成了融资企业整体的预计现金流净流量。

7.3.2.2　现值、终值与货币时间价值

现值与终值是构成现金流折现法的重要基础，而要了解现值和终值，首先需要了解货币时间价值。

今天的 1 元与明天的 1 元并不等值。假设我们在银行存了 1 万元，

年化存款利率为 10%，那么 1 年后应得到 1.1 万元。换言之，今天的 1 万元与 1 年后的 1.1 万元等值，而今天的 1 万元就是现值，1 年后的 1.1 万元则是终值，中间的差额 1000 元就是货币的时间价值。

可见，所谓的现值，指的是资金在今天的价值，例如存入银行的 1 万元；而终值则是未来某个时点上的资金价值，例如 1 年后到期的存款本金与利息。在考虑了存款利率后，现值与终值相等。

从公式上可以表示为：

现值 =10000 元

终值=现值 ×（1+ 年化存款利率）

=10000 ×110%

=11000 元，

即现值=终值 /（1+ 年化存款利率）。

也就是说，将终值折算到现在的时点上，就会得出现值，这个过程被称为折现。

对应到股权融资上，将融资企业未来创造的现金流净流量，按照时间跨度分别折现到投资的时点上，得出的现值结果就代表了企业的估值。

7.3.2.3 折现率

所谓折现率，是将未来预期回报折算成现值的比率，而在上述例子中，存款利率就属于折现率。

在现金流折现法的估值模型下，折现率的意义在于量化未来预测现金流的不确定性和风险承担。选择的折现率越高，意味着对未来现金流的兑现判断越谨慎，折算出来的现值就越小，股权定价就越低；反之，选择的折现率越低，则意味着对未来现金流的兑现判断越乐观，折算出来的现值就越大，股权定价就越高。

折现率是怎么确定的呢？从投资人的角度上看，往往会以预期回报率为基础，顺加风险补偿率，合并计算。预期回报率是投资人期待的回报率，不同投资人面对不同的投资标的，会有不同的预期回报率。而风险补偿率是投资人对融资企业未来经营风险的量化判断，预计未来风险越高，确定的风险补偿越高，预计风险越低，风险补偿越小。

实务中，有的学者认为预期回报率已经包括了风险补偿率，因为前者反映的是投资人的期待回报，自然已经考虑了企业未来的风险承担。这是有道理的。但从操作上看，将两者加以区分也存在积极的意义，即投资人在圈定某个行业中的一个具体企业时，行业的平均回报率则往往为投资人的预期回报率，而风险补偿率则反映了该企业承担的高于行业平均的风险，将这部分风险单独展示出来，有利于投资人更清楚地了解该企业的风险状况，可以更为客观地设定估值模型中的折现率。

显然，在未来现金流净流量确定的前提下，折现率直接影响估值结果，继而影响股权定价。因此，对于融资企业而言，不能只把精力聚焦在业绩呈现上，还要关注企业运营的底层逻辑、核心竞争能力和风险应对能力。能否赚钱，能否持续赚钱，能否实现预计现金流的大概率兑现，这都会在很大程度上影响投资人对折现率的选择，继而影响股权定价。

7.3.2.4　成长性

成长性是投资人对企业未来增长趋势的预判，可能保持一定程度的增长，也可能保持不变，还可能萎缩，但统称为成长性。

在绝对估值模型下，成长性是计算企业估值的必要组成部分，成长性越高，企业估值就越高，反之则越低。但未来是难以预测的，即便在同一时点上预测同一个企业的成长性，不同的人预测的结果可能都不同，甚至相差巨大。这也表示，对成长性的预测存在大量的人为判断，其预测结果又直接关系到融资企业估值的高低，自然也就成了投融双方博弈的重点。

一般而言，投资人都会重点参考历史业绩的成长性。例如，过去三年企业每年的业务增速为 50%，有理由相信未来业务仍会保持快速增长，并由此确定未来五年的业务增速范围为 30% ~ 50%，从第六年到第十年降为 10% ~ 30%，之后一直保持 10% 的增长或者零增长。这就是比较常用的历史数据参考法。但从实务中看，这种预测类似刻舟求剑，预测未来却脱离了对企业所处环境变化的分析研判，也缺乏对企业在面对未来各种变化时为何能作出有效决策的底层逻辑的研究剖析，自然会在很大程度上导致预测与实际结果出现巨大偏差，继而导致企业估值模型的失败，甚至误导投资决策。

当然，预测成长性并不意味着历史业绩不具有参考性，而是要从历史业绩中抽取出影响业绩的关键驱动要素。这些不仅是在过去市场竞争中取得良好业绩的基础，也是在未来能继续保证竞争优势的关键所在。

（1）识别历史业绩的关键驱动要素

历史业绩的取得来自两个方面：外部因素和内部因素。

外部因素主要是指企业所处行业的政策变化与供需趋势，例如，踩到了政策利好的风口上，实现顺势快速成长；又如，市场拥有相对刚性的需求，就像卖鸡蛋的企业并不担心鸡蛋卖不出去。当然，外部因素会惠及行业内的每一个企业，自然也不是拉开企业间竞争差距的主要原因。

而内部因素来自企业的核心竞争能力，这是自有和独特的，就像同样都是销售鸡蛋的企业，有的企业已经上市，有的还处于小规模经营的状态。因此，内部因素是区分企业竞争实力并支撑企业持续发展的根本，自然也是投资人关注的核心。

具体而言，企业的商业模式、团队能力、技术水平等都是历史业绩的价值驱动要素，投资人都会逐一评估。但就历史业绩的创造而言，上述要素发挥的重要性并不完全相同。例如，对于一般性的生产制造类企业，成本控制对价值的驱动作用更强，它保证了企业以更低的成本获得更高的利润空间和更强的抗风险能力。但凭什么能做到质优价廉呢？可能有先进的生产制造水平，也可能有专利技术，还可能有高效的管理水平，这分别对应生产能力、研发能力和团队能力。这些能力就是价值驱动要素，也是企业在未来能继续创造良好业绩的基础。又如，AI智能、生物医药等高新技术企业，它们取得良好业绩的基础在于技术领先带来的高增长和高溢价，显然技术水平是价值驱动的核心要素。因此，投资人必然要围绕这些能力进行研究和评估，包括企业当前的技术水平如何，未来是否能保持领先，凭什么能保持领先等。可见，面对不同的行业和企业，投资人关注的重点并不完全相同，主要是识别出哪些是创造价值的关键驱动要素，并据此判断企业未来的发展前景。

（2）预判关键驱动要素在未来竞争中的价值周期

竞争优势并不会一成不变，往往会随着社会需求和市场发展而转变。今天领先的技术水平，可能会随着技术的进步而逐步淘汰，由此创造的业绩也必然无法延续。因此，识别出关键驱动要素之后，还需要对这些要素的价值周期进行分析和判断。

例如，某项生物技术的研制成功，使其产品在市场上具有很强的竞争力。而根据行业规律，同领域新技术的迭代周期一般为 3 年，换言之，3 年之后基于该技术的产品大概率会被取代。此时，就需要在预测成长性时将 3 年作为一个预测周期，而将 3 年后作为另一个周期。如果分析后认为，企业很可能会在 3 年内顺利实现技术的迭代，那么大概率还会继续保持高增长；反之，如果无法作出乐观估计，就要大幅调减 3 年后的成长性，甚至应假定在 3 年后的某一年会被迫停止该产品的销售。

由此推演，商业模式、先进制造能力、团队管理能力等驱动要素，都需要逐一评估其价值周期，继而关联到企业的可能受益期限和预期成长性。

（3）弥补当前竞争短板，减少对成长性和企业估值的负面影响

实务中，不少企业的优劣势对比较为突出。例如，市场营销能力强，但内部管理能力弱；或者研发能力强，但销售能力弱等。在企业创业之初，突出的单一优势能让企业生存下来，但伴随着企业规模的增加，竞争压力和风险承担也会大幅提高，单一优势就难以弥补自身短板带来的价值损失。这必然会拉低企业价值，包括造成经营损失、错失发展机会或者作出重大的战略错误等。

对于计划引入股权资本的企业而言，显然已经具备了一定规模和实力，但或多或少也会存在一定的短板，而从企业估值的时点上看，这些短板都是减分项。因此从风险补偿的角度上看，投资人会考虑调低未来的增长率，这必然会拉低企业估值，继而降低股东财富；而从发展的角度上看，这些短板则会制约企业的长期发展，最终损害的是股东和投资人的利益。因此，在融资之前，找到当前的竞争短板，进行针对性的补强是非常有价值的。

在诸多的短板中，决策能力和风险控制水平是最为突出的两个点。

从狭义的角度上看，决策能力侧重企业决策层准确把握机会和合理配置资源的能力，其底层来自企业是否拥有良好的治理结构，以及治理结构是否发挥了预期作用。在一言堂的企业，重大决策权缺乏必要的制约，也难以出现不同的声音，这决定了企业犯错的概率很高。投资人为了保障投资安全，往往会通过改组董事会，提高自己在关键事项上的话语权，以及在股东会决议事项中增加约束性条款等，以提高决策质量，防范原有股东的决策权不受控。但约束也必然会加大对原有决策团队的权利限制，尤其是双方的信息不对称、对未来判断不一致时，会加剧内部的权力争夺。如果给投资人设定的权限过大，投资人可能会为了保证投资安全，迫使原有决策团队妥协，作出看似更为稳妥但却错误的决策，这又会偏离企业价值最大化的追求目标。因此，只有让投资人相信决策团队的专业能力，才能让投资人放心授权，也才能让投融双方在投资增值与投资安全中取得更为合理的平衡，而这来自决策团队拥有良好的操盘业绩和符合未来发展的决策能力。

风险控制水平则主要集中在法律风险、财税风险和股权风险上。在估值中，企业风险水平的高低不是加分项，而是减分项。换言之，做得好不会增加估值，但存在重大风险隐患时，会降低估值，甚至会导致融资失败。从实务上看，识别当前存在的重大风险是相对容易的，但未来是否能有效防范风险，在很大程度上取决于决策层，尤其是大股东对风险的态度，是重视还是无所谓，是按部就班地整改还是保持不变，这对融资的影响结果完全不同。即便企业当前存在一些风险，如果能及时弥补，并保证未来不会再发生，往往都不会构成股权融资的实质性障碍。

总体而言，任何一个企业的增长率都不可能长期维持下去，一般都会在达到成熟期后逐步萎缩甚至消失。因此，当前是否已经达到成熟期，如果没有，预计何时可以达到，达到后能维持多久，以及阻碍进入成熟期的障碍是什么，能否克服等，这些不仅关系到投资人对成长性的预测，也是融资企业在接触投资人之前要做到心里有数的。

7.3.2.5　现金流折现法的应用与注意事项

在确定了每年的现金流净值和折现率之后，就可以使用现金流折现法计算出企业估值。

具体操作上，是将每一年的现金流按照折现率折现到投资的时点上，然后加总，得出企业的估值结果。如图 7-1 所示。

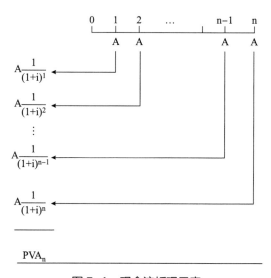

图 7-1　现金流折现示意

图中，0 代表投资之初，之后的 1、2、n 等代表自投资开始的每年年末；A 表示当前产生的现金流净值，为了便于表述，各年度统一标记为 A；i 则表示折现率。

从计算上看，是将第一年末的现金流净值 A，按照 i 的折现率折算到年初的投资时点上，得到第一年的现金流现值；以此类推，再将以后各年的现金流净值分别折现，合并后得到总的折现值，即企业估值。

需要注意的是，现金流折现法的前提是企业预计的主业现金流是净流入的，否则并不适用。例如，一些处于初创阶段的企业可能还在亏损，现金入不敷出，就无法使用该模型计算估值。对于此类企业，投资人往往会侧重评估企业的市场前景，即其服务的市场需求是否足够大且具有一定的刚性，提供的产品或服务能否满足需求并具有较强的竞争力；还会评估创始团队的决策能力和管理水平，以及可能制约企业成长的重大短板。显然，这些评估都是偏定性的，难以准确量化。因此，对于初创企业的价值评估，不同人员采取的估值基础、估值假设和估值方法可能各不相同，得出的估值结果差异也很大，这都是非常常见的。这也能在一定程度上解释为什么初创型企业获得第一笔投资往往来自天使投资，且天使投资人更多来自个人而非风险投资机构。

7.3.3 相对估值模型下的市盈率估值法

相对估值模型的核心是根据可比公司的市场价值，推算出融资企业的估值，包括市盈率估值法、市净率估值法等。

以市盈率估值法为例。投资人会选择与融资企业可比的上市公司价值或者已知的其他可比公司价值，对它们的市盈率进行适度打折，例如三折、五折等，再乘以融资企业的利润，计算得出融资企业的估值。

这种估值方法简单直接，但不足也很明显，即仅关注到两个企业处于同一行业这一外在属性，却忽略了每个企业的竞争差异和内在不同，而后者才是决定企业价值的核心。因此，相对估值模型更多只是匡算融资企业估值的量化范围，是一个区间概念，而不常用于确定企业的具体估值。

从操作上看，相对估值模型往往用来验证绝对估值模型下的估值结果是否合理，是否在投资人的预期范围内。如果绝对估值的结果大幅偏离相对估值的结果范围，则说明绝对估值模型使用的基础或者假设很可能存在重大漏洞，提醒投资人加以关注和适度修正。当然，也不排除可比公司的价值存在偏差，导致由此计算出来的估值范围本身就是不合理的。因此，从严谨角度上，需要分别从绝对估值模型和相对估值模型两个方面对企业估值进行对比和检验。

总之，无论使用何种估值方法，融资企业的价值都非常容易受到各种因素的影响，这必然会导致不同的人员和机构对同一企业得出的估值结果出现差异，甚至偏差很大。因此，融资企业在面对投资机会时，要主动出击，与投资者保持充分沟通，全面展示企业的竞争能力，努力消除彼此的信息差。

此外，还要学会站在投资人的角度上，预判投资人可能采用的估值方法和使用的估值假设，做到心中有数，因为这些都会直接影响估值结果。如果投资人给出的估值明显偏低，融资企业就可以对估值结果和计算依据进行交流，提出自己的看法和合理化建议，促使双方缩小差距，统一意见，达成合作。

7.4 提升估值的关键要素

在绝对估值模型下，现金流净值、折现率和成长性都关系到估值的高低。但从深层次上讲，业绩的持续取得来自其商业模式、运营管理能力与风险控制水平。可以简单划分为，前者为财务类要素，后者为非财务类要素，并且后者是前者的基础。因此，提升估值需要从这两个方面同时入手，既要抓好财务类要素，又要提升非财务类要素。

7.4.1 抓好财务类要素

7.4.1.1 业绩类指标与现金流的关系

绝对估值模型中的核心数据之一就是未来的现金流净值，而现金流净值源于企业未来的经营管理结果。因此，以利润为代表的损益类指标，和以往来与库存为代表的资产类指标的预期表现，就与现金流净值密切相关。

以预测未来某一年的现金流净值为例。按照传统的预计方法，会先预估利润，即通过收入、成本和费用计算出预计利润。但利润并不等于现金，利润是根据会计准则计算出来的，而现金是实打实的，两者之间的差异在很大程度上来自往来与库存。

假设公司的利润为100万元，理论上也应该增加100万元的现金，但可能其中有30万元是产品赊销，货款并未回笼，而财务处理上依然会将这30万元作为收入，计算利润，这就会导致利润大于现金；反之，当期利润为100万元，但收到了前期客户拖欠的货款50万元，则当期的现金流净值就会大于当期利润。同理，库存也是如此。即便利润为100万元，且增加了100万元的现金，但同时又新增了40万元的库存，占压了资金，此时现金流净值就变成了60万元（100万元 –40万元），这也会导致利润与现金流净值不一致。

因此，从管理角度上，既要抓好利润，又要抓好往来和库存等资产类指标。只有两者共同作用，才能最大限度提高现金流净值，继而提高企业估值。

7.4.1.2 抓好损益类指标，针对性提高利润

从利润构成上，可以拆分为收入和利润率，两者相乘得到利润。其中，收入是营销的重点，利润率则是管理的重点。

（1）通过利润分层，抓住提升利润的关键点

利润率是一个泛化的概念，包括了毛利率、营业利润率和净利率等。这类指标的特点，都是以收入作为盈利分析的基础，即分子是各种口径的利润，而分母是收入。可以理解为，每1元的收入中包含了多少毛利、营业利润和净利润，换言之，是什么环节创造了利润，什么环节吃掉了利润。

例如，毛利率很高，但营业利润率很低，则说明了产品本身拥有较强的盈利能力，但公司的包袱太重，吃掉了利润，可能是人员过多、办公费用过高等。因此，改善的重点不在产品运营和成本控制上，而在于内部管理。反之，如果营业利润率较高，净利率低，则往往表明公司存在较大的非主业亏损，或者所得税负偏高，此时的改善重点在于风险管控流程的建设与实施，开展税收筹划等。

此外，不同维度的盈利指标对比，可以帮助决策者迅速锁定问题点，

明确改进方向。例如，公司的毛利率低于预期，则需要检讨产品定价是否恰当，成本控制是否得力；如果毛利率达到预期而营业利润率未达到预期，则需要检讨期间费用是否超标，是否存在计提费用导致的利润人为下降；如果营业利润率达到预期而净利率未达到预期，则需要检讨是否存在因偶发或例外事项导致的营业外支出大幅增加等情况。

需要注意的是，影响利润的要素很多，且不同要素之间存在一定的负相关效应，因此，提升利润是要在多个要素之间取得最优平衡。例如，提高产品售价会提高利润率，但往往会导致销量下降，总体利润可能不升反降。又如，提高产能会降低单位固定成本的分摊，从而提高单位产品的利润，但也会增加库存占用，提高保管成本和损耗成本，而且，为了将新增的产量及时对外销售，有可能会放宽授信政策，产生新的坏账，这样又反过来吃掉了利润。

（2）区分成本责任边界，精打细算提升利润

存在并不一定是合理的。报表上的成本是实际已经发生的，但是否合理，是否存在浪费，则属于成本管理的内容。需要注意的是，成本属性不同，管理思路也不尽相同。在实务中，经常会按照成本习性先对成本进行分类，再进行针对性管理。

按照成本习性，可以将成本分为固定成本、变动成本和混合成本。其中，混合成本指的是发生的成本与产量相关，但不呈正比例变动关系，例如设备的维修投入、劳保投入等。划分的意义在于明确成本边界，确定工作重点和责任主体。

1）固定成本管理。

厂房与设备折旧是固定成本的重要组成部分。它是前期投资形成的，也是生产的基础保障。投资一旦完成，由此形成的折旧会源源不断地产生，并以制造费用的方式计入生产成本。但这些折旧背后的资产是否得到了充分利用？例如，一套年产能 10 万吨的设备，如果产能利用率只有 50%，则单位产品承担的固定成本就会提高一倍，推高生产成本，侵蚀盈利空间。又如，厂房是否充分利用，生产布局是否合理，是否存在空间浪费的情况，这也会推高产品成本。因此，对此类固定成本的核心管理指标是资产使用率。如果使用率低于设计指标，就会存在成本浪费。

在识别了存在的问题后，下一步就要对照设计指标逐一追查差异原因，是营销不力拉不动产能，还是产品质量不达标导致销售不畅，抑或初期设计方案存在重大问题。这些原因可分别对应到销售部门、生产部门、设计部门和投资管理部门，要拿出具体的改善举措，降低成本。如果资产使用率的下降主要来自外部因素的不利变化，则不属于公司的可控范围；但如果判断短期内外部的不利因素无法改善，则要考虑对闲置资产进行盘活，积极主动地寻求解决方案，而非被动让浪费的成本吃掉利润。

此外，车间管理人员的工资和一线操作人员的基本工资也属于固定成本。不同于厂房与设备折旧形成的固定成本，工资类固定成本也可能存在浪费，核心管理指标是人工效能，即是否存在生产冗员，或者人均生产效率偏低的情况，责任主体是生产部门。人工效能指标与生产工艺的先进程度有关，决策者既要对标最初的设计指标，也要随着工艺的持续优化改进，对人工效能提出更高的要求。

2）变动成本管理。

在绝大多数情况下，变动成本是生产成本的核心组成部分，而产品配方是变动成本管理的核心。经过评估和测试后的产品配方一般都比较稳定，但也并非没有压缩空间。在实务中要注意以下三点。

第一，产品配方中的量和价要单独核算，分别管理。

所谓的量，即产品配方中消耗资源的数量，例如一吨产品需要投入多少数量的原料、辅料，需要消耗多少度电等，这些都是以数量进行计量的；价，则为消耗资源的单价，例如一吨原料多少钱，一度电多少钱。这样做的目的是分清责任边界，明确责任主体。显然，量考核的是生产部门，而价考核的是采购部门。对生产部门而言，不断优化配方结构，在保证质量和生产效率的前提下，提高原料的利用率、使用低价原料替代等，降低变动成本；而对采购部门而言，则是拓展供应渠道，争取优惠条件，降低采购单价。

第二，抓好正品率管理。

正品率是指合格产品在总产品中的占比，正品率越高，单位产品的成本就越低。

在实务中，多数企业会把生产中形成的残次品成本计入正品成本。例如生产了 1 万件产品，其中 100 件为残次品，在成本核算时，这 100 件残次品并不计算成本，而是由 9900 件正品承担了全部的成本，导致正品的单位成本升高。可见，提高正品率对降低成本有直接的作用，生产部门自然是第一责任部门。

需要注意的是，其他部门的工作结果也会影响正品率，例如，采购材料的规格、型号是否符合要求，质量是否合格等；又如，生产是否连续和稳定，是否存在设备故障等导致的非正常停工，继而影响产品成本。尽管采购和设备维修保养并不是生产部门的责任，但这并不妨碍生产部门作为第一责任部门的定位。生产部门的核心任务是完成生产任务并保证成本可控，必须通盘考虑，跨部门协调合作，不能只盯着生产车间的一亩三分地，更不能遇到问题就推诿责任。

第三，抓好损耗管理。

变动成本的损耗主要指的是原料、辅料等有形资产的损耗，包括了生产环节的损耗和保管环节的损耗。损耗可分为合理损耗和不合理损耗。所谓的合理损耗是必然发生、不可避免的损耗，例如生产环节中切割钢板的边角料，原料保管中的漏撒损失等；而不合理损耗，多为管理不善导致的损失，例如遗留过量的边角料、过量的原料破损，甚至材料过期变质等。显然，变动成本的管理重点是不合理损耗，应本着"谁负责谁承担"的原则，对责任部门追究责任，最终目标是消灭不合理损耗；对于合理损耗，也不应听之任之，而是要不断优化，精打细算，降低成本。

3）管理费用类指标，有钢用到刀刃上。

对绝大多数企业而言，赚钱非常不容易，花钱却非常容易。因此，企业要想持续发展下去，不仅要开源，还要节流，两者缺一不可。

从指标上看，费用利润率是管理盈利能力的指标之一，分子是利润，分母是三项费用（销售费用、管理费用和财务费用）之和。其特点是以费用作为盈利分析的基础，即公司每花费 1 元的费用，能带来多少钱的利润回报。它考核的是费用的投入产出比，即是否存在低效投入甚至无效投入的情况，以及怎么才能提高投入产出效率；同时也考核了利润创造能力，与毛利率、净利率等盈利指标形成了有效补充。

当然，节流不是一味严格控制费用，而是要有钢用到刀刃上。实务中，对费用的管理并无统一的标准，但需要明确费用管理的原则，即费用是价值创造的必要投入，而非单纯的花费。换言之，不能以费用的高低作为是否值得投入的唯一考量标准，而应该以费用投入后是否能创造预期价值为主要考量标准。例如，有的企业在招聘员工时会重点考虑薪资水平的高低，但如果为了追求低薪酬而导致员工无法胜任岗位，这笔费用就是浪费的。

7.4.1.3 抓好资产类指标，提高周转速度

从资产类别上，可以分为流动资产和非流动性资产。其中，往来和库存是流动资产管理的重点领域，大额投资是非流动性资产的管理重点。

往来管理的核心指标是应收账款周转率和应付账款周转率。应收账款周转率衡量的是应收账款的周转速度，例如公司有 100 万元收入，应收账款是 50 万元，则应收账款周转率为 2 倍（100 万元 /50 万元）；如果应收账款只有 10 万元，则应收账款周转率为 10 倍（100 万元 /10 万元）。周转速度快了，意味着在取得同样收入的前提下，客户占压的资金少了，相应的管理成本和坏账风险也降低了，这还会进一步优化现金流。当然，在乙方市场上，完全杜绝应收账款并不现实，甚至会因为严苛的应收账款控制影响产销量，继而导致开工率不足，推高产品的单位成本，从而吃掉利润和现金流。因此，要结合公司现状进行合理平衡，这背后就是对客户的授信管理。即便确定了授信政策，也需要定期评估和调整，追求企业利益的最大化。同理，应付账款周转率体现的是公司占用供应商资金的能力。周转率越高，证明公司的单位采购金额中应付账款的比重越低，或者公司占压供应商资金的能力越弱，反之，则越高越强。

此外，库存是占压资金的另一个重点领域。有的企业对库存管理存在理解偏差，认为库存不同于应收账款，不存在催收和坏账风险，且批

量采购还有价格优势，因此，保有库存整体是有利的。实务中，除了因预判原料涨价或存在断货风险的情况下，过量采购原料不仅会占压资金，还会增加保管成本、损耗成本和跌价风险。而成品库存的增加，不仅会占压原料的资金，还会叠加为了生产产品而支付的生产人员工资、各种能耗等，资金占压会更多。当然，大幅压缩库存能有效解决上述问题，但也会带来原材料的断货风险，导致生产无法连续排产而提高生产成本，甚至无货可卖。因此，库存管理思路与应收账款管理相似，都是在利弊之间取得合理平衡，并随着公司情况变化及时调整。

对非流动性资产而言，则以购买设备、技术升级改造等大额投资作为管理重点。大额投资形成了固定资产，未来要通过折旧的方式计入产品成本，再通过销售进行资金回笼。因此，管理的重点在于，大额投资形成的产能或竞争优势，在未来能否得到足够的弥补。在实务中，如果投资的设备无法充分利用，体现为开工率不足，甚至闲置不用，或者技术改造失败，这些资金就会沉淀下来。更为重要的是，这些投资形成的资产会转化为公司的成本，形成公司的包袱。投资额越大，类似的投资越多，包袱就越重，继而侵蚀公司的利润，影响现金流表现和企业估值。因此，管理的办法就是及时盘活，或者出租，或者出售，抑或通过承接外部业务提高开工率。但最为关键的是总结经验教训，防患未然：当初决定投资的依据是什么，什么条件发生了重大变化，是不可控因素居多还是人为因素居多，未来应该如何防范等。只有追根溯源，才能从根本上改变大额投资决策失误的问题。

7.4.1.4　保持良好的经营现金类指标，提升企业估值

现金流是上述工作的结果。

利润是现金流创造的根源，而不合理的库存和应收是占压现金流的重点。决策者需要关注的是，通过开源节流提高利润，同时加快资产的周转速度，释放资金占压，由此体现出来的现金流必然能更好体现企业的内在价值，更好维护股东利益。

7.4.1.5　抓好财务风险类指标

在财务维度上，风险类指标主要指的是资产负债率、流动比率等，

从不同角度上判断公司偿债风险的大小。显然，企业的财务风险越大，赢得投资的概率就越小，即便引入投资，也会在一定程度上降低企业的估值。

从公司利益最大化的角度上看，适度负债对提高公司业务规模和利润有积极的促进作用。负债的特点是利率相对固定，到期还本付息。对于企业而言，只要利润率超过借款利率，就会创造超额收益，这就是借鸡生蛋。从结果上看，则体现为收入和利润的双增加，自然有助于提升企业估值。

但若过度负债，就会导致资产负债率过高，财务风险加大。一旦公司面临大额债务到期无法偿还的情况，就可能会导致公司资金链陷入危机，甚至断裂，影响企业的生存。从这个角度上，前期创造的盈利基础并不稳定，且未来会面临重大风险，这就会大幅提高融资的难度。因此，企业要把握好中间的度，在负债上过度保守或过度激进都是不利的。

实务中，还存在因往来虚增导致的资产负债率虚高，误导财务风险判断。例如，公司有 1000 万元的资产和 600 万元的负债，资产负债率为 60%（600 万元 /1000 万元 ×100%）。对多数企业而言，60% 的资产负债率是合理的，自然不成为股权融资的制约要素。但如果公司存在大量的未清理往来，就会虚增资产负债率，误导判断。例如公司与 A 公司同时有采购和销售的合作关系，公司一边欠 A 公司 1000 万元的采购款，一边又应收 A 公司 1000 万元的货款，从结果上看，双方的账是平的，公司的财务风险并未加大。但如果不及时清理往来而一直挂账，就会导致公司的资产和负债分别虚增 1000 万元，即公司的总资产变成了 2000万元（1000 万元 +1000 万元），负债变成了 1600 万元（600 万元 +1000万元），资产负债率就变成了 80%（1600 万元 /2000 万元 ×100%），导致财务风险人为提高，这显然对企业是不利的。当然，实务中这种情况很少，但如果我们把 A 公司比作多家公司，例如 A 公司、B 公司、C 公司等，就比较容易理解了。由于三角债或多角债清理不及时，导致往来的虚增和资产负债率的人为提高，对企业开展股权融资并无益处，这是需要注意的。

7.4.2　重视非财务类要素，夯实估值基础

财务业绩是经营管理的结果呈现，过去取得的良好业绩，并不必然代表未来能继续下去。

历史财务业绩的取得不仅来自产品和服务的竞争能力，例如独特的商业模式、领先的技术水平、强大的品牌号召力等，也来自企业的决策能力、内部管理能力，以及风险管理和应对能力等。这些是企业未来良好业绩的来源，自然也是投资人非常关注的。

7.4.2.1　清晰的战略目标和与之匹配的商业模式

企业所处的政策环境和竞争环境如何，市场需求是否足够大且迫切，产品的定位和功能是否具有竞争力，都关系到企业战略目标的确定。这些问题只有经过充分调研和缜密思考，才能得到投资人的认同。

而商业模式则是实现战略目标的具象化安排，核心是围绕盈利模式展开的，即产品如何卖出去，卖给谁，能赚多少钱，预计未来能赚多久。对于传统型企业，成本领先是普遍的竞争亮点，包括扩大生产规模、采用新技术新工艺等方式，摊薄成本或者降低成本，抢占市场，获得收益。而对于新技术类企业，更多采用差异化战略，即在蓝海市场中通过高附加值产品的生产和销售，获得超额利润。由此可以延伸到，与之匹配的市场营销策略、客户管理策略、资源配置策略等，都构成了商业模式的组成部分。

可见，战略目标与商业模式是相辅相成的，也是支撑企业持续成长的底层支撑。

7.4.2.2　良好的决策能力与团队建设

股权投资市场上有一句话：宁投一流团队加二流项目，也不投一流项目加二流团队。换言之，项目再好但团队不行，企业大概率走不远，投资风险就大；反之，如果团队优秀，即便项目当下还存在一定的不足甚至缺陷，却依然有做强的机会。

优秀的决策和管理能力代表了企业可以最大限度把握有利机会，并

具备规避重大风险的能力。尤其在当前的竞争环境下，一个决策失误就可能会让企业遭受重大损失，甚至会陷入破产境地。因此，对于投资人而言，认同企业的战略和商业模式只是第一步，关键要看决策团队是否优秀，能否带领企业按照预期目标快速发展。这关系到投资安全和投资人的利益回报。

投资人在接触融资企业之初，都会重点了解企业决策团队的构成与责权划分，分析核心人员的专业特长与履职背景等，并与企业取得的经营业绩相互印证。这么做的目的就是判断团队的决策能力和操盘能力。在企业规模较小时，核心决策者的个人能力是投资人的判断关键，例如是否有清晰的中远期目标，是否有具体的实现思路和行动计划，是否善于发现和把握机会等。当企业已经具备一定规模后，此时的决策能力逐步由单一决策向团队决策过渡，包括团队内部的专业能力是否互补，如何对重大决策权利进行必要的制约和平衡，如何减少重大决策失误的概率等，这些成了投资人的重点评估对象。

对企业而言，良好的决策能力不仅能提高成功融资的概率，也能从根本上提升企业价值和股东财富。退一步讲，即便未能成功融资，健康持续发展的企业也完全符合股东利益。

对于已经具备一定规模的企业，在团队能力的保持和提升上需要注意以下四点。

第一，让专业的人干专业的事，分级授权。

现代公司治理的主要标志是建立三会一层机制，即通过所有权和经营权的分离，实现物力资本与人力资本的结合，共同推动企业创造价值。换言之，让专业的人干专业的事，这不仅是企业发展的必然趋势，也能最大限度地维护企业和股东的利益。

分级授权往往是根据事项的重要程度，将决策权层层分解，在提高工作效率的同时，也能充分发挥被授权主体的专业性和积极性。需要注意的是，被授权主体的能力与授权尺度要整体匹配。如果未达到授权者的预期，应适度控制授权范围；但与此同时，被授权主体自然也无法得到充分的锻炼，不利于企业规模的持续扩大和团队的后续培养。因此在实务中，分级授权往往采用小步快跑的策略，即先从熟悉的领域充分授权，再逐步扩大到新领域，发现问题及时指导纠偏，等到成熟了再充分授权。

第二，合理使用专业人才，弥补决策短板。

决策能力的高低与专业人才是分不开的。

当下，不少企业都意识到了股东作为出资者并不必然能把企业经营好，于是通过招聘职业经理人或与第三方机构合作进行针对性补强，这在提高决策质量上是值得肯定的。但要注意到，尽管职业经理人与第三方机构都会带来人力资本，但使用起来是存在差别的。

职业经理人基于个人职业生涯的考虑，存在天然迎合决策者的心理意图，这会导致他们在面对老板的不同意见时不敢或不愿坚持自己的想法；而且，随着深度参与到企业管理中，其所扮演的岗位角色很难让他们就决策事项发表独立客观的意见。显然，这并不意味着职业经理人不具备高质量决策的能力，而是受到了客观因素的限制。因此，一些企业采用的高管畅谈会、议案无记名投票等方式，都是在鼓励高管充分表达意见，以获得真实的声音。

反观第三方机构，他们的顾虑就少得多。因为第三方机构要想在市场上立足，必须有足够强的专业功底和解决问题的能力，因此，能否为企业客户做出贡献是评判他们自身价值的核心标准，是他们能否继续生存和发展的关键。此外，他们不参与企业的日常运营管理，在企业中没有角色和身份，更能站到企业和股东利益的角度上提出意见。但不足是，第三方机构如果没有充分的实务操作经验，或者对企业现状和诉求掌握不清，就很容易纸上谈兵，说得头头是道，但落地效果不佳甚至无法落地。这就要求企业在选择第三方机构时，重点了解其核心人员的历史业绩和能力背景，多交流，降低误判的概率。即便合作，在合作之初也更多是听取意见，多方验证后再作决定，直到对其能力形成相对确定的信任。

第三，总结和提炼过往决策的成功经验和不足。

企业成长的过程中，有逆境也有顺境，有盈利也有亏损，但都会留下经验和教训。从实践上看，善于总结与提炼的企业会避开很多决策误区，发展得更好，这自然也逐步形成了企业决策能力的内在 DNA。

反思不足是不少企业都在做的事，但要避免仅停留在追责和处罚上。例如对业绩不达标的负责人进行惩戒，扣发奖金等。但为何未能达标，什么地方做得不好，为什么做得不好，未来如何才能做得好等，这才是关键。这些问题不解决，处罚就变成了对前期问题的盖棺定论，这显然背离了处罚的初衷。因此，学费不能白交，无论是目标定位和经营思路的偏差，还是资源配置和具体举措的不足，都需要深刻检讨和针对性地总结，最终形成整改措施和时间节点。只有不断地查漏补缺，才能形成促进业绩成长的正循环。

与此对应的则是总结成功经验。总结成功并非自我标榜，而是要从中发现成功的底层因素，加以提炼和固化，这是支持企业继续取得成功的重要支撑。实务中需要注意的是，完成业绩目标并不必然代表成功，也可能更多来自外部因素的非预期有利影响，在分析时要加以客观评估和适度剥离。

第四，建立决策信息的传导机制，收集更多的决策信息。

企业出现决策失误的原因之一，就是关乎决策的关键信息收集不全面、不及时。任正非说，要让听见一线炮火的人作决策。实际上，多数企业都做不到，而是决策者根据下级报告和个人经验作决策，这可能就会导致决策结果偏离实际，造成误判。

就企业日常的信息传递渠道而言，多数都是层层上报的，在此过程中，一些重要信息会被遗漏或者被认为过于琐碎而被舍弃，其主要原因就是下级人员或者一线人员并不清楚何为重要信息。换言之，公司决策层并未对信息收集的范围提出具体要求。同时，信息传递缓慢。信息传递到最终决策者时，往往都发生了一段时间，甚至错过了最佳的处理期限。其原因是公司未对信息设定紧急程度，即什么是第一时间上报的，什么是定期汇报的。而且，基层人员只对基层管理者负责，即便认为很重要的信息，原则上也不能越级向上级汇报。这都是制约决策信息收集质量的原因素。

因此，要建立日常信息收集机制，并明确不同信息的重要程度和传递机制。在此基础上，可以通过设立总经理邮箱、开展重点员工座谈会等方式直接收集一线信息，减少信息在传递过程中的损耗和滞后。此外，公司要将信息收集的边界和紧要程度明确传达到每个信息节点，让岗位人员清楚知晓，并辅以奖励机制，这样不仅能有效聚焦信息收集的质量，也能防止因信息的过度收集而增加大家的工作量。

7.4.2.3　建立内部控制系统，并保证有效运转

内部控制是保证企业的各项活动按照既定的流程和标准加以运转的依据，确保的是过程和结果的相对可控。

以投资人为例。资金投入企业之后，是被合理使用，还是被个别人据为己有？公司账面上显示的收入和利润是否真实，是否存在人为转移利润的行为，公司的资产是否安全？这些仅靠人为监督是不现实的，但如果疑问不解决，再好的项目投资人也不敢投。由此延展到，估值模型中的历史财务数据也是内部控制的输出结果，投资人凭什么相信这些财务数据，是否存在造假？而信任的原因就是每一笔会计分录都有合同、发票和审批单据的支持，可验证可追溯，且每一笔处理都需要遵守会计准则的相关规定。这些就是内部控制在企业中的具体体现。反之，如果企业没有内部控制，或者即便建立了但没有有效执行，那么输出的结果就是不可控的，自然也得不到信任。

对股东而言也是如此。如果没有内控系统的有效运转，企业就处于失控状态，业务无法有序开展，资产也不再安全，企业和股东的利益当然也无法得到保障。

因此，有效运转的内部控制系统，不仅有利于股东利益和外部融资，对企业持续健康发展也非常重要。

第一，建立适合自身的内部控制系统，并不断优化。

内部控制常常以制度流程的形式出现，包括销售与收款流程、生产与存货流程、费用报销流程，以及合同管理制度、人员管理制度、考核激励制度等，分别从不同层面对企业运营管理的各种行为进行规制。

从实务中看，多数企业的内部控制是相似的，原因是当企业属于同一类行业时，其基本运营管理活动高度雷同，但并非千篇一律。每个企

业的发展阶段不同，面临的风险挑战和关注点也不同，在制度上自然会有所侧重，但同时也意味着内部控制要根据企业的发展及时调整优化。

如何判断当前的制度流程是否符合自身呢？比较有效的办法就是进行穿行测试。以费用报销类制度为例，测试人可以从填报报销单据开始，一直到报销打款为止，审视其中的各个步骤是如何流转的，需要哪些人审批，审批点是什么，审批依据是什么，是否达到了企业的管理预期。在此过程中，可能会发现某些审批环节无效或者不增值，或者一些关键漏洞没有堵住，或者设计的流程过于冗长，影响效率等。以此类推，其他的制度流程都可以进行穿行测试，从而针对不足之处进行优化调整。

第二，打通内部控制内部的关联关系。

投资人非常关注的财务结果，不仅取决于财务内部控制系统和业务内部控制系统是否有效运行，还取决于两个系统的衔接效果。

以业务内部控制系统为例，其核心在于保障运营的效率和结果。例如，在合同签署的控制流程中，需要兼顾公司利益的保护、重大风险的防范和高效审批三个方面，体现在合同从发起、过程审批、交涉修改，到最终签署的全链条中。如果缺少关键审批环节，未对价格条款、质量条款、违约责任等进行明确约定，就很容易损害公司利益，过度承担风险；但如果审批环节过多，执行链条过长，就会影响运营效率，甚至错失业务机会。由此延伸到，业务流程有控制要求但不执行或流于形式，就可能滋生串通舞弊甚至开展违法业务，例如，虚采原料、虚构成本、违规报销支出、使用不合规发票等，由此得到的财务数据质量自然也难以保障。

在业务内部控制系统设计合理且有效运行的情况下，要保证其与财务内部控制系统的顺利衔接，做到数据传递的及时与准确。一般而言，财务数据来自业务系统的运行结果，但这绝不意味着财务部门只是被动等待，而是要根据公司业务实质，在遵守会计准则规定的前提下，向业务部门提出改善建议，以做出对公司更有利的财务处理，或为公司争取到更多的税收利益。因此，财务部门应从公司利益角度出发，主动延伸到业务部门的内部控制系统中，以寻求最优解。

第三，时刻关注制度流程是否有效执行。

一些企业尽管制定了相对齐备的制度流程，但并不会按照规定执行，这就会导致内部控制的失效。

客观而言，制度流程不是人为设卡设限，而是通过对各项活动的规制要求，达到公司的管理目标。仍以费用报销为例，如果不按照制度流程执行，报销人可以任意报销，或者审批人流于形式审批，势必会损害公司利益。此外，制度流程具有很强的严肃性，一旦有人逾矩而不受规制，必然会有更多的人选择走捷径，破窗理论就会蔓延到更多领域，这对公司的破坏性是巨大的。

因此，流程制度一经发布就必须强制执行，不允许随意更改，尤其是公司高管应该以身作则，率先垂范。退一步讲，即便制度流程与公司实际存在脱节，也应该提报到公司层面修改制度流程，而不能私下更改做法，这是坚决不允许的。

第四，借助信息系统，发挥内部控制的作用。

这里的信息系统包括了财务信息系统、业务信息系统和办公系统等。

使用信息系统最大的优势是，可以通过系统设置将流程制度固化下来，减少人为的不合理干预。这就会强制要求各个岗位必须按照流程操作，还可以通过留痕来检讨流程制度中的不足，为后期改进提供直接依据。当然，再好的信息系统也不是一成不变的，必须结合公司需要不断优化和完善，始终服务于公司价值，而非脱离实际，制约公司的正常运营和发展。

7.4.2.4　提升风险管理能力和应对能力

企业遇到风险或逆境是很常见的，除受到外部市场或政策调整等不利变化的影响外，更多的风险来自企业本身。从实务经验上看，不少企业的风险源自管理层的认知偏差，不重视不预防，导致风险不断淤积；或者企业进行了重要性取舍，主动承担了风险，但并未预判到风险带来的破坏性后果。

从具体风险类型上看，除了股权类风险，企业还需要关注财务风险、税务风险和法律风险。

（1）财务风险

从狭义角度上看，财务风险主要包括了财务基础不扎实、财务数据质量不高、粉饰报表做假账等。这不仅关系到投资人的投资决策，还关系到企业的健康持续发展。

在实务中，导致财务风险的普遍原因是管理层对财务工作的不重视，认为财务工作就是记账和报税，而非创造价值。例如，为了节约成本，低薪招聘专业能力不足的财务人员；财务账目混乱，账实不符，而管理层却毫无察觉；财务结果与业务活动两层皮，管理层无法通过财务数据发现经营管理中的风险和问题，错失预防或纠偏的机会等。这些无一例外都会破坏企业价值。

财务数据反映的不仅是公司的家底，也是检讨历史经营结果，并加以纠偏和改善的关键抓手，前者是财务记账，后者是业绩分析和财务管理。由此延伸到，全面预算管理、投资管理，以及估值管理都是以财务数据为基础展开的。

而从投资人的角度上看，财务数据是投资人判断企业内在价值的核心依据。如果财务运转体系不规范，甚至存在做假账的迹象，投资人往往不敢相信企业提供的财务数据，这必然会大大提高企业融资的难度，甚至意味着融资的失败。

可见，识别并控制财务风险，直接关系到企业与股东的利益。在实务中，需要注意以下三个方面。

第一，客观看待财务工作。

在多数企业中，管理层的行为直接决定了财务风险的大小。例如，在面对股权融资时，管理层有动力虚构业绩或通过关联交易，做大收入和利润，提高融资成功的概率和企业估值；在面对税务申报时，则可能有意虚增成本，压低利润，达到少交税的目的。即便企业已经建立了相关的内部控制，却难以防范管理层舞弊。

从结果上看，舞弊的风险是极大的，因为财务数据之间有很强的逻辑性，造假必然会存在漏洞。例如，虚增收入需要通过虚增生产与采购来实现，这不仅关系到库存变化和生产留痕，还关系到采购合同、采购发票和资金支付，且在生产过程中支付的人工工资和各种能耗也需要与生产活动同步匹配。一旦中间的某个环节与支撑证据核对不上，就很容易从根本上否定业务的真实性，继而触发一系列负面后果。又如，为了少交税而少计收入或虚增成本，形成的税务报表必然与真实财务报表脱节，即两套账。这不仅会大大增加企业的税务风险，投资人也会因担心企业的税务风险过大或者不可控而延缓甚至停止融资合作；同时两套账的存在，也可能会让股东内部因为财务不透明，担心自身利益受损而产生争议或纠纷。

第二，客观看待财务人员的费用投入。

财务人员是否专业尽责，会在很大程度上影响财务风险。

在实务中，有的企业认为财务部门属于费用投入部门，因此本着节约原则，过度压低财务人员的薪酬，导致招聘的财务人员专业度不高，财务工作质量低下，结果无法保证。

从投入产出角度上看，一笔费用是否合理，核心在于其是否达到了预期价值。原则上，只要达到了预期，这笔费用就是合理的。反之，即便这笔费用很低，也是浪费的。同样道理，如果一个财务人员不能胜任岗位要求，不能准确处理财税问题，即便企业支付的薪酬很低，也背离了招聘的初衷。更何况，财务工作是否存在问题，管理层并不一定能及时发现，等造成损失的时候，往往难以挽回或者补救的成本很高。

笔者曾服务过一家企业，财务账目不清，账实不符，同时还面临较大的资金压力。此时有一家投资人对企业感兴趣，在洽谈过程中发现企业的财务存在重大问题，于是放弃了合作。考虑到企业的历史账目难以追溯和调整，且为了下一次融资顺利，大股东考虑放弃现有企业，通过新设一个企业承接现有业务，但又面临着资产转移产生税务的问题，一些重要资质的重新申请与备案问题，以及原企业积累的品牌、商誉等的顺利承接问题，从而陷入进退两难的境地。究其原因，就是企业为了节约成本而低薪招聘财务人员，导致财务数据混乱，管理层却毫无察觉，且这些错误已经滚动到历史数据中，随着经办人员的变动和离职，往前追溯和调整的难度很大，形成了难以排除的雷区。

第三，夯实财务基础，加强监督。

笔者服务的企业中，记错账、漏记账给企业带来损失的情况比较常见。有的是与客户的往来计算错误，导致双方对不上账，无法及时结算回款的；有的是成本核算错误，影响对外报价和利润的准确计算，甚至出现决策误判的；有的是账实长期不符，公司资产被人为侵占的等。这些问题的背后，多数都是财务基础不扎实导致的。

因此，建立并严格执行财务内部控制流程非常必要，包括要确保每一笔账目清晰，附件单据充分合理，账务处理及时准确；严格审核每一笔资金的收支，尤其是外部欠款要逐笔登记，定期与客户进行核对，及时催收；制定财务岗位说明书，组织培训和考核，确保每个岗位都能按照规定履行职责等。

此外，还要加强监督。监督分为内部监督和外部监督。内部监督主要是交叉审核与不相容岗位分离。例如，财务凭证制作后，必须由主管人员审核，减少人为操作失误导致的数据错误；会计人员不能兼任出纳，也不能兼任库管等，隔断既管钱又管账或既管货又管账导致利益侵占的可能。外部监督则是通过年度审计或者第三方财务顾问等，从外部视角审视企业财务处理中可能存在的重大问题和风险隐患，向管理层提出合理化建议。

（2）税务风险

实务中，决策者对税务的普遍心态就是，既想少交税又怕担风险。

在税务管理上，担风险和少交税可以直观理解为税务合规和税务筹划。风险对应的是税务合规，代表了税务的风险底线，一旦跨越，就需要承担相应的责任；而少交税对应的税务筹划，是通过对经营、投融资、股权架构等设计与安排，创造税收利益。显然，税务合规是第一步，也是税务管理的根本。

决策者要根据不同情况确定管理重点。如果过去公司从未对纳税行为做过梳理和总结，建议以税务合规为主，重点检查公司的税务执行情况，包括是否按照税法规定申报纳税、正在享受的税收政策是否适当、相关政策是否在有效期内，以及是否存在该享受的政策未享受的情况等；

如果公司过去采用了税收筹划，需要重点评估筹划行为与其背后的政策依据是否发生变化，正在执行的税务筹划服务的是局部利益还是整体利益，是否存在优化空间；如果税收政策或监管环境有较大变化，需要重点检查过去和当前的税收行为是否存在重大风险，及时自查排雷，并对未来的税收安排进行规划。

具体而言，需要注意以下三点。

第一，抓好税务申报和税款缴纳的流程建设。

税务申报为税务人员的日常工作内容，包括了准确计算和按期申报两个方面。准确计算考验的是税务人员对税法规定的掌握情况。对于持续经营的公司而言，准确计算并不困难，只需要将应税行为对应到具体的税基和税率，计算出结果即可；如果存在优惠政策或者其他税法规定，再在此基础上进行调整。按期申报则是按照税法规定的时间和要求，将纳税信息及时上传到税务系统即可，而税款缴纳多数由出纳人员执行。

其实，这些活动的背后都是流程。当前的流程是否存在设计漏洞，操作是否规范，是否有交叉审核安排，这都是税务合规的重要保证。例如，税务人员的报税数据是怎么来的，税额是怎么计算的，计算的逻辑对不对？谁来负责审核，是如何审核的？如何保证按时申报？出纳人员与税务人员是如何进行信息传递的，如何保证税款能按时缴纳？决策者只要与相关人员复盘一遍工作流程，将需要缴纳的税种逐一列明，责任到人，并确定好岗位职责和工作输出标准，税务合规的根基就稳定了。之后，只需要定期审查流程的执行情况，查漏补缺即可。这会大大提高决策者的工作效率，也能有效保证税务的合规效果。

第二，抓好税收政策的及时盘点与更新。

关系到本行业、本公司的税收政策随时都有可能更新或废止，也可能随着公司业务变化，某些政策已经不再适用。无论这些政策带来的影响是利好还是利空，都直接关系到公司利益，甚至影响巨大。在某些情况下，合理利用税收政策给公司创造的价值，不亚于经营回报。例如，近年来针对小微企业和小型微利企业的税收优惠政策，国家鼓励科技创新推出的研发费用加计扣除政策，以及固定资产加速折旧政策等，这都与企业利益息息相关。

决策者需要清楚你的公司已经享受了哪些税收政策，哪些政策还没有享受，以及是否存在滥用税收政策的情况。已经享受政策的部分，对公司的利润贡献有多大，还能持续多久，而应享受未享受政策的原因是什么，如何能达到等。这些都应该列出一个清单，标注出来这些税收政策的核心内容、有效期限和影响结果，提前评估和规划。

第三，抓好财税团队的能力建设工作。

税务合规工作说到底要依靠人来完成，没有过硬的专业能力，再好的流程也无法保证税务合规。但专业能力该如何评估呢？可以考虑从两个方面展开：一是税务机关的反馈，例如是否存在被警示、约谈、罚款、滞纳金等负面情况，如果有，则很可能意味着财税团队的工作存在重大短板，决策者务必予以重视，深究原因，及时改善；二是来自外部第三方的评价，例如年度审计、税务专项审计、税务体检、尽职调查等。第三方的工作一般不带有主观性，就事论事，其结论可以视同一把标尺，帮助决策者判断企业税务团队的专业水平。

（3）法律风险

越是重大利益纠纷的事项，越难以协商解决，往往都会诉诸法律。此时，公司章程、内外部的协议与合同等是否作了约定、如何约定，以及这些约定是否合法合规，就成了解决纠纷的法律依据，也是保护企业和股东利益的核心支撑。

而在实务中，套用模板、习惯性约定等非常普遍，这往往导致约定内容不能充分体现当事方的实际诉求，甚至存在理解歧义和重大法律漏洞。而这也恰恰给一些人留下了攻击机会，借助法律手段实现个人私利。

第一，全面系统地梳理企业存在的法律风险，查漏补缺。

无论是股东之间的约定，还是签署的内外部协议与合同，都应系统梳理，甄别约定内容是否符合预期诉求，表述是否严谨客观，条款是否合理合法，是否存在重大漏洞等，将缺口及时补上。

第二，设计适合当下的合同模板，提前防范法律风险。

以业务类合同为例。比较实用的办法，就是根据当下的业务特点制定出标准化合同模板，提前设计己方利益的保护条款。在执行中，除产品名称、规格、单价、数量等业务类要素可以由业务部门据实调整外，其他合同条款原则上不能自行改动。如果确需调整的，需要单独上报，由管理层征求法律人士的意见后再行批准。这样既能充分保护企业利益，防范法律风险，也能在最大限度上保持业务的灵活性。同理，如果采用对方的合同模板，则必须先经过管理层审批后方能签署。

当然，合同模板也不是一成不变的，要结合业务特点不断优化调整。但总的原则是，签署的合同是具有法律效力的，管理层必须提前掌握并把握好法律风险，即便存在一定的风险敞口，也是在综合平衡之后的主动选择，而非无意识下的被动承担。

除此之外，企业还面临运营风险、投资风险等，这些与企业的战略目标和具体管理活动有关，但无一例外都需要周全防范法律风险，防患于未然。

7.5 投资协议的关键条款

投资协议涉及的条款很多，但主要包括了两个方面：经济性条款和控制性条款。经济性条款是以企业估值为代表，确定融资额和投资人的入股价格，以及投资人未来的退出渠道和利益保护方式；而控制性条款则体现为投资人通过控制企业的重大决策，努力消除信息壁垒，保护投资安全。

7.5.1 估值与融资额

在投资协议中，企业估值、融资额以及投资人的持股比例是一体的。例如，企业估值是 1000 万元，融资额为 200 万元，一般理解为融资完成后投资人的持股比例为 20%（200 万元 /1000 万元 × 100%）。

实务中需要注意以下三点。

第一，企业估值是投资前估值还是投资后估值。

例如，企业估值是投资前估值，为 1000 万元。在接受 200 万元投资后，企业估值会提高到 1200 万元，此时投资人的持股比例约为 16.67%（200 万元 /1200 万元 × 100%）；但如果 1000 万元为投资后的估值，则投资人出资 200 万元，持股比例为 20%（200 万元 /1000 万元 × 100%）。两者比较，相差了 3.33% 的股权（20%–16.67%）。

显然，采用何种估值结果，直接关系到投融双方的利益。融资企业更愿意接受前者，即在引入同等资金的同时最大限度地降低对自身股权的稀释；投资人则更愿意接受后者，这等于降低了企业的估值，获得了更大空间的股权利益。如果双方在合作之初未作明确界定，就很容易产生误解和纠纷，甚至不排除一些投资人故意采用模糊表述，混淆投资前后的估值概念，以博取自身的最大利益，这是初涉股权融资的企业需要格外关注的。

第二，在融资前应提前设立期权池。从企业发展的角度上看，投资人常常会要求企业先设立期权池，再引入投资。其主要考虑是：首先，企业未来发展需要人才，而设立期权池是为了吸引并锁定核心人才，因此必须设立。其次，先设立期权池对投资人有利，这意味着投资时的每股股权价值中已经包括了期权价值，且员工只要在期权池范围内行权，就不会稀释投资人的股权比例；反之，如果在投资之后再设立期权池，投资人的持股比例必然会被同比例稀释，再加上期权池的行权价格普遍低于投资人的入股价格，这也变相降低了投资人持有股权的价值。因此，投资人往往要求企业在融资前先设立期权池。

但是，期权池设定多少合适呢？实务中一般不超过 20%，且需要注意三个原则：首先，期权池不应分散创始股东的控制权，即不建议采用员工直接持股模式，而是采用有限合伙企业或有限公司的持股模式，让员工成为持股平台的合伙人或股东，再通过 GP 设定、公司章程约定等方式限制员工的表决权，从而达到分股不分权的效果。其次，应提前设计股权激励方案，对纳入股权激励范围的员工设定合理的行权条件，通过达到目标，实现个人获益与企业价值提升的双赢。最后，提前确定员工的退出机制，能者进庸者出，以此来维持期权池的活跃度。

第三，早期融资额不是越大越好，而是要切合公司实际。融资要提前布局，越早越好，但融资额要控制规模和节奏。一般的规律是，企业越早期的融资，估值越低，同样一笔资金需要释放更多的股权，这显然对企业未来的融资空间以及创始股东维持合理的股权比例都是不利的。因此，早期融资一般采用小步快跑的模式，即融资频率高但单次融资额度低，以推动商业模式的快速完善和成熟。当具有一定业务规模时，再进行较大额度的融资，往往会获得相对高的估值，这既能保证企业必要的资金供给，也能最大限度减少对创始股东股权的稀释。

当然，如果企业在面临未来很大不确定性时，例如，疫情对行业的不利冲击，或研发进入攻关阶段且前景不明，此时对股权稀释的担忧要让位于对资金的需求，即尽量多融资，让企业活下去。留得青山在，不怕没柴烧，即便创始股东牺牲了部分股权利益，只要企业还在，就还有机会。

7.5.2　反稀释条款

投资人在投资企业后，只有企业估值持续提升，其持有的股权才能随之升值，自身的投资利益才能得到保障。反之，如果投资后企业以低价引入新一轮的投资人，则意味着前期投资价值出现缩水，自然会侵害前期投资人的利益。此外，新投资人的加入通常会稀释前期投资人的持股比例，尤其在企业具有美好前景时，这也会影响前期投资人的利益。因此，投资人往往都会通过签署反稀释条款加以防范。

反稀释条款包括两个方面，即在低价融资时的价格补偿，以及增发股权时前期投资人享有的优先购买权。前者关注的是股权价格，后者关注的是持股比例。

从条款内容上看，对于价格补偿的表述一般为：若目标公司（融资企业）以低于投资人投资于目标公司时的每单位认购价格进行增资扩股，则目标公司和原股东应当按照投资人要求的方式对投资人的股权价值进行补偿，使其持有的股权价值与降价融资后所占目标公司估值的价值相当。例如，前期投资人按照 10 元/股购买了融资企业 10% 的股权，但由于各种不利因素的影响，导致在下轮融资时，融资企业不得不降低认购价格，假设降低到 5 元/股，这意味着企业估值出现了大幅下滑，前期的股权投资出现贬值。此时，按照价格补偿的相关约定，前期投资人可以要求按照 5 元/股的价格重新计算其持有的股权比例，将持股比例由 10% 提高到 20%，以确保其股权价值与企业估值保持整体相当。从结果上看，约定价格补偿的目的，是推动融资企业要持续提高后续的融资价格，换言之，只能向前，不能退后，因此该约定也被称为棘轮条款。但需要注意的是，一旦出现价格补偿，通常稀释的是创始股东的股权，而非其他投资人的股权。在未来经营存在不确定性的前提下，这意味着创始股东需要承担股权被低价甚至零对价转让的风险，这是融资企业需要特别关注的。

而未来企业增发股权时，前期投资人要求拥有优先购买权是正常的。当然，投资人也可以放弃这个权利。在条款中的表述一般为：投资人有权在目标公司增发股权或其他股东对外转让股权时拥有优先购买权。有的投资协议中会补充约定，投资人拥有的优先购买权以维持其当前持股比例不降低为限。换言之，在完成新的增发后，投资人持有的股权比例不会因此而被稀释。从认购价格上，行使优先购买权应与其他投资人保持一致。

7.5.3 对赌条款

对赌是实务中常用的表述，其准确表述为估值调整条款，指的是投资人与融资企业或创始股东就未来一段时间内融资企业的预期目标提前作出约定，并根据目标的实现情况调整在投资时点的企业估值结果，以客观反映企业的公允价值，继而更好保护投融双方的利益。从这个意义上讲，对赌是一个中性条款，而非只代表投资人的单方利益。

实务中，投融双方存在信息不对称，即便做了详尽的尽职调查也无法完全消除；而且企业未来存在很大的不确定性，其经营结果如何尚待验证。因此，根据估值模型计算得出的估值结果有可能大幅偏离企业实际。而对赌条款是对估值结果的修正。如果企业在规定期限内达到了对赌目标，则证明当初的估值偏低，投资人以低价获得了融资企业的股权，此时需要提高企业估值，而投资人应向企业补足估值对应的差价，或者向创始股东低价转让股权，变相提高单股的认购价格，最终实现利益均衡。反之，如果企业未达到对赌目标，则证明当初的估值定高了，融资企业与创始股东需要向投资人补偿。

对赌目标一般包括了两种，赌业绩和赌条件。赌业绩是指在规定期限内，融资企业要在收入、利润等业绩指标上达到目标要求。而赌条件是指除财务业绩之外的里程碑事件，例如在规定期限内，融资企业完成上市，或者研发推出某项新技术产品等。融资企业的对赌人往往为创始股东，尤其是大股东。

从条款约定上一般表述为：经各方一致同意，目标公司（融资企业）原股东同意对投资人承担业绩承诺及补偿义务。假设业绩承诺期为三年，自 2024 年 1 月 1 日至 2026 年 12 月 31 日，其中，第一年即 2024 年的净利润不低于 2000 万元，三年累计净利润不低于 1 亿元。各方一致同意聘请 ×× 会计师事务所，并以其出具的年度审计报告中归属母公司的净利润（不扣除非经常性损益）为准。显然，这是赌业绩。

既然是对赌，必然有一方会赢，另一方会输。

实务中，最为常见的是融资企业因未能达到目标导致对赌失败。在此情况下，协议往往会约定以下三种方式进行补偿。

其一，大股东向投资人补偿现金。假设在投资时确定的企业估值金额为 1000 万元（投资后估值），投资人出资 200 万元，占股 20%。如果业绩未达标，只完成了业绩目标的 50%，则意味着估值需要下调到 500

万元。而按照 20% 的持股比例，投资人的股权价值下降到 100 万元，则大股东需要就差额部分，以现金的方式补偿给投资人。

其二，大股东向投资人补偿股权。补偿股权与补偿现金的逻辑一样。但不同的是，大股东要以自己的股权作为补偿对价。仍以上述场景为例，大股东需要拿出来自己持有的 20% 的股权，赠送给投资人。此时，投资人会持有 40% 的股权。尽管每股价格下降了 50%，但持股比例提高了 1 倍，投资人持有股权的总体价值并未减少。当然，大股东补偿股权的行为属于股权转让，根据《公司法》（2018 年修正）的相关规定，股东内部转让股权并不需要其他股东的同意，只需要履行告知义务即可，因此，双方只需要签署股权转让协议并完税后，即可办理股权变更手续。

其三，大股东向投资人补偿现金和股权。从实务角度上看，现金和股权并存的方式更有利于对赌结果的落地。

对于多数创业者而言，个人并没有大量的现金，如果仅约定现金补偿，可能无法兑现。当然，投资人可以通过司法诉讼强制拍卖大股东名下的股权变现，但这不仅操作难度大，实施周期长，还可能会因为大股东的缺位而让企业快速陷入困境，这并不符合投资人的利益。而单纯约定股权赔偿，同样可能会因为大股东的股权被大量稀释，甚至失去控制权而导致其工作懈怠或出走，这对企业而言也是非常不利的。因此，在现金补偿和股权补偿之间，要允许灵活搭配，让投资人和创始股东选择双方都能接受且有利于企业发展的赔偿结构。投资人不能只为了保护眼前的投资利益，而从根本上破坏企业价值，这并不明智。

客观上讲，无论何种补偿方式，投资人都不希望自己是赌赢的一方。因为一旦赌赢，就意味着融资企业的价值被高估，投资人对企业真实的竞争能力、盈利能力和预期增长速度等的判断可能存在重大偏差，甚至该项目可能根本不符合投资要求。在此背景下，即便得到了一定的赔偿，也并非投资的目的，还会因投资资金被占用而错过了投资其他优质项目的机会。反之，如果投资人赌输了，则证明融资企业具备比投资人预期更为强大的竞争力，这自然也是投资大幅增值和顺利退出的关键，这是投资人愿意看到的。换言之，即便投资人通过补偿的方式将自己的部分股权奖励给大股东，但其持有的股权价值不但没有缩水，还会有更为美好的增长前景，这无论是对投资人还是对大股东而言都是有利的。

7.5.4　回购权条款

所谓的回购权，是指融资企业如果未达到预期目标，投资人有权要求融资企业或大股东按照约定价格，回购其持有的全部或部分股权的权利。实务中，回购权条款是投资协议中的常备条款，且基本约定由大股东负责回购。显然，如果全部回购，则意味着投资人完全变卖其所持股权，从融资企业中退出。

回购权的触发前提往往与赌条件有关。最为常见的是融资企业未在约定期限内上市，投资人为了快速回笼资金，可能不再要求大股东补偿估值差价，而是选择通过大股东回购的方式实现投资退出，这也是退而求其次的办法。此时，回购权条款一般表述为：经各方一致同意，若目标公司未能在约定时间内实现合格上市，投资人有权要求大股东回购投资人持有的公司全部或部分股权，回购价格为投资款项加上自投资之日起算的利息。这样不仅可以保证投资款如数收回，还能获得一定的溢价，从而保证基本的投资收益。

实务中需要注意的是，回购权会大幅增加大股东的履约压力。投资人以认购股权的方式，将资金注入到融资企业，大股东并未因此获得现金财富；而在触发大股东回购条款后，往往意味着企业发展不如预期，大股东也难以从企业中获得现金财富，但还需要溢价回购投资人的股权，且投资额动辄百万元，甚至千万元。这无疑会大大增加大股东的风险承担和资金压力。

因此，大股东在谈判中要积极争取有利条件。例如，由企业承担主要的回购责任，大股东承担兜底责任，同时尽可能降低投资人对投资回报的要求，并适度拉长回购款的支付期限。又如，不在协议中约定回购条款，而是加大大股东的赔偿责任，即大股东以其持有的全部股权为限向投资人承担赔偿责任。换言之，将大股东的责任后果限制在可控范围内，最差也只是损失了持有的全部股权，而不会因无力回购股权而将风险穿透到个人和家庭的财产上。

当然，从合作角度上看，投融双方都不期待触发该条款，但对于大股东而言，需要考虑到该条款可能会给自己带来的不利后果，并提前做好应对。

7.5.5 领售权条款

投资协议中的领售权，特指投资人向第三方转让股权时，有权要求其他股东，尤其是大股东按照相同的价格和条件向第三方同步转让股权。显然，这是投资人强行绑定大股东共同出售股权，以实现自身顺利退出的方式。

领售权条款的设立考虑是，风险投资多为基金形式，在期满前需要退出。如果投资人单独退出，其拥有的股权数量少，不仅寻找接盘者的难度较大，且出售价格往往不占优势，还面临因股东决议不畅而错失退出机会的可能。而领售权是由投资人牵头寻找接盘人，将公司打包出售，这样一来，上述问题就能迎刃而解。当然，这会直接导致创始股东失去公司的控制权，甚至会失去股东身份，且出售股权获得的资金，也不完全归创始股东所有，而往往会依据其他条款约定优先偿还给投资人。因此，站到创始股东或大股东的角度上，领售权条款是非常不利的。

实务操作上，可考虑从以下四点展开。

第一，提高领售权条款的触发门槛。

触发领售权需要设定前提条件，设定的条件越高，大股东陷入被动的概率就越低，而投资人保护自身利益的难度就越大；反之，如果领售权的门槛太低，投资人就很可能为了自身利益，不惜将企业整体出售，这在多数情况下并不符合企业和多数股东的利益。因此，领售权触发条件的设定是投融双方的博弈重点。例如，可以约定，行使领售权需要先得到股东会或董事会的同意。由于单一投资人的持股比例不大，即便全体投资人合并，往往也不会在企业中占据优势决策地位，而股东会或董事会的决策权，基本掌握在大股东手中。通过增加表决要求，就会很好避免因轻易触发领售权而陷入被动局面。

第二，设定触发时间间隔。例如，可以约定投资人在其完成最近一次投资后的 2 年内不享有领售权。这样就能确保企业在一定时间内拥有改善机会，通过良好业绩得到投资人的认可。

第三，设定最低的出售价格。例如最低价格不低于最近一次融资的价格，或者更高。这既能保证所有股东的利益，还会提高领售权的兑现难度。

第四，明确出售股权的支付方式。最好明确，因领售权而触发的股权转让需要第三方以现金或可以自由流通的金融类资产，例如上市公司的股票作为交易对价。如果企业自身规模较大，股权价值较高，对第三方的资金要求就会很高，同样也会提高领售权的兑现难度。

7.5.6 清算优先权条款

顾名思义，该条款的核心是当公司出现清算事项时，投资人可以优先于其他股东获得清算回报，即先满足投资人的约定所得，若尚有剩余财产的，方能向其他股东分配。显然，在企业经营失败的情况下，该条款可以最大限度保护投资人的利益。但反过来，这也意味着创始股东团队只能获得少量回报，甚至无利可分。

实务中，清算优先权条款一般包括三种形式：不参与分配、完全参与分配，和附上限参与分配。

假设公司的清算财产有 1000 万元，投资人实际投资 200 万元，并约定投资人按照实际投入企业资金的 2 倍享有清算优先权。如果约定不参与分配，则意味着投资人收回 400 万元（200 万元 ×2）资金后，不参与后续 600 万元清算资产的分配。而完全参与分配意味着，投资人先拿走 400 万元的清算回报，再按照其在公司的持股比例参与剩余 600 万元财产的二次分配，分完为止。附上限的参与分配则表示，当投资人获得的清算回报达到约定金额后，就不再参与剩余财产的分配。假设约定的清算回报上限为投资额的 3 倍，即当投资人累计拿到的清算财产达到 600 万元（200 万元 ×3）之后，自然就退出了剩余财产的分配。当然，如果清算财产无法达到投资人的获得金额，投资人也无权要求创始股东补足，但这也意味着创始股东没有任何财产可分。

显然，从投资人的角度上看，完全参与分配的清算优先权条款是最有利的；融资企业则相反，其更愿意选择不参与分配的清算优先权条款。至于最终如何确定，在很大程度上体现的是投融双方在合作中的优劣地位和博弈的结果。

除此之外，共同出售权、优先分红权条款都是协议中的常见条款。融资企业的股东应熟悉这些条款的设计初衷，知晓执行条款给自身和企业带来的影响，并评估这些影响是否超过了承受范围。如果无法承受，应慎重考虑是否延缓股权融资进程，或者考虑借助其他渠道解决企业当前的问题。留得青山在，不怕没柴烧，只要企业还活着，还掌握在创始股东的手中，希望就一直在。

参考文献

［1］冀相廷.决策财务：有效提升企业价值［M］.北京：经济科学出版
　　社，2023.

［2］李维安，等.公司治理［M］.北京：知识产权出版社，2022.

后　记

　　股权架构是一门综合性和实务性都比较强的学科。它不仅要求设计者必须遵从股权规则、法律法规、税收征管等刚性规定，还要契合企业实际，满足股东群体的利益预期。

　　当下，企业之间的竞争越来越白热化，新业态、新模式、新技术层出不穷，而互联网的充分普及也进一步压缩了依赖信息壁垒赚取利润的空间，这都加剧了企业的生存压力，股东无时无刻不在担心投资会打水漂。与此同时，具备一定实力和发展前景的企业，可能面临着股东之间因为理念不合、利益不均等导致的纠纷和矛盾，还面临着如何做好企业，如何在股权融资博弈中保护企业和股东利益等挑战，这无疑让股东承受了巨大的压力。

　　但反过来看，也正是因为竞争才让一部分优秀企业脱颖而出，而良好的股权架构在保护股东利益和维护企业健康发展上发挥了不可替代的作用。换言之，股权架构也是当前企业竞争中的一环。好的股权架构未必能让企业取得成功，但存在明显缺陷的股权架构可能会让一个好的企业中途瓦解。

　　感谢经济管理出版社王光艳老师、张丽媛老师对本书的指导和辛苦付出，也感谢我的儿子冀柏瑞为我创造的写作环境。

　　未来不远，希望股权架构能够成为企业持续走向成功的一块重要基石。